本书为湖南省社科规划重大项目“王夫之专题研究”〔21ZDAZ03〕即湘财文指〔2021〕63号湖南省“十四五”时期社科重大学术和文化研究项目“王夫之专题研究”结项成果。

王船山（1977—2012）研究

朱迪光 著

湘潭大學出版社
XIANGTAN UNIVERSITY PRESS

目　录

引论：1977—2012年间的王船山学术思想研究的主要路向

随着党的第十一届三中全会的召开，王船山学术思想研究得以全面恢复，其间对过左的做法进行了批判，对过热的研究进行了反思。随后的三十多年中王船山学术思想研究一些重要领域有了拓展、有了更深发掘，呈现出拨乱反正与恢复、争鸣与反思、深入与拓展、集成与创新的四种路向。

一、拨乱反正与恢复

20世纪70年代末，王船山学术思想研究的第一种路向就是王船山学术思想研究恢复正常。

（一）通过批判极左思想使王船山学术思想研究得以拨乱反正

1976年10月开始，各个方面的拨乱反正工作渐次展开，在学术领域亦是如此。王船山学术思想研究在“评法批儒”中被利用也引起了学者们的批评。张岂之先生在1977年发表了《王夫之是法家吗？——中国思想史考察的一个侧面》[①]《一个反法的“法家”——王夫之》[②]等论文，否定“四人帮”将哲学史确定为“儒法”斗争史的正确性。除了张岂之先生外还有一些学者也进行了类似的工作：冯憬远先生发表《王夫之对颠倒主、客观关系的唯心主义谬论的批判》[③]，赖永海发表《论王船山哲学思想与政治态度的矛盾统一》。[④]

---

① 张岂之：《王夫之是法家吗？——中国思想史考察的一个侧面》，《西北大学学报（哲学社会科学版）》1977年第1期。

② 张岂之：《一个反法的“法家”——王夫之》，《历史研究》1977年第3期。

③ 冯憬远：《王夫之对颠倒主、客观关系的唯心主义谬论的批判》，《郑州大学学报（哲学社会科学版）》1977年第3期。

④ 赖永海：《论王船山哲学思想与政治态度的矛盾统一》，《中山大学学报（哲学社会科学版）》1978年第3期。

（二）恢复和建立了许多王船山学术研究机构

20世纪80年代初重新成立了湖南省船山学社。1984年《船山学报》创刊。这一社一刊原在中华民国初年就有了,曾为船山研究做出过重要贡献。这一次的"成立"和"创刊"可以说是恢复重建了,它们为王船山学术思想研究又做出了突出的贡献。《船山学报》发刊第1期(1984年3月)栏目有"船山哲学""船山史学""船山文学""船山学的历史和现状"以及"争鸣""青年论坛""原著注释"等。1984年第2期未按第1期栏目编排,增加了"船山佚文"内容,特别标明栏目有"关于船山爱国主义和启蒙思想的争鸣""青年论坛",其他的如哲学、文学等方面的论文则未标明栏目。继《船山学报》之后,《衡阳师专学报(社会科学)》也设立了"船山研究"专栏。继湖南省船山学社成立之后,衡阳市也成立了船山学会,衡阳师范专科学校成立王船山研究室。20世纪80年代末《船山学报》停刊,在许多人的努力下又以《船山学刊》刊名于1991年创刊,仍然以刊载王船山研究论文为主,对王船山学术思想研究起着重要的推动作用。《衡阳师专学报(社会科学)》改名为《衡阳师范学院学报》继续保留"船山研究"专栏。

（三）出版船山著作

1982年,王船山全集列入1982年至1990年古籍出版整理规划,事关王船山研究的重大工程正式启动。经过十多年的努力,《船山全书》16册由岳麓书社于1996年全部出齐。在此期间,许多王船山著作的单行本也出版发行。1981年9月人民文学出版社出版了《姜斋诗话》笺注,该书由戴鸿森笺注。同年日本平心社出版了高田淳先生编的《王船山诗文集:修罗之梦》。1982年湖南岳麓书社校勘标点铅字排印了《永历实录》二十六卷,《箨史》一卷(八篇),欧建鸿、陈植森、王晨牧校注。1982年岳麓书社出版了湖南省博物馆编的《王船山手迹》。1987年上海古籍出版社出版了《永历实录》,由余行迈、吴奈夫、何荣昌点校,是以曾氏金陵节署本为底本点校标点付印的。船山的佚文佚诗也在这期间先后在《船山学报》等刊物及湖南地方史志中收录,《船山学报》自1984年开始共收船山佚文佚诗31篇。

二、反思与争鸣

1976年10月,中国共产党粉碎了"四人帮",极左思想被批判,但伟大的转折是党的十一届三中全会的召开。《关于建国以来党的若干历史问题的决议》说:“这次会议坚决批判了‘两个凡是’的错误方针,充分肯定了必须完整地、准确地掌握毛泽东思想的科学体系;高度评价了关于真理标准问题的讨论,确定了解放思想、开动脑筋、实事求是、团结一致向前看的指导方针。”[①]还说:“在三中全会提出的解放思想、实事求是的号召下,广大干部和群众从过去盛行的个人崇拜和教条主义的精神枷锁中解脱出来,党内外思想活跃,出现了努力研究新情况解决新问题的生动景象。”[②]正是在这样的解放思想的政治氛围下,学术界对王船山学术思想研究中的一些问题进行讨论和争鸣,并反思中华人民共和国成立以来的王船山学术思想研究,提出建立船山学学科。

(一) 有关问题的争鸣

关于王船山哲学是否具有启蒙性的问题是20世纪80年代争鸣的一个热点问题。1982年于湖南衡阳召开的王船山学术思想讨论会上对这个问题就有所讨论,而《船山学报》“争鸣”一栏中也多刊载这方面的文章。署名为“止戈”的人撰写一文对这一问题进行了全面综述。他将这一讨论集中在四个相关的问题上:一是启蒙概念如何理解;二是对明末清初社会批判思潮性质的不同认识;三是对启蒙思潮发展阶段和代表人物的不同认识;四是船山政治思想、哲学思想和经济思想的启蒙性质问题。[③]

如何评价王船山的历史地位、如何研究王船山在这一时期也是一个引起争鸣的问题。蔡尚思于1982年11月3日发表《王船山思想体系提纲》一文,这篇文章在学术界尤其是船山学术研究领域产生重大影响。文章在六个方面如关于王船山思想真面目问题的争鸣,对王船山的哲学思想、政治思想、经济思想、史学思想、教育思想都提出了自己的见解。[④]在结论部分,蔡尚思概括地说:“王船山也同别人一样,有他的时代、阶级的

---

① 《〈关于若干历史问题的决议〉和〈关于建国以来党的若干历史问题的决议〉》,北京:中共党史出版社2010年版,第64—65页。

② 《〈关于若干历史问题的决议〉和〈关于建国以来党的若干历史问题的决议〉》,北京:中共党史出版社2010年版,第65页。

③ 止戈:《船山启蒙思想问题讨论综述》,《船山学报》1984年第2期。

④ 蔡尚思:《王船山思想体系提纲》,《光明日报》1982年11月3日。

局限性。近今学者往往赞扬他的反传统、反理学的进步一面,而少指出他的富有传统、理学的落后一面未免不够全面而不实事求是。”[①]蔡尚思对船山的哲学、政治、史学、教育等方面的思想所作的某些评价,谷方明确表态说不同意。第一个问题:王船山是否主张“绝对君权论”,谷方根据王船山用天下之公的思想同君主制之私相对抗,从经济上批判君主制的特色,还具有一定的反对君主独裁的思想,指出王船山不但没有提出“绝对君权论”,相反地,他还有否定绝对君权的倾向,对君主制的批判达到了一定的深度。[②]第二个问题:王船山是不是真是“死守那一套旧礼学”的陋儒。谷方指出,一方面从根本上说,王船山认为一切都是变动的,没有什么一成不变的东西可以“死守”,礼也并非全然不变;[③]另一方面,王船山在我国古代文化思想史上的重要贡献之一,恰恰在于他揭起了批判儒家思想的旗帜,所以,蔡先生之论不能成立。[④]第三个问题:王船山是否只是“对古代唯物主义的集成”。谷方指出:“王船山的发展变化学说由于凝结了前人的思想精华,更由于他根据当时新的条件对哲学作了新概括,所以这种学说便在我国古代哲学史上形成了一个新高峰,其中有些命题和结论即使在辩证唯物主义哲学产生以后仍然在认识上保持着一定程度的价值。”[⑤]第四个问题:王船山与曾国藩兄弟是否一致。谷方指出:“尽管王船山有某种程度的封建正统思想,也不能把他同曾国藩混为一谈,王、曾二人之间有着本质的区别,在任何意义上都不是‘完全相同’。”[⑥]尚未找到证据可以证明张岱年先生在蔡尚思先生发表《王船山思想体系提纲》之后有意识地提出不同的观点,但张岱年先生的观点

---

① 蔡尚思:《王船山思想体系提纲》,《光明日报》1982年11月3日。

② 谷方:《关于王船山思想评价的几个问题——与蔡尚思先生商榷》,湖南省社会科学院编:《王船山学术思想讨论集》,长沙:湖南人民出版社1985年版,第270页。

③ 谷方:《关于王船山思想评价的几个问题——与蔡尚思先生商榷》,湖南省社会科学院编:《王船山学术思想讨论集》,长沙:湖南人民出版社1985年版,第270页。

④ 谷方:《关于王船山思想评价的几个问题——与蔡尚思先生商榷》,湖南省社会科学院编:《王船山学术思想讨论集》,长沙:湖南人民出版社1985年版,第271页。

⑤ 谷方:《关于王船山思想评价的几个问题——与蔡尚思先生商榷》,湖南省社会科学院编:《王船山学术思想讨论集》,长沙:湖南人民出版社1985年版,第277页。

⑥ 谷方:《关于王船山思想评价的几个问题——与蔡尚思先生商榷》,湖南社会科学院:《王船山学术思想讨论集》,长沙:湖南人民出版社1985年版,第278页。

显然是不同于蔡尚思先生的观点，主要是从正面肯定王船山的历史地位。冯天瑜也是持肯定王夫之的历史地位的观点，他指出："王夫之涉猎极广，他治经、说子、论政、评史，在众多领域里都有建树，而其中的某些成就，从整个中国文化史和世界文化史的角度来看，都是创造性的贡献。第一，在王充、张载等前哲已经提供的思想资料的基础上，阐发了包含着'物质不灭'、'能量守恒'意蕴的'元气不灭论'；第二，首次提出了人类的祖先是'植立之兽'的假说；第三，意识到'中国'并非唯一的文明古国，在'中国'境内，文化繁荣处也不是固定的，从而初步揭示了'文化中心转移'的崭新思想。"①

王船山的《双鹤瑞舞赋》是送给谁的？船山是否降清？这一问题在20世纪80年代船山学术研究中是一个非常重要的问题，它曾给学界带来了一定的混乱，因而对这一问题的研究就显得尤为重要。因与王夫之的民族观有关系，所以又将其与民族观的争鸣联系起来。《文物》1982年第6期首次刊布王船山《双鹤瑞舞赋》并发表史展写的《王夫之〈双鹤瑞舞赋〉卷书后》评论。这篇评论根据赋中有"维我大将军安远公"一语，断定此赋是写给清政府任命讨伐吴三桂的安远大将军多罗贝勒尚善的祝寿词，进而作出结论：船山晚年已向清朝妥协。②嚴春说，在衡阳举行的船山学术讨论会上，与会学者对史展的论断展开了热烈的争论，当时有三种观点：(一)《双鹤瑞舞赋》确为王船山向清朝权贵讨好之作，表明船山未保晚节；(二)船山写《双鹤瑞舞赋》向清朝妥协，是为了整个中华民族的利益，是中华民族爱国主义的先驱；(三)《双鹤瑞舞赋》可疑，不能据此而贸然做出船山晚年已向清朝妥协的结论。③由此可看出，对《双鹤瑞舞赋》的误读引起了学术界一些混乱。会后有不少学者对这一问题进行深入的探讨。李申不同意史展认定此赋是写给清朝平叛部队高级将领安远靖冠大将军多罗贝勒尚善，而认为赋是写给吴三桂阵营中某一统帅的。④谭承耕先生亦不同意史展的意见，他认为王夫之的《双鹤瑞舞赋》绝不是写给清朝将领多罗贝勒尚善的，而是写给反清的广西将军

① 冯天瑜：《王夫之创见三题》，《武汉师范学院学报（哲学社会科学版）》1982年第5期。

② 史展：《王夫之〈双鹤瑞舞赋〉卷书后》，《文物》1982年第6期。

③ 嚴春：《关于〈双鹤瑞舞赋〉的一个考证》，《船山学刊》1986年第1期。

④ 李申：《吴三桂起兵反清期间王船山的活动》，《船山学报》1984年第2期。

孙延龄的。[①]

（二）学者们对新中国成立以来的王船山研究进行反思

蔡尚思[②]、龚建昌等指出船山学研究中存在的各种问题。龚建昌说：“1962年长沙的船山学术讨论会，似乎是给船山定了一些调子。如中国古代唯物主义集大成者，朴素辩证法、历史进化论、唯物主义认识论，中小地主阶级代表等。这些调子一定，有些研究者，就老是依着这些调子做文章，从船山著作中东鳞西爪地捡一些东西往这些筐子里塞。当然，我不是要全部否定这些调子或提法；有些调子确实定得科学，符合船山思想的历史实际，无疑应当继续肯定和采用。问题是不要盲从，不应当因此而形成一种思维定势，形成一种不可非议的教条，让自己的思想总是顺着这条路走下去。”[③]

三、深入与拓展

无论是争鸣还是反思，王船山学术思想研究者使用的均是马克思主义理论方法，因此，在研究范式方面并未有大的不同，研究是向深度与广度两个方面发展。

（一）王船山学术思想研究扩大到它能扩展的所有领域

1977—2012年，王船山学术思想研究领域不断扩大，研究成果层出不穷，学术研究体系进一步完善。王船山学术思想研究领域由过去的哲学、历史等扩展到政治、伦理、经济、军事、教育、文学、美学、心理学、自然科学、语言文字等许多领域。各个领域的研究论文数量成倍增长。除了过去的研究比较多的船山哲学、船山史学继续出版多种研究专著外，在船山教育思想、船山经济、船山易学等研究领域也出版了专著。

（二）专题研究反映了王船山学术思想研究的分类更细、研究更深

王船山学术思想的综合研究取得了长足的进步。此时期的专著有邓潭洲《王船山传论》，蔡尚思《王船山思想体系》，萧萐父、许苏民《王夫之评传》等。有介绍王夫之和事迹的普及读物如陆复初编著《王船山学案》、刘春建

① 谭承耕：《关于王夫之〈双鹤瑞舞赋〉问题》，《文物》1983年第6期。

② 蔡尚思：《研究船山思想应当实事求是》，《船山学报》1984年第1期。

③ 龚建昌：《将湖南的船山学研究提高到一个新水平》，《船山学刊》1988年增刊。

编著《王夫之学行系年》、杨廷福《王夫之》、夏剑钦《卓越的思想家王夫之》等。有三百多篇论文或文章探讨或介绍王船山思想、生平、历史影响及其学术会议的情况。

船山哲学研究分得更细,除了本体论、认识论、辩证法外,对伦理学、理学、美学、易学、佛道思想等都进行了研究。每一类都有数十篇公开发表的论文。其中在美学、心理学领域,二十世纪五六十年代几乎没有人进行研究,在1977—2012年期间却有许多学者进行研究,尤其在美学史著作中辟出专章论述王船山美学思想,如敏泽、叶朗所为,甚至还出现了专著如熊考核的《王船山美学》。船山伦理学、易学、儒学思想原来研究者很少,在1977—2012年期间也兴起了研究热潮。

船山经济思想研究难能可贵的是在1977—2012年期间还出版了一部船山经济思想研究专著——李守庸的《王船山经济思想研究》。虽然说,李守庸的论述并没有太多的新意,但毕竟开启了王船山经济思想的全面研究。

船山教育思想研究在1977—2012年期间出现了王船山教育思想研究专著——李国钧的《王船山教育思想初探》,它标志着对王船山教育思想的研究愈来愈重视。

船山历史思想研究在1977—2012年期间热度不减。李季平的《王夫之与读通鉴论》[1],黄明同、吕锡琛的《王船山历史观与史论研究》[2],宋小庄的《读〈读通鉴论〉》[3]这3部著作创见不多,但从不同的侧面对王船山的历史思想进行了有益的探讨。

文学创作与诗论、文论的研究成果更多。从对王船山诗词及戏曲创作的研究扩展到赋、散文,学术研究论文也在逐步增多,还出现了研究王船山诗歌创作的专著——谭承耕的《船山诗论及创作研究》等。诗论或诗学更成了新热点,研究论文逐步增多,还出现了研究专著——陶水平的《船山诗学研究》等。王船山语言文字学思想研究与艺术思想的研究的相关论文也有不少。

---

① 李季平:《王夫之与读通鉴论》,济南:山东教育出版社1982年版。
② 黄明同、吕锡琛:《王船山历史观与史论研究》,长沙:湖南人民出版社1986年版。
③ 宋小庄:《读〈读通鉴论〉》,昆明:云南人民出版社1991年版。

（三）马克思主义研究范式的进一步精细并富有成效

1.思想启蒙说进一步深化

在王船山学术思想研究史中，“启蒙”说肇始于梁启超，成熟于侯外庐，深化于萧萐父。萧萐父于20世纪60年代开始研究王船山学术思想时就自觉地继承了侯外庐先生的启蒙思想理论，认定王船山具有启蒙思想。之后萧萐父对明末清初的启蒙思潮进行了更深入的研究，撰写论文《中国哲学启蒙的坎坷道路》，指出：“中国的启蒙哲学，既不同于中世纪的异端思想，也与西欧作为政治革命先导的资产阶级哲学、革命的理论发展不同，应与明清时期资本主义萌芽相适应，作为封建制度崩溃的预兆和新思想兴起的先驱，这一特定涵义来确定它的使用范围，实质是自身尚未达到崩溃，但矛盾已充分暴露的条件下进行的自我批判。”[①]在《王夫之评传》中，这种关于启蒙思想的论述更深入，更有说服力。萧先生从王夫之朴素实践观的深入剖析入手揭示：“这种富于进取精神的‘继善成性’、‘以人造天’的朴素实践观，是明清之际启蒙思潮中反映时代脉搏的最强音。在天人关系问题的哲学探讨中，它与荀况的‘天命可制’的思想和刘禹锡‘天与人交相胜’的思想，在历史上形成了三个坐标点。以朴素实践观为终点的王夫之认识辩证法，把我国朴素唯物主义认识论，推到时代所允许的最高峰！”[②]又例如，萧先生通过大量的新史料的发掘，对王夫之政治思想、法律思想论述有了新的表述。萧先生指出：“为了固其族类而反对绝对君权的‘私天下’，倡导分权而治的‘公天下’，是王夫之政治思想的核心。”[③]萧先生又说：“王夫之还设想了要以法律来制约君主的权力，并制裁君主的不法行为，以建立一个‘天子始而天下咸受裁焉’法治社会。”[④]从新发现的材料出发，萧先生得到了新的结论：“他讲‘治统’和‘道统’是在《读通鉴论》的卷十三和十五，而批判‘正统’论则是在共三十卷的《读通鉴论》卷末；批判宋儒的‘道统’论先是在《读四书大全说》卷九，而在《读通鉴论》中又讲道统论，但揭露‘道统’论乃是专制统治者及其文化

---

① 萧萐父：《中国哲学启蒙的坎坷道路》，《中国社会科学》1983年第1期。

② 萧萐父、许苏民：《王夫之评传》，南京：南京大学出版社2002年版，第210页。

③ 萧萐父、许苏民：《王夫之评传》，南京：南京大学出版社2002年版，第415页。

④ 萧萐父、许苏民：《王夫之评传》，南京：南京大学出版社2002年版，第416页。

仆从‘镇压人心’之具，则是在他的最后一部著作《宋论》的卷六；由此可见，对‘正统论’和‘道统论’持否定的态度，乃是王夫之的晚年定论。”①

2.抓住中国哲学特点用马克思主义理论方法进行研究

马克思主义理论是科学真理，是放之四海而皆准的理论武器，但是，如果生搬硬套而不看研究对象，不深入社会历史文化的深层，那么，马克思主义船山学研究就不会取得成绩。在这一方面，侯外庐先生、冯契先生都作了一个很好的示范。

陈寒鸣说，1946年至1961年间，侯外庐从个人著书到依靠专家群体，合作撰写出皇皇巨著《中国思想通史》。这种做法在20世纪末叶的中国学术界仍有巨大影响。这个学派主要成员，据吴光所言有邱汉生、何兆武、张岂之、李学勤、田昌五、祝瑞开、黄宣民、卢钟锋、陈谷嘉、崔大华、姜广辉等，受侯老影响的还有刘泽华、冯天瑜、萧萐父等。这些人中有研究王船山学术思想的如邱汉生、张岂之、刘泽华、冯天瑜、萧萐父等，由此也可以说王船山学术思想研究中有“侯外庐学派”的身影。侯外庐学派的特色有林林总总的表述，但其核心点是注重思想史与社会史的关联，而这一点恰恰就是唯物史观核心，侯外庐自己承认②，其他研究者也赞同③。

冯契的船山哲学研究是冯契中国古典哲学研究新范式的一个成功范例。冯契新范式三要点即冯契自己所说的方法、选点和成效；所谓方法即所谓历史与逻辑结合的方法，对过程本身进行矛盾分析、对比以及对不同过程之间进行类比的方法，批判总结的方法；所谓选点，通俗地说是研究什么内容，冯契先生是从四个方面考察中国古代哲学：近代哲学革命、认识论问题、逻辑学和自然观、人的自由问题；所谓成效就是通过分析这四个方面的内容从而揭示中

---

① 萧萐父、许苏民：《王夫之评传》，南京：南京大学出版社2002年版，第445页。

② 侯外庐说：“从历史唯物主义观点来看，思想是存在的反映。历史从哪里开始，思想进程也应从哪里开始。因此，社会历史的演进与社会思潮的发展是相一致的。……我的具体方法是，在研究社会史的基础上，注重对社会思潮作比较全面的考察，力图把握社会思潮与社会历史的联系及其所反映的时代特点，进而研究不同学派及其代表人物的思想特色和历史地位。”（侯外庐：《侯外庐史学论文选集》(上)，北京：人民出版社1987年版，第12页）

③ 方克立说：“侯外庐学派”是由马克思主义历史学家侯外庐先生开创的学术派别，其基本主张是用以唯物史观为核心的马克思主义世界观和方法论来研究中国思想的发展，强调思想史研究与社会史研究相结合，可以说是中国思想史研究中的唯物史观派。”（方克立、陆信礼：《“侯外庐学派”的最新代表作——读〈中国儒学发展史〉》，《中国社会科学院研究生院学报》，2010年第2期）

国古代哲学的特点;冯契就是通过这个新范式研究船山哲学并揭示船山哲学诸种特点从而为马克思主义中国化的哲学研究提供了成功的案例。

四、集成与创新

(一) 马克思主义王船山学术思想成果的汇聚与总结

1.由单篇论文的探讨到中国哲学史专著中的专章

二十世纪五六十年代,王船山学术思想的研究成果都是以论文的形式发表于各种报纸杂志,还有一些论文结集出版,如《王船山学术论丛》《王船山学术讨论集》等。20世纪末叶,王船山学术思想研究成果许多仍以论文的形式发表在各种报纸杂志,但也有以专章的形式出现在各种中国哲学史著作之中。其中著名的有任继愈和冯友兰主编的中国哲学史著作。任继愈主编的《中国哲学史》,共八编,分四册,人民出版社出版。第一、二、三册(第一至六编)于1963年、1964年初版,第四册(第七、八编)于1979年初版。第七编题为《封建社会没落时期(清代)的哲学思想(公元一六四六年——公元一八四〇年)》,其中第四章《王夫之的唯物主义思想和朴素的辩证法思想》论述王夫之的哲学思想。冯友兰先生在新中国成立后就有新编中国哲学史的打算,在20世纪60年代付诸实现,出版两卷《中国哲学史新编》,因“文化大革命”而中断。至20世纪80年代,在80多岁高龄之时,重建炉灶,全部重写,至1989年全书完成。《中国哲学史新编》第五册第五十九章《后期道学的高峰——王夫之的哲学体系》论述王夫之的哲学思想。

2.由个人研讨到集体合作

二十世纪五六十年代,王船山学术思想研究论文大多是由个人完成并署名发表的,个别也有两人署名的。20世纪末叶,在王船山学术思想研究领域集体研究愈来愈多。张立文、默明哲编《中国古代著名哲学家评传》第三卷中有《王夫之》一传,由丁健生、张立文撰写。[①]陈远宁、王兴国、黄洪基著《王船山认识论范畴研究》,是专门探讨王船山认识论的著作。[②]作者于《后记》中明确地说“本书是为纪念王船山逝世二百九十周年而撰写的”,还说

---

① 张立文、默明哲:《中国古代著名哲学家评传》,济南:齐鲁书社1981年版。

② 陈远宁、王兴国、黄洪基:《王船山认识论范畴研究》,长沙:湖南人民出版社1982年版。

1981年3月开始分头全面阅读资料,同年8月拟出写作提纲,然后各人又按自己所承担的章节,进一步搜集、整理资料,于1982年1月写出初稿。3月,统一修改完毕。全书十五章,外加一个《绪论》和《后记》。《王夫之辩证法思想引论》一书所收的是湖北省学者为纪念王船山逝世290周年学术研讨会准备的部分论文。[①]书中前三篇是萧萐父的论文。第四篇为李德永《王夫之论"太极"》。第五篇为萧汉明《"细蕴"发微》。第六篇为杜慎凡、席绍曾《王夫之论"动"和"静"》。第七篇为李维武《王夫之论"生"和"死"》。第八篇为陈殿云《王夫之论"道"和"器"》。第九篇为唐明邦《王夫之论"常"和"变"》。第十篇为乔余堂《王夫之论"己"和"物"》。第十一篇为许苏民《王夫之论"知"和"能"》。第十二篇为冯天瑜《王夫之论"文"和"质"》。第十三篇为钟兴锦《王夫之论"天"和"人"》。第十四篇为李寿章《王夫之历史观中的辩证法》。第十五篇为舒默《王夫之认识论中的辩证法》。第十六篇为唐明邦《〈周易内传〉中的若干辩证法思想》。第十七篇为罗炽《谈〈庄子通〉札记》。第十八篇为郭齐勇《〈尚书引义〉中关于认识主体和辩证逻辑》。1978年,国务院决定编辑出版《中国大百科全书》,并成立中国大百科全书出版社。《中国大百科全书》第一版历时15年,于1993年全部出版,共74卷。其中哲学卷于1987年出版,政治学卷于1992年出版,经济卷于1988年出版。教育卷于1985年出版,中国历史卷于1994年出版,中国文学卷于1993年出版。每卷都有有关王船山学术思想的条目,撰著者有萧萐父、唐凯麟、敏泽等。

3. 由某个领域的研究到全面的汇聚与总结

船山哲学、船山史学、船山诗学、船山美学等领域的研究都出现了专著,有的领域甚至还不止一部。2002年萧萐父、许苏民撰著的《王夫之评传》的出版有着巨大的意义。《王夫之评传》被誉为"用马克思主义解读王船山的集大成者",其特点如下:首先,萧萐父先生集成了自己在船山哲学的本体论、辩证法、认识论和历史哲学诸领域的成果,并且从深度和广度两个方面取得了更多的成就;其次,汇聚了马克思主义船山学研究成果如全面继承了侯外庐先生的船山学研究成果,对冯友兰、嵇文甫船山学研究成果有所吸收,在以前自己少有涉及的领域广泛吸收了船山学研究成果等,还吸收了新儒家

① 萧萐父:《编辑弁言》,萧萐父:《王夫之辩证法思想引论》,武汉:湖北人民出版社1984年版。

船山学研究成果;最后,在继承和吸收他人成果的基础上在船山哲学唯物论特性与启蒙思想的阐发等方面都有更精深的阐释。

(二)基于反思的综合创新

1.马克思主义船山学的综合创新

蔡尚思等学者反思了中华人民共和国成立以来船山学研究中对王船山学术思想评价过头的问题,提出要实事求是地研究,仍然主张船山哲学是朴素唯物主义哲学。马序通过反思走得更远,提出船山哲学是唯心主义哲学。冯契通过马克思主义哲学原理与中国古代哲学实际相结合的范式,分析了船山哲学思想的唯物特征与辩证特征。朱伯崑从易哲学的特殊角度进一步阐述了船山哲学的种种唯物论特征并澄清学界的一些误解。在此基础上,张岱年、方克立提出“中体”“西用”“马魂”综合创新模式,为马克思主义船山学的创新探索了一条新路径。

2.寻找中国特色的创新

寻找中国特色建立中国学派,这是近代以来,中国学人一直孜孜不倦追求的目标。在此时期,张立文、陈来在这方面都取得了成效。张立文先生运用自己独创的研究方法研究王船山哲学思想——从中国哲学的逻辑结构来研究中国哲学,从和合学的角度研究王船山哲学。陈来在路径上师承冯友兰,接着理学讲,在取向上更靠近嵇文甫,强调王船山是道学中的人物。严寿澂、萧驰移居海外后,受新儒学影响,也提出偏重儒学特点的船山学研究。

3.中西视域融合的创新

近代以来,尤其是五四运动以后,中国学人是在世界学术视域中研究中国学术。在民国时期,从世界视域批判或肯定,中国文化本位立场或有所不同。但在新中国,中国学人以平等的眼光看待世界,也不停地将中国学术与世界学术进行比较,因此,这种中西视域融合的王船山学术思想研究也是一种新的路向。陈赟也认为中国哲学的发展与西方哲学发展处于同一水平,将西方的由形而上学到后形而上学的发展史挪移到中国哲学史,认为船山哲学是朱熹形而上哲学的发展,从而呈现了新的体系。

第一章 王船山学术思想研究的全面恢复

20世纪70年代末，王船山学术思想研究得到全面恢复。一方面老一辈的学者继续完成过去没有完成甚至无法进行的研究工作，如冯友兰、任继愈等学者的中国哲学史著作的撰写，邓潭洲的王船山传论的写作，另一方面一些学者还对船山学研究有了新的推进，如冯契的船山哲学研究。

第一节 任继愈、冯友兰的王船山哲学思想研究

20世纪70年代末到80年代有两部重要的中国哲学史著作对王船山哲学研究产生重大影响。这两部哲学史著作是任继愈主编的《中国哲学史》和冯友兰主编的《中国哲学史新编》。任继愈（1916—2009），字又之，山东平原人。任继愈主编的《中国哲学史》，共八编，分四册，人民出版社出版。第一、二、三册（第一至六编）于1963年、1964年初版，第四册（第七、八编）于1979年初版。第七编题为《封建社会没落时期（清代）的哲学思想（公元一六四六年——公元一八四〇年）》，其中第四章《王夫之的唯物主义思想和朴素的辩证法思想》论述王夫之的哲学思想。冯友兰先生在新中国成立后就有新编中国哲学史的打算，20世纪60年代付诸实现，出版两卷《中国哲学史新编》，因"文化大革命"而中断。至20世纪80年代，在80多岁高龄之时，重建炉灶，全部重写[1]，至1989年全书完成。《中国哲学史新编》第五册第五十九章《后期道学的高峰——王夫之的哲学体系》论述王夫之的哲学思想。这两部著作在王船山哲学研究方面有其相同和相异的地方。

---

① 蔡仲德：《冯友兰先生年谱初编》"1983年6月8日条"云："朱伯崑、李中华来探视，劝先生不再修改《新编》已出（先秦、两汉）、已写（魏晋、隋唐）部分，而直接从宋明道学写起，先生强调写不同于一般的哲学史，不是我注六经，而是六经注我，故必须从头写起。"（蔡仲德：《冯友兰先生年谱初编》，郑州：河南人民出版社2000年版，第661页）

一、任继愈《中国哲学史》与冯友兰《中国哲学史新编》相关章节中关于王船山哲学的研究方法和研究内容大致相同

任著与冯著相同的地方为主要方法和研究内容相同。两书采用的方法都是马克思主义的研究方法,研究的基本内容是自然观、辩证法、认识论、历史观、人性论、社会政治思想等。任著肯定王船山自然观是唯物主义自然观,王船山具有朴素的辩证法思想,王船山的认识论是唯物主义认识论。关于王船山历史观和人性论,任继愈指出:"王夫之这些思想是对柳宗元的重'势'的历史观的继承和发展,他提出'理势合一',要从历史发展必然趋势中去探寻它的规律。"[①]任继愈又说:"王夫之在人性论问题上反对先验的人性论,认为人性是后天学习而成的,所谓'习成而性与成也'(《尚书引义·太甲二》)。"[②]关于王夫之的社会政治思想,任继愈指出:"王夫之站在中小地主阶级立场,和当权的大官僚大地主阶级是有矛盾的,他不满明末的腐败政治,要求进行政治改革,以达到有效地抵抗清贵族的压迫,他的政治主张着重于限制包括皇帝在内的贵族官僚地主阶级的利益,希望遏制豪强富户的兼并,缓和社会阶级矛盾,从而挽救封建社会的危机。"[③]冯著亦认为王船山的自然观、认识论是唯物主义的,辩证法思想是王船山的重要贡献,亦评价了王船山的历史观。两书在对王船山的历史地位的评价上也基本相同。任继愈对王夫之在中国哲学史上的地位作了明确的概括:"王夫之系统总结了我国古代朴素唯物主义,他在自然观、认识论、辩证法和历史观等方面都有所发展。他继承了张载的唯物主义思想,通过对宋、明以来主观唯心主义和客观唯心主义的清算批判,把唯物主义的元气本体论发展到更加完备。可以认为,我国古代朴素唯物主义发展到王夫之达到了它的最高阶段。"[④]冯友兰在评价王夫之的历史地位时说:"唯物主义和辩证法是王夫之哲学思想的主要的一面,他的哲学体系是后期道学的高峰。""在学问广博和体系庞大这两方面,

---

① 任继愈:《中国哲学史》第四册,《船山全书》第十六册,长沙:岳麓书社1996年版,第1321页。

② 任继愈:《中国哲学史》第四册,《船山全书》第十六册,长沙:岳麓书社1996年版,第1322页。

③ 任继愈:《中国哲学史》第四册,《船山全书》第十六册,长沙:岳麓书社1996年版,第1323页。

④ 任继愈:《中国哲学史》第四册,《船山全书》第十六册,长沙:岳麓书社1996年版,第1329—1330页。

他都可以成为后期道学的主将，跟前期道学的主将朱熹并驾齐驱。”“历史家向来认为明末清初有‘三大儒’：顾炎武、王夫之和黄宗羲，这三个人诚然都是中国文化中的大人物，但他们的贡献各不相同，顾炎武基本上是一个学者，不是一个哲学家，他的贡献另有所在。王夫之的贡献是旧时代的总结，黄宗羲的贡献是新时代的前驱。”①

二、任继愈《中国哲学史》与冯友兰《中国哲学史新编》相关章节中关于王船山哲学研究的相异之处

两书相异的地方是任著按照典型的中国社会分期来探讨中国哲学的发展情况来写，这种写法在“文革”前就已定型。冯友兰先生则是进行了深刻的反思，明确申明只写“自己在现有马克思主义水平上所能见到的东西，直接写我自己在现有的马克思主义水平上对于中国哲学史和文化的理解和体会，不依傍别人”。他在该书的《自序》中还说：“哲学的发展总要围绕一些真正的哲学问题，哲学史必须说明这些问题。照这个体裁，书不以人为纲，以时代思潮为纲。全书讲七个时代思潮：先秦诸子（分前后期），两汉经学，魏晋玄学，隋唐佛学，宋明道学（分前后期），近代变法，现代革命。”②《中国哲学史新编》第五册第五十九章《后期道学的高峰——王夫之的哲学体系》论述王夫之的哲学思想。从标题就可以看出，冯友兰先生与当时很多人的观点有些不同，他将王夫之列在道学之列，而且是后期道学的高峰。除了以上不同外，冯友兰先生向来重视哲学范畴的研究，重点探讨了“真实性”“有无”“动静”“形上与形下”“理”及其各项对立面、“知行”“性命”等。

第二节　邓潭洲的王船山学术思想研究

一、邓潭洲的生平

邓潭洲（1925—1991），湖南浏阳人。关于邓潭洲的生平事迹，与他共过事的王兴国比较清楚，他说：

---

① 冯友兰：《中国哲学史新编》第五册，《船山全书》第十六册，长沙：岳麓书社1996年版，第1132页。
② 冯友兰：《自序》，《中国哲学史新编》第五册，北京：人民出版社1988年版。

邓潭洲(1925—1991),湖南浏阳人,1941年考入湖南国学社,专攻经史。以后长期从事中学教育。1957年调入湖南历史考古研究所(湖南省社会科学院的前身之一)从事研究工作。1960年他被"拔白旗"(即批判他走"白专道路",只重视业务不重视政治,只专不红),并取缔他的科研资格,直到1962年将他遣至浏阳一中任教。"文化大革命"中他又被开除公职,靠拖板车卖黄泥为生。"邓公"(这是我们对他的尊称)经史功底扎实,就是在逆境中也从不放弃科研。我们在筹备船山会时,知道他正在写作《王船山传论》,这正是王船山学术讨论会学术准备所需要的。我们了解到,邓公在1978年就已经落实政策,回到浏阳一中教书,并且当选为浏阳县政协常委。我们认为,既然国家的一级政治机构都可以那么信任他,作为群众性学术团体的船山学社,没有必要在所谓的"历史问题"上去纠缠。那时,邓公在中学的教学任务很重,写作所需要的时间和资料都无法保证。湘潭大学曾想调他,但浏阳方面不肯放人,并且宣称:只有原单位落实政策要调才可以考虑放。而他原来所在的单位,由于个别领导的坚持,又不可能将他调回。这时,湖南人民出版社为了出版研究船山的著作,以迎接1982年船山会,正需要有一位文史水平高的编辑。于是我和陈远宁便找省教育厅的老厅长刘寿祺和当时的厅长王向天,在他们的支持下,于1982年初将邓公借调到湖南人民出版社,1984年又正式调回湖南省社会科学院哲学研究所。由于我们顶住了"左"的压力,在学社重建时,不仅使邓公成了学社的理事,而且担任过学社秘书长和副社长。他在出版社为出版"船山研究丛书"等书作出了重要贡献,《船山学报》复刊后他又担任副主编,为提高学报质量做出了不懈努力。①

由邓潭洲的经历可以看出他的人生比较坎坷,但一直坚持王船山研究。

① 王兴国:《我与船山和船山学》,《船山学刊》2015年第4期。

二、邓潭洲的王船山研究

邓潭洲于1957年开始进行船山研究，1962年夏写出初稿，其后被耽搁。在十年“文革”中受到迫害，在困难的条件下坚持研究王船山，但非常艰难；“四人帮”被打倒后能正常进行学术研究，他日以继夜地从事研究工作，完成了《王船山传论》。[①]蔡尚思先生在其船山研究专著《王船山思想体系》之《自序》中说，他曾将他的著作给邓潭洲看，并得到了邓潭洲的肯定。邓潭洲在《后记》中说他写《王船山传论》得到蔡尚思教授的热情鼓励。[②]这两位在20世纪80年代船山研究领域有着较大影响的学者，在研究中相互切磋、相互支持，是一段佳话。

署名“慎言”的论者指出邓潭洲同志撰写的《王船山传论》值得注意之处有：“一、《传论》在叙述王船山的生平事迹时，紧密地与当时的现实联系在一起。”[③]“二、《传论》的作者不仅对王船山的自然观、辩证法思想、认识论、历史观作了比较详细的论述，而且对人们很少注意或者不大被人重视的问题，也进行了探索，挖掘出蕴藏于其中的合理的积极的因素。”[④]“三、根据‘百家争鸣’的方针，《传论》的作者对王船山研究中一些有争议的问题，提出了自己的看法。”“四、《传论》对王船山思想存在的错误、缺点，也作了客观的实事求是的分析。”[⑤]“慎言”也指出该书也存在不足之处：“例如对船山极为丰富的辩证法思想，论述欠详赡，似乎意犹未尽。又对船山的人性论、史学思想、美学思想等，或者只在有关章节提了一下，或者根本没有涉及。……此外，书中的某些论证，也有不够妥善之处。”[⑥]

对于“慎言”评价，我是持基本肯定的态度，但也做一些补充。

（一）邓潭洲的船山研究方面取得的成绩就是完成了中华人民共和国成立后“第一部”全面研究王船山的专著

全面研究王船山的著作在民国时期有张西堂的《王船山学谱》与侯外庐

① 邓潭洲：《后记》，《王船山传论》，长沙：湖南人民出版社1982年版，第336页。

② 邓潭洲：《后记》，《王船山传论》，长沙：湖南人民出版社1982年版，第336页。

③ 慎言：《读〈王船山传论〉》，《船山学报》1985年第1期。

④ 慎言：《读〈王船山传论〉》，《船山学报》1985年第1期。

⑤ 慎言：《读〈王船山传论〉》，《船山学报》1985年第1期。

⑥ 慎言：《读〈王船山传论〉》，《船山学报》1985年第1期。

的《船山学案》。中华人民共和国成立后,船山研究蔚然成风,从各个方面研究王船山的论文非常多,但是没有一部综合研究王船山学术思想的著作。正因为没有船山研究专著问世,邓潭洲先生撰写的《王船山传论》就有了它的特殊地位。

《王船山传论》共五章。第一章名《王船山的生平事迹》,所述事迹已为人所熟知,明确将王船山一生划分为五个时期。[①]第二章名《王船山思想产生的社会基础和理论基础》。研究历史人物的思想理论,首先必须分析其所处的历史环境及其社会状况,这是中华人民共和国成立后社会科学研究所常用的方式。邓氏如此做法,亦是袭用而已。关于明代社会的分析,更无新意。邓氏明确指出,以王船山而论,他在政治上代表中小地主阶级的利益,对于明朝后期贵族、官僚、大地主的土地兼并和残酷地剥削人民,感到不满,认为这必然加深社会矛盾,造成封建主义统治危机。因此,他主张保护中小地主和农民(主要是自耕农)的利益,使他们能够改善生活,有利于发展生产,从而奠定封建主义统治的社会基础。[②]这是邓氏在王船山思想的阶级属性争论中明确了自己的立场。至于论述王船山思想理论基础,也主要是袭用前人的观点。船山继承张载,这是无须论证的。推崇王充,这是侯外庐先生的观点。对东林学派的顾宪成、高攀龙的推重,嵇文甫已开先河。对异端如老庄佛道批判性的吸取,侯外庐先生有比较详细的论证。总的来说,邓氏这方面的论述,不出侯外庐与嵇文甫所论的范围。第三章名《王船山的哲学思想》,介绍王船山哲学思想的自然观、辩证法思想、认识论、历史观。其基本观点是中华人民共和国成立后马克思主义船山学观点。但是关于王船山的历史观,邓氏却有着自己大胆的推论。邓氏说,王船山的历史观,与其唯物主义自然观和辩证法思想保持着几乎是直接推论的关系。[③]王船山认为客观实在的物质世界,不断运动变化,处于“日新”的状态,由此他断定人类历史社会也是变化发展的。他对封德彝、邵雍、朱熹宣扬的历史退化论极其不满,坚决反对复古。他不但看出社会历史在不断地向前发展,而且认为这

① 邓潭洲:《王船山传论》,长沙:湖南人民出版社1982年版,第1—46页。
② 邓潭洲:《王船山传论》,长沙:湖南人民出版社1982年版,第83页。
③ 邓潭洲:《王船山传论》,长沙:湖南人民出版社1982年版,第178页。

种发展是有规律的客观过程，王船山提出了“理势”统一的命题。[①]他运用“理势”统一的观点去探索历史，觉察到人民群众与历史的发展是有一定关系的（当然，他并不懂得社会历史是人民群众所创造）。[②]这与中华人民共和国成立后大多数论者认为王船山自然观是唯物论，其历史观是唯心论的认知是有所不同的。第四章名《王船山的社会政治思想》，讨论了民族思想、政治思想、经济思想、教育思想。邓氏称王船山认为汉族与少数民族都具有不同的特点，要保持这种民族特点，不要互相侵扰，把保卫民族利益看得比维系君臣名分重要，肯定抗击外来民族侵扰的人，对向外族投降、危害民族利益的人则表现了无比憎恨。邓氏还认为王船山的民族思想，虽然包含了具有一定进步意义的内容，但也存在着错误的东西。[③]这是学界常论，无须多说。邓氏认为王船山的政治思想，其特点是密切地联系现实，特别是联系人民的疾苦。这有拔高之嫌。邓氏关于王船山经济思想的论述，明显可看出受到彭雨新《王船山的赋役论及其思想体系》和易曼晖《论王船山的财政思想》的影响。至于王船山的教育思想，前人研究得不多，是邓氏自己的研究为主。第五章名《王船山的诗论》，邓氏对中华人民共和国成立以来的这方面的研究进行了概括。

（二）邓潭洲的王船山研究在吸收前人和同代人研究成果的基础上对船山研究有所推进

对王船山的经济思想，虽在民国初年就有人进行研究，在20世纪60年代也有人进行研究，前面也说了邓氏受到前人研究的影响，但是，邓氏还是全面探讨王船山经济思想的第一人。又如关于王船山教育思想研究，民国时期，何贻焜撰写过《王船山先生之教育思想》[④]研究船山教育思想，但真正系统地进行研究还是邓氏。首先，邓氏认为王船山的教育思想，是基于他所揭示的人性论而展开的，因而先介绍王船山的人性论思想。王船山认识到教育的功能，他反对道家老子的尚朴说，还认为教育与政治的关系非常密

---

① 邓潭洲：《王船山传论》，长沙：湖南人民出版社1982年版，第178页。

② 邓潭洲：《王船山传论》，长沙：湖南人民出版社1982年版，第192页。

③ 邓潭洲：《王船山传论》，长沙：湖南人民出版社1982年版，第207—208页。

④ 何贻焜：《王船山先生之教育思想》，《湖南教育》（复刊），1948年第5、6期。

切,提出改进“童蒙教育”,特别注重青年人才的培养,为此提出发展和充实教学内容,加强道德教育。邓氏认为王船山教育思想,还表现在他的教学论:(一)王船山强调“师必因材而授”,“因所可施可授而使安习之”;(二)王船山强调在教学中必须对学生进行启发,促使学生对疑难的问题展开思维活动,然后适当地加以讲解和指导;(三)王船山认为教师在教学中必须鼓励和指导学生注重学习的持续性;(四)教师必须指导学生改进学习方法;(五)王船山强调在教学中,不能仅仅向学生传授知识和鼓励学生用功钻研为满足,而应该进一步指导他们把学得的知识付诸实践。[①]在船山教育思想研究方面,虽不能说邓氏开其先河,但用新的观点进行研究,邓氏是第一人,并对随后的李国钧撰写《王船山教育思想初探》一书产生直接影响。

第三节 张岱年的王船山哲学思想研究

一、张岱年的王船山哲学思想研究论文、著作

在1977—2012年期间,张岱年先生写过多篇有关王船山的文章——《论王船山哲学的基本精神》《王船山的理势论》《弘扬王船山的精粹思想》《〈王夫之伦理思想研究〉序言》《王船山的主动哲学》等。这些文章显示出张岱年特别重视船山哲学思想研究,并对王船山学术思想研究趋势产生影响。

二、张岱年的王船山哲学思想研究特点

此时期张岱年先生船山哲学研究方面论文写得不多,但有关中国哲学、中国文化方面的研究论文写得多。分析这些文章,我们发现有两个特点:一是始终坚持用唯物论研究中国哲学、中国文化;二是始终相信并发掘中国哲学与中国文化的优秀传统并加以发扬。在船山哲学研究方面,张岱年先生也是坚持这两点。

(一)始终坚持用唯物论研究中国哲学自然也包括船山哲学

张岱年先生说:“80年代初,社会上出现了所谓信仰危机,这主要是西方

---

① 邓潭洲:《王船山传论》,长沙:湖南人民出版社1982年版,第296—303页。

思潮的影响所引起的。有些青年人对于马克思主义理论缺乏真正理解，对于中国近百年来艰苦的斗争过程更缺乏明确认识，因而思想发生动摇。在这种情况下，我感到更有坚持原则的必要。我认为，几十年来，社会主义国家确实出现了一些失误，但是这些失误的根源不在于马克思主义，而是在于违背了马克思主义的基本原理。"[①]二十世纪八九十年代，在一些学人还在迷茫的时候，张岱年先生坚定地说："我赞扬辩证唯物论（当时认为唯物史观是辩证唯物论的一个部分），是因为我认为在许多哲学理论问题上辩证唯物论都做出了正确的解答。"[②]在船山哲学研究方面，张岱年先生在民国时期就指出船山哲学是唯物论，在二十世纪五六十年代再次强调船山哲学是唯物论，在二十世纪八十年代仍然强调："王船山（夫之）是明清之际最伟大的唯物主义哲学家，他在本体论、辩证法、认识论、伦理学说、历史观等方面，都提出了许多光辉的理论命题，做出了巨大的贡献。"[③]张岱年又说："宋明时代，张载以自己运动的'气'来说明一切事物，王夫之更提出'天下唯器'的精湛观点。'从世界本身来说明世界'，这是中国历代唯物论者的光辉传统。"[④]在二十世纪八十年代初期，蔡尚思曾宣称用唯物主义的实事求是的方法对王船山学术思想进行了诸多批评，张岱年并没有直接针对蔡氏的这一说法提出驳论，而是用唯物主义方法分析船山哲学主要精神和历史地位，给予实事求是的评价。他说："王船山是明清之际的卓越思想家，他的哲学思想是中国近古时代唯物主义和辩证法思想的最高峰。这是解放以来绝大多数的哲学史工作者所共同承认的。但是对于一些具体问题，也存在着不同的认识。"[⑤]接着张岱年从三个方面提出了自己的意见：第一，关于王船山与理学的关系。王船山对于理学有继承有批判，没有举起反理学的旗帜，在思想内容上却已突破了理学的局限，这主要表现于三个方面：（1）他提出对于绝对君权的批判；

① 张岱年：《我为什么信持辩证唯物主义？》，《高校理论战线》1991年第6期。

② 张岱年：《我为什么信持辩证唯物主义？》，《高校理论战线》1991年第6期。

③ 张岱年：《论王船山哲学的基本精神》，《社会科学战线》1983年第3期。

④ 张岱年：《马克思主义在中国的传播与中国传统哲学的背景》，《中国社会科学院研究生院学报》1987年第3期。

⑤ 张岱年：《王船山的历史地位》，《中国哲学史研究》1983年第3期。

（2）他不同意所谓理欲之辨；（3）他反对“主静”的修养方法。第二，正确评价王船山在认识史上的贡献。王船山的理论贡献是多方面的，有三种不同的情况：（1）他在“理气”“有无”“新故”等问题上继承了过去哲学家已取得的成就，并作了进一步的阐扬；（2）他在“道器”“动静”“能所”“知行”等问题上提出了创造性的见解，并达到了基本正确的结论；（3）在“性习”“理势”等问题上，他进行了深入的探索，也提出了独到之见，但最后还没有讲清楚，没有达到明确的解决。第三，要重视王船山对于精神文明的贡献。[①]张岱年先生正是用辩证唯物论抓矛盾的主要方面的方法，揭示了船山哲学的诸多贡献，从而确定了船山哲学在历史上的地位。

（二）从始终相信并发掘中国哲学与中国文化的优秀传统这一立场深入研究船山哲学

张岱年先生在20世纪80年代以后特别注意对中华优秀传统文化的发掘，发表了《文化传统与民族精神》[②]《马克思主义在中国的传播与中国传统哲学的背景》[③]《中国文化的基本精神》[④]等一系列论文。张岱年先生在20世纪80年代中叶就说：“现在，中国传统文化正在经历一个舍旧创新的转变过程。中国传统文化是否需要全盘抛弃呢？如果全盘排除传统文化，后果又将如何呢？中国传统中是否也包含继续前进的内在根据？中华民族今日将何以自立于世界文化之林？”[⑤]进而说：“世界近代史证明，如果一个民族完全遗忘了自己的过去，必将失去自己的民族独立性而沦为别的民族的附庸，将甘受别的民族的奴役。……如果传统文化中没有孕育着进步的契机，中国人民的发愤图强的坚韧力量将何依据呢？过去顽固派的妄自尊大是可笑的，如果转而妄自菲薄，也是没有前途的。”[⑥]因此，张岱年先生坚定地说：“我认为，中国的民族精神基本上凝结于《周易大传》的两句名言之中，这就是：

① 张岱年：《王船山的历史地位》，《中国哲学史研究》1983年第3期。

② 张岱年：《文化传统与民族精神》，《学术月刊》1986年第12期。

③ 张岱年：《马克思主义在中国的传播与中国传统哲学的背景》，《中国社会科学院研究生院学报》1987年第3期。

④ 张岱年：《中国文化的基本精神》，《齐鲁学刊》2003年第5期。

⑤ 张岱年：《文化传统与民族精神》，《学术月刊》1986年第12期。

⑥ 张岱年：《文化传统与民族精神》，《学术月刊》1986年第12期。

‘天行健，君子以自强不息。’‘地势坤，君子以厚德载物’。”[①]张岱年还探讨了马克思主义中国化与中国哲学的优秀传统问题，指出：“中国哲学中的唯物论和辩证法思想与马克思主义的唯物论和辩证法，虽然距离较远，但也有互相契合之处。”[②]到了21世纪初，张岱年先生更是概括了中国文化的基本精神，他说：“中国文化有一些思想观念，在历史上起了推动社会发展的作用，成为历史发展的内在思想源泉，这就是文化的基本精神。……我认为，中国几千年来文化传统的基本精神其主要内涵有四项基本观念，即(一)天人合一；(二)以人为本；(三)刚健有为；(四)以和为贵。”[③]张岱年先生正是从发掘中国文化的优秀传统这一立场精研船山哲学，如在《马克思主义在中国的传播与中国传统哲学的背景》一文中肯定了船山哲学的唯物论与辩证法。[④]在《弘扬王船山的精粹思想》一文中，张岱年先生指出“船山哲学包含很多精粹思想”，如在道器问题、理气问题、能所问题都提出了光辉的唯物主义论断。[⑤]张岱年先生还认为船山的辩证思想极其丰富，在人生哲学理论方面提出了一些崭新的观点，等等。[⑥]在《王船山的主动哲学》一文中，张岱年先生指出：“王船山、颜元的主动论都表现了时代精神。船山的主动论是比较全面而深刻的。”[⑦]在分析了船山“诚”这一范畴后，张岱年先生指出许多研究者的错误之处——认为船山所谓诚即指“客观实在”，从人生方面来说，诚即是生活行动无不合乎道德原则，这是王船山主动哲学的最高理想。[⑧]张岱年先生在一书的序言中说：“船山矫正了理学家的偏向，提出了‘珍生’、主‘动’等光辉观念，在一定程度上表现了‘启蒙’的精神。”[⑨]

---

① 张岱年：《文化传统与民族精神》，《学术月刊》1986年第12期。

② 张岱年：《马克思主义在中国的传播与中国传统哲学的背景》，《中国社会科学院研究生院学报》1987年第3期。

③ 张岱年：《中国文化的基本精神》，《齐鲁学刊》2003年第5期。

④ 张岱年：《马克思主义在中国的传播与中国传统哲学的背景》，《中国社会科学院研究生院学报》1987年第3期。

⑤ 张岱年：《弘扬王船山的精粹思想》，《船山学刊》1991年创刊号。

⑥ 张岱年：《弘扬王船山的精粹思想》，《船山学刊》1991年创刊号。

⑦ 张岱年：《王船山的主动哲学》，《船山学刊》1993年第1期。

⑧ 张岱年：《王船山的主动哲学》，《船山学刊》1993年第1期。

⑨ 张岱年：《〈王夫之伦理思想研究〉序言》，《衡阳师范学院学报》1991年第2期。

第四节 冯契的王船山哲学思想研究

一、冯契的生平及其王船山哲学思想研究论文、著作

冯契(1915—1995),原名冯宝麟,1915年出生于浙江诸暨,著名哲学史家、哲学家、美学家、教育家。冯契的王船山哲学研究成果主要见于两篇论文——《论王夫之的辩证逻辑思想》[①]《论王夫之的"成性"说》[②],专著《中国哲学的逻辑发展》第九章第二节《王夫之对"理气(道器)""心物(知行)"之辨的总结——朴素唯物主义与朴素辩证法统一的气一元论体系》。[③]两篇论文的内容实际上都包括在专著之中,所以考察冯契的王船山哲学研究就以他的专著《中国哲学的逻辑发展》为主。冯契的王船山哲学思想研究涉及了王船山哲学思想所有内容,如本体论、认识论、辩证逻辑、历史观和人性论等。除此之外,冯契还探讨了王船山的政治思想:"王夫之对中国古代哲学的批判总结,是同他在政治思想领域中的批判精神密切相联系的。"[④]王夫之主要是阐述王夫之"均天下"的社会理想与反"孤秦、陋宋"的批判精神。[⑤]

冯契的王船山哲学研究,有人称是"独辟蹊径""开拓性"的:首先,是摈弃了"对子"结构和"板块"结构的两种偏向,在逻辑与历史相统一的原则下研究王夫之的哲学思想;其次,是拓宽了王夫之哲学思想的研究内容。[⑥]这种评价是合理的,但只看到冯契破旧模式而对其新范式的构建的意义重视不够。我认为冯契的船山哲学研究是他构建中国古典哲学马克思主义新范式的成功范例。

二、冯契中国古典哲学研究的新范式

在评价冯契的船山哲学研究之前,我们首先考察冯契中国古典哲学研究的新范式。这种新范式有三个要点:方法论、选点、成效。

---

① 冯契:《论王夫之的辩证逻辑思想》,《中国社会科学》1982年第4期。

② 冯契:《论王夫之的"成性"说》,《船山学刊》1984年第2期。

③ 冯契:《中国古代哲学的逻辑发展》(下),北京:东方出版中心2009年版。

④ 冯契:《中国古代哲学的逻辑发展》(下),北京:东方出版中心2009年版,第693页。

⑤ 冯契:《中国古代哲学的逻辑发展》(下),北京:东方出版中心2009年版,第693页。

⑥ 王兴国主编:《船山学新论》,长沙:湖南人民出版社2005年版,第145—147页。

所谓方法论的问题，冯契说："本书试图用马克思主义的辩证方法来研究中国古代哲学史。在这个领域里，前辈和时贤已做了大量的工作。我只是想在他们工作的基础上，用粗线条来描绘一下中国古代哲学思想合乎逻辑地发展的轨迹。"[①]然后冯契从四个方面阐述：一是把握哲学历史发展的根据，二是要采用历史方法与逻辑方法的结合，三是运用科学的比较法，四是站在发展的高级阶段回顾历史。[②]粗看起来，冯契的所谓的方法论是没有什么新意，都是别人说过的或使用过的，但是，冯氏分析得更透彻，成效更显著。关于"把握哲学历史发展的根据"，冯契首先从一般原理来讲："我们一方面应该以阶级斗争理论作为分析历史上哲学思想的指导线索，另一方面又必须考察具体科学（首先是自然科学）的发展，把两者结合起来，研究哲学思想的历史演变。"[③]然后着重研究中国古代哲学各个历史阶段的发展根据，在分析中举了春秋战国和近代以及秦汉至鸦片战争前哲学发展例子，指出："首先是由于社会生产力的发展推动了科学反对宗教迷信的斗争，其次是社会矛盾促进了地主阶级内部的政治思想斗争。将二者结合起来考察，我们就可以把握中国封建社会中哲学发展的根据。"[④]另外，冯契还注意到哲学发展还有其不同于其他科学、其他意识形态的特殊根据——哲学根本问题在不同的历史时期的不同表现及围绕着这一根本问题而展开的矛盾运动。[⑤]冯契的所谓关于历史的方法与逻辑方法相结合，实际上是第一点更深入的展开：一方面必须坚持唯物主义把现实的历史看作逻辑思维的出发点和基础，另一方面也必须善于剥掉外在的形式，摆脱历史偶然性的干扰，以便在历史现象中认出逻辑发展的环节来。[⑥]关于运用科学的比较法，冯契指出有两个环节：一是把不同的过程、领域或不同的阶段进行比较（类比），比较它们在本质上的相同之点或相异之点；二对事物、过程本身内部矛盾的双方进行比较（对比）；只有对过程本身进行矛盾分析、对比，才能在不同过程之间

① 冯契：《中国古代哲学的逻辑发展》（上），北京：东方出版中心2009年版，第1页。
② 冯契：《中国古代哲学的逻辑发展》（上），北京：东方出版中心2009年版，第7—21页。
③ 冯契：《中国古代哲学的逻辑发展》（上），北京：东方出版中心2009年版，第2页。
④ 冯契：《中国古代哲学的逻辑发展》（上），北京：东方出版中心2009年版，第4页。
⑤ 冯契：《中国古代哲学的逻辑发展》（上），北京：东方出版中心2009年版，第7页。
⑥ 冯契：《中国古代哲学的逻辑发展》（上），北京：东方出版中心2009年版，第8页。

进行类比;而对不同过程进行类比,又帮助我们去深入揭露所考察过程的矛盾。[①]关于站在发展的高级阶段回顾历史,用冯契的话说就是批判的总结:对历史遗产应进行马克思主义的分析,要剔除其封建性糟粕,吸收其科学性和民主性的精华。[②]

所谓选点,通俗地说是指研究什么内容。这一节,冯契称之为“中国传统哲学的特点”。我认为这一节冯契从两个方面来考察:一是研究了中国传统哲学的什么内容[③],二是中国传统哲学的特点是什么[④]。前者涉及了选点,后者涉及了成效。冯契是从四个方面考察中国古代哲学:一是从近代哲学革命回顾传统哲学,因为近代哲学革命正好处在解决“古今”“中西”这一问题的交汇点上;二是考察哲学史上的认识论问题,历来认为中国传统哲学在认识论方面比较薄弱;三是从逻辑学和自然观方面考察中国古代哲学的特点;四是从人的自由问题上考察中国古代哲学的特点;五是从形成中国传统哲学特点的原因方面考察。[⑤]

所谓成效,就是指冯契揭示了中国古典哲学不同于西方哲学的特点。对应冯契选择中国传统哲学的四个方面的内容进而得到四个方面的结论。冯契所说的中国传统哲学的第一个特点是:“中国古代哲学主要是封建时代的哲学,与欧洲相比,中国有着更为悠久的朴素唯物主义和朴素辩证法的传统,而像西方近代的机械唯物论哲学,在中国没有得到充分的发展。”[⑥]冯契所说的中国传统哲学的第二个特点是:“中国古代哲学就像欧洲古代和中世纪一样,还没有分化为各部门,许多科学也还没有从哲学的母体分离出去,

---

① 冯契:《中国古代哲学的逻辑发展》(上),北京:东方出版中心2009年版,第13页。

② 冯契:《中国古代哲学的逻辑发展》(上),北京:东方出版中心2009年版,第17页。

③ 冯契说:“把全部哲学的根本问题概括为思维与存在的关系问题,这是马克思主义对哲学发展史的总结。这一根本问题在不同时代有不同的表现。我们研究中国哲学史就必须注意这一根本问题在中国历史各阶段是怎样表现的。”(冯契:《中国古代哲学的逻辑发展》(上),北京:东方出版中心2009年版,第6页)

④ 冯契说:“特点,是比较而言的。现在我们讲中国哲学的特点,首先是拿它同西方哲学相比较来说的。而所谓中国传统哲学,主要是指古代哲学;但要研究中国古代哲学,又必须从发展的高级阶段即中国近代的哲学革命来回顾。”(冯契:《中国古代哲学的逻辑发展》(上),北京:东方出版中心2009年版,第21页)

⑤ 冯契:《中国古代哲学的逻辑发展》(上),北京:东方出版中心2009年版,第21—39页。

⑥ 冯契:《中国古代哲学的逻辑发展》(上),北京:东方出版中心2009年版,第23—24页。

因此就比较朴素。但也有个优点，那就是在中国古代哲学中认识论和辩证法、逻辑学是互相联系着的，认识论和伦理学、美学也是互相联系着的，没有近代西方那种实证论的狭隘观点。而且应该说，由于中国古代哲学（从先秦到鸦片战争以前）同欧洲古代和中世纪相比，曾经历了更长期的持续发展，因而倒是较多和较长期地考察了上述后两个问题：逻辑思维能否把握宇宙发展法则的问题，发端于先秦的'名实'之辩；理想人格如何培养的问题，发端于先秦的'天人'之辩；'天人'、'名实'之辩贯串于整个中国哲学史。所以正是在对这两个问题的考察上，显示出中国传统哲学的特点。"[①]冯契所说的中国传统哲学的第三个特点是："在中国哲学史上，认识论问题的讨论，首先是围绕'名实'之辩而展开的。……秦汉以后，'名实'之辩仍以不同形式继续着，到魏晋，演变为'言意'之辩。到宋明，'名实'、'言意'之辩就和道与器（象）关系的争论结合在一起。言、意能否把握道的问题经过了长期考察之后，由王夫之作了肯定的回答，提出了朴素唯物主义前提下的名与实、言与意、象与道的对立统一学说，触及了唯物主义的认识论与逻辑学、客观辩证法三者统一的原理。"[②]"原子论思想和形式逻辑没有得到充分发展，这是中国传统哲学的一个弱点。但是中国人却比较早地发展了朴素的辩证逻辑和朴素的辩证法自然观（气一元论），从而对逻辑思维能否把握宇宙发展法则这个认识论问题作了肯定的回答和多方面的考察，这却是一个优点。"[③]冯契所说的中国传统哲学的第四个特点是："中国传统哲学中的伦理思想以儒家为主体。儒家着重考察了道德行为的自觉原则，是一个贡献；但是占统治地位的儒家不仅忽视了道德行为的自愿原则，而且把宿命论精致化，使之披上迷人的外衣，似乎它能给人以'受用'的'境界'，其实这是错误的理论。"[④]

冯契的中国古代哲学史研究的新范式一言以蔽之就是将马克思主义哲学的普遍真理与中国哲学史发展实际相结合。当然冯先生的哲学研究中也不乏阶级斗争、哲学史上两条路线斗争之类术语的运用。他说："我以为哲学史可以定义为：根源于人类社会实践主要围绕着思维和存在关系问题而

① 冯契：《中国古代哲学的逻辑发展》（上），北京：东方出版中心2009年版，第27页。
② 冯契：《中国古代哲学的逻辑发展》（上），北京：东方出版中心2009年版，第27页。
③ 冯契：《中国古代哲学的逻辑发展》（上），北京：东方出版中心2009年版，第30页。
④ 冯契：《中国古代哲学的逻辑发展》（上），北京：东方出版中心2009年版，第33页。

展开的认识的辩证运动。”[①]又说:“中西哲学遵循着共同的规律,都是随着社会经济的发展而发展变化的;阶级斗争制约着哲学发展,所以必须运用阶级分析的方法来考察中国哲学史上的斗争;思维与存在的关系问题是哲学根本问题,唯物主义与唯心主义的斗争贯串于全部哲学史中。”[②]这些都是时代的色彩并不为累。

三、使用新范式的船山哲学研究

正是由于冯契用中国传统哲学研究新范式来研究中国哲学史的逻辑发展,因而冯契的船山哲学研究的最突出的特点就是从整个中国古代哲学的逻辑发展历史中评价船山哲学思想的贡献。冯契首先在思维和存在关系问题上,指出王船山哲学的唯物论的特性,并与唯心主义相斗争。冯契说:“因此,在天道观上就有天人、理气等问题的争论。在认识论上就有形神、名实等各方面的争论。而总括起来则是物(气)、心、道(理)三者的关系。程朱讲‘理在气行’,陆王说‘天下无心外之物’,都是以精神为世界的本原,属于唯心主义阵营。王夫之说:‘盖言心、言性、言天、言理,俱必在气上说,若无气处,则俱无也。’(《读四书大全说》)他以为世界统一于气,这是鲜明的唯物主义观点。在宋明时期,物质与精神哪个是第一性的问题,是通过‘理气’、‘心物’之辩展开的。”[③]其次,冯契将王船山的哲学贡献置之于中国哲学发展圆圈中加以肯定。他说:“中国古代哲学开始于原始的阴阳说,先秦时期争论‘天人’、‘名实’关系问题,由荀子做了比较正确、比较全面的总结,达到了朴素唯物论与朴素辩证法的统一,仿佛回复到出发点,这可以说是完成了一个圆圈。秦汉以后,哲学上关于‘有无’、‘理气’、‘形神’、‘心物’等问题的争论,由王夫之作了比较正确、比较全面的总结,在更高阶段上达到朴素唯物论和朴素辩证法的统一,完成了又一个圆圈。”[④]所谓完成了一个圆圈就是指王船山哲学的总结作用。冯契又说:“在宋明时期,由于对理气关系与心物关系问题作了不同的回答,形成三个主要哲学派别,即气一元论、理一元论

---

① 冯契:《中国古代哲学的逻辑发展》(上),北京:东方出版中心2009年版,第7页。
② 冯契:《中国古代哲学的逻辑发展》(上),北京:东方出版中心2009年版,第23页。
③ 冯契:《中国古代哲学的逻辑发展》(上),北京:东方出版中心2009年版,第6页。
④ 冯契:《中国古代哲学的逻辑发展》(上),北京:东方出版中心2009年版,第12页。

和心一元论，张载、程朱、陆王分别是这些派别的代表。王夫之、黄宗羲、顾炎武等在进行总结时，首先要对这些学派进行批判的审查，所以很自然，他们的哲学的总结主要是围绕‘理气（道器）’之辩和‘心物（知行）’之辩而展开的。同时，由‘天人’之辩演变而来的命和力、性和习的关系问题以及由‘名实’之辩演变而来的言和意、象和道的关系问题，也得到了比较全面的考察。”[①]由上可知，冯契是将王船山确定为中国古代哲学总结阶段的代表人物。最后，从哲学发展中深入剖析王船山哲学的不足。冯契说：“对于历史上有真正影响的哲学体系来说，它们虽然都被推翻了，但我们可以看到它们不是没有根基的，而是人类认识这棵活生生的大树上生长出来的。它们包含着人类认识的某些必要的环节，但只是把它夸大了，导致形而上学和唯心主义（即使是具有朴素唯物主义与朴素辩证法的哲学家，如荀子、王夫之，也难免在某一点上陷入形而上学和唯心主义）。”[②]对王船山在天道观方面的不足，冯契有明确的认识：“王夫之同张载一样，在讲气的‘清通之神’时，仍有泛神论倾向；在论述气化之道时，也未能摆脱循环论。”[③]冯契指出船山哲学在认识论不足时指出：“他以气禀来解释精神，讲‘德性之知’和‘人心之所先得’的‘良能’，说‘尽性者，极吾心虚灵不昧之良能，举而与天地万物所从出之理合而知其大始’（《正蒙注·大心篇》）等等，说明他在有些场合陷入了先验论。”[④]

或许由于冯契中国古典哲学研究新范式注重从哲学史的逻辑发展角度来考察王船山哲学，因此，冯契合乎逻辑地得出了两个结论。结论之一是王船山哲学具有启蒙意义，冯契说：“明清之际出现了一批进步的思想家，如黄宗羲、顾炎武、王夫之……他们从明王朝的覆灭中吸取教训，看到了宋明理学对社会造成的祸害，试图对宋明理学作批判的总结。他们的批判基本上从地主阶级改革派的立场出发，也反映了市民阶层的要求；某些言论已触及封建专制主义的反动本质，包含有民主主义的新思想。这是同以前的思想家不同之处。正是这些进步的思想家，特别是黄宗羲、顾炎武、王夫之三个

① 冯契：《中国古代哲学的逻辑发展》（下），北京：东方出版中心2009年版，第691—692页。
② 冯契：《中国古代哲学的逻辑发展》（上），北京：东方出版中心2009年版，第19页。
③ 冯契：《中国古代哲学的逻辑发展》（下），北京：东方出版中心2009年版，第707页。
④ 冯契：《中国古代哲学的逻辑发展》（下），北京：东方出版中心2009年版，第718页。

伟大的学者,在批判理学的过程中担负起了对中国古代哲学进行总结的任务。”[①]王船山是不是启蒙思想家在学术界是有争论的。认为王船山不是启蒙思想家的论者,其理由主要是从王船山的阶级立场以及与资本主义萌芽的关系等方面来立论的。而冯契基于马克思的历史发展阶段的理论发现王船山所处的时代正是中国封建社会“自我批判”的时代,王船山反专制主义思想就是启蒙思想的代表。[②]结论之二是王船山等人的古代哲学影响当代马克思主义的中国化。冯契说:“中国传统哲学的优点,一直影响到近代。中国人比较快地找到了马克思主义,并把马克思主义和中国革命实践相结合,这同中国富有朴素唯物主义和朴素辩证法的传统有关。”[③]

冯契的王船山哲学研究的第二个特点是抓住中国古典哲学的特点研究王船山哲学,或者说从揭示中国古典哲学特点这一高度分析评价船山哲学。冯契在《中国古代哲学的逻辑发展》一书的《绪论》中就指出:“我们今天要吸取中国哲学史的积极成果,主要是看以前的哲学家在讨论思维和存在的关系问题上取得了什么成就:首先是在唯物主义前提下,在认识的辩证法上作出了什么贡献;其次是在逻辑学上,在矛盾发展的逻辑范畴方面作出了什么新的研究,在方法论方面提出了什么有价值的见解;再次是在天道观和人道观方面,提出了什么客观辩证法原理或合理因素。”[④]据前面所论,这一段话正是冯契新范式的主要内容,而冯契就是依据新范式考察船山哲学。

关于船山哲学的本体论,冯契是紧扣王船山天道论来论述的,他说:“王夫之从气一元论出发,对‘理气(道器)之辨作了批判的总结,在天道观上作出了重要贡献。”[⑤]冯契说:“在天道观上,王夫之对‘理气(道器)’关系问题作了比较正确的解决,达到朴素唯物主义与朴素辩证法的统一。他对程朱的理一元论和陆王的心一元论都作了比较深刻的批判,使张载的气一元论获得了很大的发展。他根据当时的科学资料,对气不灭的思想作了论证,提出‘无其器则无其道’的命题,指出实有、运动是绝对的,虚无、静止是相对的。

① 冯契:《中国古代哲学的逻辑发展》(下),北京:东方出版中心2009年版,第689—690页。
② 冯契:《中国古代哲学的逻辑发展》(下),北京:东方出版中心2009年版,第690页。
③ 冯契:《中国古代哲学的逻辑发展》(上),北京:东方出版中心2009年版,第38页。
④ 冯契:《中国古代哲学的逻辑发展》(上),北京:东方出版中心2009年版,第21页。
⑤ 冯契:《中国古代哲学的逻辑发展》(下),北京:东方出版中心2009年版,第696页。

他对'气化之道'作了多方面的阐述，指出了物质固有矛盾是运动的源泉，运动是矛盾的发展过程，还考察了矛盾转化的形式，一般规律和特殊规律的关系等，这些都有其超越前人的贡献。不过，王夫之同张载一样，在讲气的'清通之神'时，仍有泛神论倾向；在论述气化之道时，也未能摆脱循环论。"[①]

关于船山哲学的认识论，冯契说："在认识论上，王夫之比较正确地阐明了能所关系，提出了'行可兼知而知不可兼行'的论点，批判了程朱的'知先行后'说和王学的'知行合一'说，比较正确地解决了知行关系问题，达到朴素唯物主义与朴素辩证法的统一。他还对'格物致知'作了唯物的解释，把它们看作是认识的两种方式、两个阶段。以为'格物'是在博学的基础上穷理，'致知'是虚心地进行逻辑思维，这两个阶段是相互联系、不能割裂的。他还指出，学习和思维、知识和才能，都应看作是在运动中前进的过程。这些，都是合理的见解。不过，他以气禀来解释精神，讲'德性之知'和'人心之所先得'的'良能'，说'尽性者，极吾心虚灵不昧之良能，举而与天地万物所从出之理合而知其大始'（《正蒙注·大心篇》）等等，说明他在有些场合陷入了先验论。"[②]

关于船山哲学的辩证逻辑，冯契从三个方面进行阐述。一是论述王夫之揭示"名"（概念）、"辞"（判断）、"推"（推理）的辩证性质，冯契说："王夫之关于'名'、'辞'、'推'的学说体现了朴素唯物主义与朴素辩证法的统一。他并不探讨思维的形式结构，而强调概念的运动是前后相续、彼此相涵的过程，而这种概念的辩证本性也正表现在判断、推理的矛盾运动中。……张载发挥《易传》"化而裁之谓之变，推而行之谓之通"二语时，触及了'名'、'辞'、'推'三者的辩证关系问题，王夫之关于'名'、'辞'、'推'的学说，显然是继承了张载而又大大地向前推进了。"[③]二是论述王夫之提出的"言、象、意、道"统一的理论。冯契说："'言'是'意'的表达形式，'意'是'言'的思想内容，内容与形式是不可分割的。而'道'和'象'，则既指'言'之所指的客观对象，也是'意'所把握的规律和范畴（类概念）。'象'和'道'也是不可分割的。"[④]冯契还

① 冯契：《中国古代哲学的逻辑发展》（下），北京：东方出版中心2009年版，第707页。
② 冯契：《中国古代哲学的逻辑发展》（下），北京：东方出版中心2009年版，第717—718页。
③ 冯契：《中国古代哲学的逻辑发展》（下），北京：东方出版中心2009年版，第724页。
④ 冯契：《中国古代哲学的逻辑发展》（下），北京：东方出版中心2009年版，第724页。

指出王夫之在批判中阐明了"由用以得体"的方法,这对唯物主义的"体用不二"思想是个重要的发展。[①]三是论述了王夫之提出的"微言以明道"。冯契说:"王夫之讲分与合的统一,既反对片面强调分析的道家、程朱,也反对片面强调综合的佛家、陆王;既要'乐观其反',不使'穷理而失其和顺',又要善'会其通',不能'惊于相反而无所不疑'。这表明他已经在一定程度上把握了逻辑思维的辩证规律。"[②]

关于王船山的历史观,冯契认为在王船山时代还不可能提出真正的科学的历史观,但是王船山把历史了解为理势统一的自然过程,要求人们通过偶然性去发现必然性,从"势之必然处"去探求历史规律,这就指明了向真理前进的方向,无疑也是个重要的理论贡献。[③]

关于王船山的人性论,冯契认为,命与力、性与习的关系问题的争论,是"天人"之辩的继续,王船山也作了批判的总结。[④]冯契说,王船山比较多地讲"天人合一",但他讲"天人合一"是指天人交互作用,以为在气一元论前提下,"人定而胜天亦一理也";而且他认为不能"任天",而要"相天""造命",即要发挥主观能动性,治理自然,并在人和自然界的交往中,不断改造自己,培养人的德性。[⑤]冯契说:"在人道观上,他提出'理势合一'的历史观和'性日生日成'的人性论,在论'成人之道'即培养理想人格时强调要'成身成性'、'循情定性',这些也都包含有合理因素。"[⑥]

四、马克思主义中国化的案例意义

中华人民共和国成立后,哲学社会科学工作者都是用马克思主义理论来研究中国古典哲学,这是一种谁也阻挡不了的社会趋势,也确实取得了巨大成绩。但是,在中国香港、台湾以及欧美并没有用或者很少用马克思主义理论进行研究,因此,新中国古典哲学研究的成绩会不会得到承认,在多大程度得到承认,显然这不是自问自答就可以解决的,而必须让人信服。冯契

① 冯契:《中国古代哲学的逻辑发展》(下),北京:东方出版中心2009年版,第730页。
② 冯契:《中国古代哲学的逻辑发展》(下),北京:东方出版中心2009年版,第735—736页。
③ 冯契:《中国古代哲学的逻辑发展》(下),北京:东方出版中心2009年版,第739页。
④ 冯契:《中国古代哲学的逻辑发展》(下),北京:东方出版中心2009年版,第740页。
⑤ 冯契:《中国古代哲学的逻辑发展》(上),北京:东方出版中心2009年版,第31页。
⑥ 冯契:《中国古代哲学的逻辑发展》(下),北京:东方出版中心2009年版,第753—754页。

的船山哲学研究就有着将中国古典哲学研究作为马克思主义中国化实绩表现的案例意义。这就是他所说的用马克思主义哲学的普遍真理与中国哲学史发展实际相结合的新范式实实在在地揭示了中国古典哲学的特点，让人不得不信服。

冯契的中国古典哲学的马克思主义中国化又来自中国共产党理论发展的一种自觉运用。冯契指出，从“问题与主义”的论战开始，经过多次的论战，包括人生观问题的论战、关于中国社会性质的论战等，唯物史观一个战役一个战役地打了胜仗；在反对“左”倾投降主义和“左”倾冒险主义的斗争以及克服教条主义与经验主义的过程中，逐步实现马克思主义的普遍真理同中国革命实践相结合，使得中国革命从根本上改变了面貌，也使得中国哲学发生了根本性的变革。[①]冯契说：“毛泽东同志的《实践论》《矛盾论》《论持久战》《新民主主义论》等著作的发表，标志着马克思主义哲学的中国化，标志着中国哲学史进入了辩证唯物主义的发展阶段。”[②]

冯契的中国古典哲学研究的新范式就是在毛泽东思想指导下构建出来的。阶级分析的理论，这是毛泽东思想体系中的一种重要理论。这种理论在冯契的哲学分析中处处可见。他说：“中西哲学遵循着共同的规律，都是随着社会经济的发展而发展变化的；阶级斗争制约着哲学发展，所以必须运用阶级分析的方法来考察中国哲学史上的斗争；……”[③]冯契还应用了毛泽东的批判继承的理论。冯契先是引毛泽东同志的原话说：“学习我们的历史遗产，用马克思主义的方法给以批判的总结，是我们学习的另一任务。……从孔夫子到孙中山，我们应当给以总结，承继这一份珍贵的遗产。”[④]然后说：“所谓批判的总结，是说我们对历史遗产应进行马克思主义的分析，要剔除其封建性糟粕，吸收其科学性和民主性的精华；既不是一概的排斥，也不是一概的承继，而是经过咀嚼、消化，吸取营养物来发展社会主义的新文化。”[⑤]在具体的分析研究中更是将中国传统哲学的特点及其不足区分开来，从不

① 冯契：《中国古代哲学的逻辑发展》（上），北京：东方出版中心2009年版，第23页。

② 冯契：《中国古代哲学的逻辑发展》（上），北京：东方出版中心2009年版，第23页。

③ 冯契：《中国古代哲学的逻辑发展》（上），北京：东方出版中心2009年版，第23页。

④ 《毛泽东选集》第2卷，人民出版社1991年版，第533页。

⑤ 冯契：《中国古代哲学的逻辑发展》（上），北京：东方出版中心2009年版，第17—18页。

作片面之论。冯契还重视对矛盾的分析,这也可以看出毛泽东《矛盾论》的影响。冯契说:“哲学发展的根据是什么呢?这就要从矛盾的普遍性和矛盾的特殊性的互相联结来考察。”[①]冯契又说:“不同的时代有不同的阶级矛盾,反映到意识形态,有不同的政治思想斗争。各时代的重大政治思想斗争对哲学的发展有着巨大的影响。”[②]实事求是是毛泽东思想活的灵魂,冯契对这一原理应用是纯熟的。冯契说:“我们一方面应该以阶级斗争理论作为分析历史上哲学思想的指导线索,另一方面又必须考察具体科学(首先是自然科学)的发展,把两者结合起来,研究哲学思想的历史演变。”[③]在研究中,冯契从不套用经典著作里的原话,总是对具体的哲学问题进行深入细致的分析研究,得出可信的结论。

① 冯契:《中国古代哲学的逻辑发展》(上),北京:东方出版中心2009年版,第2页。
② 冯契:《中国古代哲学的逻辑发展》(上),北京:东方出版中心2009年版,第3页。
③ 冯契:《中国古代哲学的逻辑发展》(上),北京:东方出版中心2009年版,第2页。

第二章 王船山学术思想研究的积极反思

第一节 蔡尚思的王船山学术思想研究

一、蔡尚思的生平及其王船山研究论文、著作

蔡尚思（1905—2008），福建德化人，复旦大学教授。蔡尚思的王船山学术思想研究主要由两篇论文《王船山思想体系提纲》[①]《研究船山思想应当实事求是》[②]和专著《王船山思想体系》[③]构成。其中蔡尚思船山研究专著，得到了谭其骧[④]、朱义禄[⑤]两人的肯定。或许谭、朱两先生的评价是有道理的，但我认为有必要进行更深入的分析得出更恰当的评价。

二、蔡尚思对王船山学术思想研究的反思及其成果

客观地说，在1977—2012年期间蔡尚思发表的关于船山思想体系的见解产生了比较大的影响，反对者有之，赞成的不少，默默受其影响的也有不少。[⑥]简单的赞成或反对，肯定或否定，都是浅薄的。下面对蔡尚思的王船山学术思想研究的成就进行具体的考察。

（一）顺应了解放思想的潮流，对定论、权威敢于质疑，推动了王船山学术思想研究

蔡尚思说："对于清末以来的'学术权威'对王船山评价，不要过于迷信，

---

① 蔡尚思：《王船山思想体系提纲》，《光明日报》1982年11月3日。

② 蔡尚思：《研究船山思想应当实事求是》，《船山学报》1984年第1期。

③ 蔡尚思：《王船山思想体系》，长沙：湖南人民出版社1985年出版。

④ 谭其骧：《序》，蔡尚思：《王船山思想体系》，长沙：湖南人民出版社1985年版。

⑤ 朱义禄：《读蔡尚思〈王船山思想体系〉》，《船山学报》1987年第1期。

⑥ 王兴国、龚建昌都受其影响。龚建昌说："要坚持实事求是，就要敢于突破那些起始可能是由某个权威定调，以后陈陈相因，甚至被奉为金科玉律，而实际上却离真理甚远。"（龚建昌：《将湖南的船山学研究提高到一个新水平》，《船山学报》1988年增刊）王兴国说："出现过'人人都说船山好'的现象。"（王兴国：《王船山与中国近现代》，《船山学报》1989年第1期）

以免束缚自己的思想。我们既要勇于肯定，也要勇于否定。”[①]不要迷信，要勇于肯定或否定，就是当时解放思想风潮的表现。在另一篇论文中，蔡尚思说得更明白：“最近通读《邓小平文选》，得到极其正确的指示，深信：我们要把社会主义建设推向前进，必须实事求是，实事求是是马克思主义的思想基础；必须解放思想，解放思想是指在马克思主义指导下，打破旧习惯势力和主观偏见的束缚；要坚持百家争鸣的方针，要提倡学术交流。《邓小平文选》的指导意义，适用于一切工作，我们对王船山思想进行研究，当然也应以之为准则。”[②]

（二）是中华人民共和国成立以来王船山学术思想研究的自然结果

中华人民共和国成立以来，王船山学术思想研究有两大特色：一是学者都用马克思主义方法，二是研究在争鸣中进行。这在前面已做过很详细的介绍。蔡尚思虽然以反对者的面目出现，实际上走的还是综合的路子即正反两方面的观点都加以介绍、分析，然后加以综合。

（三）比较全面地构拟了王船山思想研究体系

不得不承认蔡尚思的王船山学术思想研究有着很强烈的问题意识。蔡尚思说：“在中国学术思想史上，存在的问题最大最多的，王船山是其中最突出的一个。”[③]然后蔡尚思历数了种种问题：一、未暇读其全部遗书，不先掌握其重要资料，就以偏概全、多所臆断的问题；二、间接读书、人云亦云的问题；三、颠倒歪曲、无中生有的问题；四、缩小缺点、夸大优点的问题。[④]蔡尚思回顾总结了晚清以来的王船山研究，统计了争鸣中出现的种种问题。[⑤]

蔡尚思针对王船山研究中引起争鸣的问题进行了深入的分析，一方面对王船山的各种思想观念进行了评价，另一方面评价王船山在中国学术思想史上的地位。蔡尚思对王船山的各种思想观念的评价见《王船山思想体

---

① 蔡尚思：《我的一种治学方法——以〈王船山思想体系〉为例》，《王船山思想体系》，长沙：湖南人民出版社1985年版，第1页。

② 蔡尚思：《研究船山思想应当实事求是》，《船山学报》1984年第1期。

③ 蔡尚思：《研究船山思想应当实事求是》，《船山学报》1984年第1期。

④ 蔡尚思：《研究船山思想应当实事求是》，《船山学报》1984年第1期。

⑤ 蔡尚思：《王船山学术思想问题争论的约略统计》，《王船山思想体系》，长沙：湖南人民出版社1985年版，第181—183页。

系》一书中《王船山思想体系提纲》这一部分。关于王船山的哲学思想，蔡尚思认为，王船山是实有的本体论，佛老是唯心论，王船山是唯物论；王船山有辩证的方法论、实践的认识论；王船山有礼教的中心论，主要提倡有天理无人欲、有义无利；这是一些崇拜王船山者所未看到的一面。[①]关于王船山的政治思想，蔡尚思认为，王船山提出绝对君权论，有礼刑异施论，此外还有庶民禽兽论、夷狄禽兽论、女祸论、起义农民盗贼论。[②]关于王船山的经济思想，蔡尚思说："王船山的'产是心之本''均之不是齐之'，人所自占自耕的田'不得过三百亩'，多占土地要倍出赋税等思想比不上颜元、王源等。王船山还强调'生民者农而戕民者贾'，也是同黄宗羲的'工商皆本'相悖。"[③]关于史学思想，蔡尚思指出："王船山虽有进化史观与反对邵雍的退化史观，然而更主要的倒是主张退化史观与赞成邵雍的退化史观。"[④]关于王船山的教育思想，蔡氏说："王船山主张后天的知识教育、忠孝的道德教育都是人之所以异于禽兽。又谓文教不可下移，农圃不可上移，知统四德等等。"[⑤]

在《从中国学术思想史看王船山的几种突出地位》这一部分，蔡尚思从四个方面提出了自己的看法。蔡尚思认为中国学术思想史上的王船山在唯物主义与辩证法问题上固然有唯物主义观点但也有唯心主义倾向；王船山在辩证法方面超越前人，但以正反二者为手段，以合为目的，终于归宿到保守的传统思想；在礼教道统问题上，王船山尊孔，比之孟轲、荀况、董仲舒、韩愈、二程、朱熹、陆王等有过之而无不及，根本不能同傅山、刘献廷与后来的袁枚等相比，具有浓厚的以三纲为中心的礼教思想；在对待广大人民特别是对劳动人民的问题上，王船山轻视人民，仇视农民起义；在对待贫富贵贱寿夭等问题上，王船山强调全是天命注定，是人间应有的差别；在对待士大夫与农工商贾的地位问题上，王船山是尊士大夫而贱农民的，重农业而轻工商业的；在对待少数民族及有关历史事实问题上，王船山有大汉族主义观点；王船山的历史观既有进化史观，又有退化史观，英雄史观与历史循环论，地

---

① 蔡尚思：《王船山思想体系》，长沙：湖南人民出版社1985年版，第19—20页。
② 蔡尚思：《王船山思想体系》，长沙：湖南人民出版社1985年版，第20—21页。
③ 蔡尚思：《王船山思想体系》，长沙：湖南人民出版社1985年版，第21页。
④ 蔡尚思：《王船山思想体系》，长沙：湖南人民出版社1985年版，第21页。
⑤ 蔡尚思：《王船山思想体系》，长沙：湖南人民出版社1985年版，第22—23页。

理决定论。[1]蔡尚思认为在明清间学术思想史上王船山的地位也不高:将王船山与同时代的思想家对比,认为民主思想不如黄宗羲、唐甄,考据学不如顾炎武,反传统精神不如傅山,经济思想、教育思想都落后于同时代的人。[2]关于王船山继承张载思想的问题,蔡尚思认为今人一般只知道王船山继承张载的唯物论与辩证法,而没有注意到王船山更发扬张载的重礼思想,张载、王船山基本上均是理学中人,而非与理学完全对立者。[3]关于王船山与西洋近代启蒙思想家相反的问题,蔡氏说:"王船山不是地主阶级的反对派,更不代表市民思想;而是封建传统思想家,是明清间的孔子、张载。他不可能具有近代反对封建传统的思想。"[4]

由上可知,蔡尚思以问题为基础、以分析为武器全面构拟了王船山学术思想体系。实际上,蔡尚思构拟的是王船山学术思想研究体系,其分类应是以其下编中的《王船山学术思想资料分类选评》为准,共十一个大类六十九个小类。蔡氏的王船山学术思想研究体系在王船山学术研究史上第一次完整提出,它就具有一种开创的意义。蔡氏在批判中构拟了庞大的王船山学术思想体系与王船山学术思想研究体系,是对前此王船山学术思想研究的一种概括和总结。

三、蔡尚思的王船山学术思想研究方面的不足

蔡尚思的王船山研究特点鲜明,影响也比较大,但其不足也十分明显。

(一) 方法论上的不足

蔡氏以方法论自雄,实际上方法论却是他的研究中最大的不足。蔡氏在《王船山思想体系》中专辟一节《我的一种治学方法——以〈王船山思想体系〉为例》,也可以说是这部书自序。他以这部书为例大讲特讲他的治学方法,如"必须忠实于历史,遵照马克思主义经典作家的教导,全面掌握有关王船山的事迹及其思想的资料""研究船山学的资料,真正信而有征的是王船

① 蔡尚思:《王船山思想体系》,长沙:湖南人民出版社1985年版,第25—32页。
② 蔡尚思:《王船山思想体系》,长沙:湖南人民出版社1985年版,第32—36页。
③ 蔡尚思:《王船山思想体系》,长沙:湖南人民出版社1985年版,第36—37页。
④ 蔡尚思:《王船山思想体系》,长沙:湖南人民出版社1985年版,第38页。

山本人的论著"[①],等等,不一而足。夸赞蔡氏此书的人也盛赞蔡氏的研究方法。谭其骧先生说,蔡氏著作有两个特点,一是全面阅读原著,摘抄材料进行分析才得出结论,二是全面掌握船山思想的各个方面,既指出其进步的精华的一面,也指出其落后的糟粕的一面,因而本书不仅是王船山研究著作中的一个典范,也是整个中国学术思想史研究领域的一范典。[②]朱义禄的书评也基本上沿谭其骧《序》的观点予以较高评价,称:"略人所详,详人所略,是蔡尚思先生所撰《王船山思想体系》的主要特色。""多方位地、立体地考察船山思想的历史地位,是《王船山思想体系》一书的又一特色。""比较全面地揭示了船山思想的各个方面,是第三个特色。"[③]正是这样的研究方法使蔡氏的王船山学术思想研究暴露出种种不足。

1.过于简化。蔡氏自己说:"正如鼓励我的一位同志所说:'你把王船山近五百万字遗书的内容概括为一篇三千多字的短文,这就使任何忙人都有可能把它读完;假使你把它写成三万多字的长文在报上发表,阅读的人就不会很多了;假使你把它拉长到三十万多字的专著,仔细阅读的人就寥寥无几了。作文和著书,都应力求简要。王船山如果做到这一点,那就不致三百年来无人能读完其遗书,也不致使后人片面臆断或有误解了。'这一段话,我觉得很有道理。我考虑到即使自己写一部论述王氏思想的专著,其主要论点也不大会超出这个《提纲》之外。因之,我就不敢把此书写得冗长。"[④]关于简化问题,蔡氏还有一段按语是很有意思的,他说:"王船山反对'扼要之法',以为'扼要之法乃浮屠所谓佛法无多子者,孟子谓之执一贼道,宋末诸儒,虽朱门人士,皆暗用象山心法,拈一字为主,武断圣贤之言,苟趋捷径,而作经义者依据以塞责。万历以后,恶习熺然,流及百年,余焰不熄,诚无如之何也。'(《夕堂永日绪论》外编)其实,'扼要之法'未可厚非,任何学者,都应当注重它。至于能否即得其要,那是另一个问题,决不能因有人注重'扼要之法'而不得其要,就反对它。王船山不是也曾强调'要领'么?'要领'就是'扼要',他论《易》:'此章……极尽精微,发天人之蕴,《六经》《语》《孟》示人知性

① 蔡尚思:《我的一种治学方法——以〈王船山思想体系〉为例》,《文史哲》1983年第6期。
② 谭其骧:《序》,蔡尚思:《王船山思想体系》,长沙:湖南人民出版社1985年版。
③ 朱义禄:《读蔡尚思〈王船山思想体系〉》,《船山学报》1987年第1期。
④ 蔡尚思:《我的一种治学方法——以〈王船山思想体系〉为例》,《文史哲》1983年第6期。

知天,未有如此之深切著明者,诚性学之统宗,圣功之要领,于《易》而显。'(《周易内传》卷五)但这却限于论《易》,而且也未必能真得其要领;何况他对自己的著述,写到五百万字以上,以多为贵,而不避繁复,以致三百年来,没有人能仔细地读完其全部《遗书》(太平洋书店版近五百万字),得其要领,这就是由于他对'扼要之法'太不注重了!"[①]或许有人会赞同蔡氏的这种扼要之法,尤其是针对当下学术界的"大制作"盛行更有其意义。但是,过于强调"扼要之法",其弊也十分显明。将五百万字的王船山著作简化为三千字分析,能说是一种科学的研究方法?如果是,那么前于蔡氏的研究者与后于蔡氏的研究者都是在做无用功。关于这一点已有人给予了委婉的批评:"二是善于以简要的语言进行综括,提出新颖鲜明的见解,是作者的长处,但作者在提出论点之后,如果能够深入地展开论证,那就更好了。"[②]

2.贴标签。简化的结果就只能贴标签。如论王船山的政治思想,蔡氏贴出了一系列的标签:绝对君权论、礼刑异施论、庶民禽兽论、夷狄禽兽论、女祸论、起义农民盗贼论。[③]蔡氏说:"在他们的论文或有关著作中,对于王船山宣扬的无君是禽兽论、无礼是禽兽论、异端是禽兽论、女祸是禽兽论、庶民小人是禽兽论、起义农民是禽兽论、夷狄是禽兽论等,都没有批判,甚至没有提到,这不能不使人诧异!"[④]在论王船山对待少数民族及有关历史事实问题上的观点时说王船山有大汉族主义观点,他的历史观既有进化史观,又有退化史观,英雄史观与历史循环论,地理决定论。[⑤]这样只贴标签不给具体分析的例子的情况在《王船山思想体系》中太多,是举不胜举的。

3.缺乏对王船山学术思想体系的深研。这有两个方面的表现。表现之一是所取材料来自一定的框框指导的摘抄,其目的还是为了印证自己的观点。如在《王船山学术思想资料分类选评》第二类《宗教思想》中为了证明王船山有"天命论"从王船山的《读通鉴论》《宋论》《尚书引义》等著作中摘出大量证明王船山有天命论的材料,却不摘引王船山有关"君相造命"和"性命日

---

① 蔡尚思:《王船山思想体系》,长沙:湖南人民出版社1985年版,第17页。

② 朱义禄:《读蔡尚思〈王船山思想体系〉》,《船山学报》1987年第1期。

③ 蔡尚思:《王船山思想体系》,长沙:湖南人民出版社1985年版,第20—21页。

④ 蔡尚思:《研究船山思想应当实事求是》,《船山学报》1984年第1期。

⑤ 蔡尚思:《王船山思想体系》,长沙:湖南人民出版社1985年版,第25—32页。

生”等方面的材料。表现之二,大量摘抄了正反两方面的材料,往往缺乏深入的分析,而简单地归之于某一方面。如论王船山史学思想时,大量引用了王船山的历史进化方面与历史退化方面的材料,未能分析何以有这种相互矛盾材料,却归之曰:“有时承认历史进化,但主要是宣扬历史退化论。”另外,借力用力的取巧做法非常明显。别人研究得比较深的,蔡氏概括和指瑕功夫亦深,别人研究没有展开或研究不深的,蔡氏只能取其枝叶,摸摸皮毛。如《美学思想》一类下列:(一)善恶决定美丑;(二)主张正心而不视美人;(三)希望复古乐,革淫乐;(四)不知音乐,乃众庶禽兽。此时,王船山美学思想还少有人研究,因而无现成材料可用,所以,所列命题无学术性可言。

（二）体系构拟方面的不足

1.蔡氏构拟的王船山思想体系大类有缺漏。朱义禄指出:“笔者认为蔡先生比较全面地揭示了船山思想的各个方面,而因篇幅所限,似乎不可能作到‘全面地掌握了船山全部著作中的船山思想的各个方面’。(谭其骧《序》)先就门类而言,作者只列出了哲学、宗教、政治、法律、军事、经济、教育、史学、文学、美学、科学等十一个门类,而对方法论、逻辑思想、伦理思想等门类均未列出。就方法论而言,船山鉴于道家只偏重于分析,佛家只执著于综合的片面化倾向(《周易外传·系辞上传第五章》),而提出分析和综合相结合的方法来把握客观真理(‘道’)的正确见解。……已涉及辩证思维方法论的实质,其在理论上达到的深度是同时代的黄宗羲(偏重在史学方法)、顾炎武(重点在考据学方法)等人难以企及。在具体的思维方法上,船山注重自得。”[①]朱义禄又说:“善于以简要的语言进行综括,提出新颖鲜明的见解,是作者的长处,但作者在提出论点之后,如果能够深入地展开论证,那就更好了。”[②]按照朱义禄的说法,王船山学术思想体系的大类还应增加“方法论”“逻辑思想”“伦理思想”三类。这种意见虽未必全对,但至少说明还应增加一些类别。“方法论”“逻辑思想”可以放置在“哲学思想”大类之下的“方法论”二级类中。根据后来王船山学术思想的研究实际可以把“伦理思想”列

---

① 朱义禄:《读蔡尚思〈王船山思想体系〉》,《船山学报》1987年第1期。

② 朱义禄:《读蔡尚思〈王船山思想体系〉》,《船山学报》1987年第1期。

为一个大类。另外,语言学方面研究还可以添设为新一类。

2.二级类目设置过于随意。如《哲学思想》大类之下“本体论、方法论、认识论”并列是没问题的,但将“生死论”“理欲、义利论”“礼教中心论”“儒家道统论”“发挥程朱派的‘理一分殊’论”“异端异学是禽兽论”与前三者并列为一小类就显得不伦不类。其中“生死论”“理欲、义利论”应放到“伦理”类,而“礼教中心论”“儒家道统论”“异端异学是禽兽论”可以放到“史学思想”类。又如《政治思想》大类之下列有十个小类,几乎不知其分类标准为何,将“君权论”“郡县论”“统治论”与“民脂民膏说是禽兽论”“女祸是禽兽论”“庶民是禽兽论”等并列显得非常荒谬。几乎每个大类的小类设置都存在此类问题。

(三)存在偏见

蔡氏认为湖南不及江浙因而王船山不如江浙人士,这是一种偏见。作者说:“王船山之博学精研,不能在黄宗羲、顾炎武之上。尽管他研究面也很广,但读书之多,却不及黄、顾,当时全国藏书之富,湘西哪里比得上江、浙?只是王氏埋头苦研达四十年之久,为顾、黄等所不如罢了。有些人对王船山加以溢誉,如说什么:‘博大精深’,‘掩诸家而上之’;甚至说‘五百年来学者,船山一人而已’,‘堪称前无古人’,‘南国儒林第一人’等等,都未免夸大了!”[①]一般来说,发达的地区人才出得多一些,但也不能由此而否定不发达地区就不能出人才。要是这样说,近现代的湖南仍不发达,难道曾国藩、黄兴、毛泽东等人也不能与江浙人才比吗?这不是很荒谬吗?

综上所述,蔡尚思的船山学研究成果主要由两篇论文《王船山思想体系提纲》《研究船山思想应当实事求是》和专著《王船山思想体系》构成,其最大的特色就是敢于反思。蔡尚思的王船山研究顺应解放思想的潮流,对定论、权威敢于质疑,推动了船山学研究;蔡氏的研究,是中华人民共和国成立以来王船山研究的自然结果,蔡尚思比较全面地构拟了王船山思想研究体系,将其分为十一个大类六十九个小类;蔡尚思船山学研究方面也存在不足:过于简化,贴标签,构拟的王船山思想体系大类有缺漏,二级类目设置过于随意,研究中存在着偏见。

---

① 蔡尚思:《王船山思想体系》,长沙:湖南人民出版社1985年版,第32—36页。

第二节 马序的王船山哲学思想研究

一、马序的生平及其王船山哲学思想研究论文、著作

马序，1930年生，山东省平原县人，兰州大学教授。马序的王船山哲学思想研究主要集中在20世纪90年代。1990年发表《王夫之一多二重化的人性论和认识论》[①]，1992年发表《王夫之世界观新论——从一多关系研究王夫之哲学》[②]，1994年出版《王夫之哲学思想述评》小册子[③]。其论文与著作研究的内容和方法差不多，但著作阐述得更加系统。

二、马序重新构拟王船山哲学思想体系

马序在他的著作中论述了王船山哲学思想八个问题：1. 王夫之的宇宙论，2. 王夫之论世界的存有方式，3. 王夫之的人性论，4. 王夫之的认识论，5. 王夫之论天人关系，6. 王夫之论我与圣，7. 王夫之思想中的科学与迷信，8. 王夫之的社会历史观。按照现代哲学体系来讲，涉及宇宙观、方法论、人性论、认识论、历史观等。

关于王夫之的宇宙观，马序认为王夫之的宇宙生成论是其哲学思想体系的基础，王夫之以虚无的"经星以上之天"为最高层次，以理为本原本体派生万有。[④]关于王夫之哲学的方法论，马序认为，王夫之把一多"调合""奉一为本"的方法论，贯穿于整个哲学思想体系之中，或者说，其方法论是从整个哲学思想体系中总结、抽象出来的，把握住王夫之哲学方法论，可以帮助我们准确地认知其哲学逻辑结构，范畴、命题含义，以及哲学基本倾向，等等。[⑤]马序说：

---

① 马序：《王夫之一多二重化的人性论和认识论》，《齐鲁学刊》1990年第3期。

② 马序：《王夫之世界观新论——从一多关系研究王夫之哲学》，《兰州大学学报(自然科学版)》1992年第3期。

③ 马序：《王夫之哲学思想述评》，兰州：甘肃民族出版社1994年版。

④ 马序：《王夫之哲学思想述评》，兰州：甘肃民族出版社1994年版，第1页。

⑤ 马序：《王夫之哲学思想述评》，兰州：甘肃民族出版社1994年版，第39页。

王夫之人性论,鲜明地体现了其“理一分殊”“一本万殊”、理气“调合”“二重化”的宇宙发生论,王夫之讲人之性命本于天理,有“虚”有“实”。“虚”者谓之“天地之性”,人人同一;“实”者乃“气质之性”人各殊异;理气聚为形性,散为鬼神,重新组合,复为形性。这种人性论,有异于程朱陆王之处,但基本性质仍为理学唯心论。[①]

关于王夫之哲学认识论,马序说:

以其宇宙论为根据,认为认识的最终目的是天理,把握本体天理,将关于现实事物(“多”)的认识叫做“闻见之知”,将关于本体天理的体验叫做“德性之知”,并把二者“调合”起来,而知“德性之知”为根本,这是一种心物“二重化”的认识论。[②]

关于王夫之的社会历史观,马序说:

王夫之的社会历史观贯彻了“以天为宗”的原则,也就是说自然界和人类社会是同一“天”所派生。……

王夫之的社会历史观坚持了“奉一为本”“一多调合”的方法论。王夫之认为天下有分有合,终归于一统;百姓万物无限多样,必统于一尊。[③]

马序认为王夫之讲人心主宰社会历史,而人之心性即天理,故其实质不是主观唯心论,而是客观唯心主义的心物二重化历史观。[④]

马序的最后结论是从正反两个方面评价王夫之的哲学思想:一方面肯定王夫之哲学确实把中国传统哲学推进到了新水平,这表现在其一多“调合”二重化的体系中,统一的方面更增强了,即更重视人、物之“独”,“我”和“相天”“造命”等思想因素,这反映了社会物质文明、精神文明的进步;另一方面,马序认为,王夫之没有超越“天”“理”的“网罗”,而是以天理、天命为本体,君主圣贤奉天承运治理人物,三纲五常是人们的心理行为准则,封建主

① 马序:《王夫之哲学思想述评》,兰州:甘肃民族出版社1994年版,第40页。
② 马序:《王夫之哲学思想述评》,兰州:甘肃民族出版社1994年版,第59页。
③ 马序:《王夫之哲学思想述评》,兰州:甘肃民族出版社1994年版,第141页。
④ 马序:《王夫之哲学思想述评》,兰州:甘肃民族出版社1994年版,第160页。

义圣人是理想人格、价值标准，是把封建主义“神秘整体性”作为社会和自然界的本原、本体、绝对权威，泯灭了人物个体独立存在的价值，它的社会职能是维护封建秩序，所以，王夫之“发前圣之未发”“别开生面”的哲学之鹄的，在于“有功圣学”，弘扬封建主义“道统”“治统”，终究是个理学家。①马序甚至说：“将王夫之心物二重化的世界观和一多‘调合’‘奉一为本’的方法论，说作是朴素唯物主义与朴素辩证法相结合的新型哲学体系，把他的社会政治思想说作是资本主义的启蒙思想，是有害无益的。我们的工作，主要是想纠正上述论断的偏失。”②这种重新构拟对王船山哲学思想体系是有别于此时期学界的主流做法，但将其归之于理论创新，必定会失之于简单。

二、马序《王夫之哲学思想述评》观点的来源

马序著作所构拟的王船山思想体系如上所述，其根本要点有如下四点：1.王夫之哲学的基本倾向是理(心)气(物)“调合”的二重化世界观，2.它是有神论，3.它以封建主义神秘整体性压抑个性，4.主张君主独裁专制，维护封建社会秩序。③马序的这种王船山哲学思想的研究并不是他个人的发明，是有其来源的。

首先，马序的王船山哲学思想研究是受了蔡尚思等反思王船山研究做法的影响。蔡尚思回顾总结了晚清以来的王船山研究，统计了争鸣中出现的种种问题。前文已经详细叙述，此处不赘述。我们把马序的王船山哲学思想研究的要点和蔡尚思提出的种种问题对照一下就清楚，他在多大程度上受到蔡尚思的影响。

其次，马序受到港台学者尤其是新儒学的影响。在民国的王船山学术思想研究历史上，有许多学者都认为王船山不是唯物论者。熊十力不同意将王船山划为唯物论，李石岑认为王船山是唯心论，他说：“船山的思想虽然重‘体’，重‘气’，重‘形’，然而他的归结，仍不免有重‘心’的倾向；船山虽然是主张‘毋我’，主张‘物我同源’，然而仍不免重‘我’的倾向。而船山重‘我’的倾向，又是从他的重‘心’的倾向，发生出来的。由此我们知道船山依旧是

① 马序：《王夫之哲学思想述评》，兰州：甘肃民族出版社1994年版，第150页。
② 马序：《王夫之哲学思想述评》，兰州：甘肃民族出版社1994年版，第161页。
③ 马序：《前言》，《王夫之哲学思想述评》，兰州：甘肃民族出版社1994年版。

一个十足的唯心论者。”[1]王永祥说:“天下一切皆物,一切皆自天生之自我成之者也。心无非物也,物无非心也。离物无心,离心无物,二者各有而互成。唯心者非,唯物者亦非也。”[2]他明确表示不赞同船山哲学是唯物论,而将其归为理学一类。张西堂说:“宇宙之起源,本为实有而非虚无,先生此说,可谓近于唯物论一方面。”[3]但他并不认为王船山哲学是唯物论,他说:“明末清初之际,中国哲学思想尚无所谓纯唯物论,船山虽以宇宙原于实有,而极重视乎物,所谓天下惟器论,固非船山对于宇宙本体最终之论调,船山之学受《易》与横渠之影响甚深,其于事物固亦当以为一物而两体,而持道器相须、理气一元、心物一元之说。”[4]马序多少也受到这些人的影响。但是对马序影响比较大的可能还是港台学者。唐君毅是新儒学第二代的重要人物,他说:“而船山则真知气之重者也。此气,吾尝以流行的存在,存在的流行释之。非只物质生命之气是气,精神上之气亦是气。”[5]唐君毅虽然认为船山过于重气,还应加强对心的重视,但他显然也认为船山有重心的倾向:惟船山生于宋明理学极盛之时期之后,承数百年理学之问题,入乎其中,出乎其外,于横渠之重气,独有会于心。知实现此理此心于行事,以成人文之盛者,必重此浩然之气之塞首两间,而两间之气,亦即皆所以实现此理者。[6]这种重气重心的论断对马序的所谓理气“二重化”的论述多少有所启迪。

对马序的王船山哲学思想研究影响最大的港台学者应属许冠三。许冠三说:“在船山笔下,‘理’似乎还指出于‘清虚一大’之外太空之一种无形有质之实有,与气共存并行而实著于万事万物及人身,并随气之聚散而屈伸、消长、往来于天地之间。”[7]他还说:“然则,最能显示其哲学天才的,莫过于将‘上天下地’的‘宇’界定为‘神化之所至’处,凡‘风雨露雷之所不至,天之化

---

① 李石岑:《中国哲学十讲》,南京:江苏教育出版社2005年版,第297页。

② 王永祥:《船山学谱 第4卷》,北京:北京图书馆出版社1997年版,第3页。

③ 张西堂:《王船山学谱》,长沙:商务印书馆1938年版,第31页。

④ 张西堂:《王船山学谱》,长沙:商务印书馆1938年版,第34—35页。

⑤ 唐君毅著,霍韬晦编选/导读:《中国哲学原论·原教篇》,北京:中国社会科学出版社2006年版,第413页。

⑥ 唐君毅著,霍韬晦编选/导读:《中国哲学原论·原教篇》,北京:中国社会科学出版社2006年版,第439页。

⑦ 许冠三:《原王船山之“理”》,《香港中文大学学报》5卷1期。

不行'之空,'日、月、星之所不至,天之神不行'之处,由是皆排诸其指涉范围之外。盖必须依此界定,其实有诸说方能有一真实之落脚处。更重要的是,必须借此界定之助,夫之方能摆脱宇宙起源之难题,并免陷于人无穷后退论逻辑困境。更不用说,理气先后之争论,自然亦因此而化之于无形。虽然夫之亦承认,'神化之所不行'处,'非无理也'。事实上,夫之非止承认'神化所不行'处,'非无天也',而且认为在那'苍苍''远而无至极'处之天,那'无色、无质、无象、无数'之天,那'清也、虚也、一也、大也'之天,正是'理之所自出'处。从正面说,正是由于此一界定之助,其理气通一无二之说方有成立之可能。依《内·外篇》所言,所谓'天化''神化'所至之处,亦即'风雨露雷'所至之处,亦即'五行之气'所至之处。而'神化之所不行'处,只有理而无气也。故必须在此范围以内,理气才有合二为一之可能。"[①]马序受到许氏的这些论述的影响。马序说:"王夫之哲学世界观的本原、本体、共相、整体之'一'即宇宙最高层次是'经星以上之天'。它是'赅存万理'而'不得名之为理'的潜在之'理一';它'非气';它是无形色、无象数的'空旷'的'清虚一大'。这显然近似朱熹哲学中的'在气之先'的'净洁空阔'的'理一'(见《朱子语类》卷一),即超脱物质的观念性东西。"[②]

三、马序的王船山哲学思想研究的贡献与不足

(一)马序的王船山哲学思想研究的贡献

马序的王船山哲学思想研究的贡献在于他是新中国成立后中国大陆学者首次全面将王船山哲学思想当作唯心哲学进行研究。相对蔡尚思先生的研究来讲,更往前走了一步,蔡氏虽然对王船山哲学有许多指责,可还是承认王船山哲学思想属唯物主义的。

(二)马序的王船山哲学思想研究的不足

马序的王船山哲学思想研究的不足是显而易见的。论述王船山哲学思想是唯物或是唯心,这种研究很难说对错是非,重要的是研究方法是否科学,是否运用丰富材料进行充分论证。正是在这一点上,马序的研究是有值

① 许冠三:《王船山的宇宙观》,香港中文大学《中国文化研究所学报》10卷1期。

② 马序:《王夫之哲学思想述评》,兰州:甘肃民族出版社1994年版,第7页。

得商榷的地方。马序在其王船山研究中用得最多的二个范畴是“一多”和“二重化”。何谓“一多”,马序在他的论文和著作中有所解释。他说:“王夫之将其哲学逻辑及逻辑体系概括为一多关系。‘一’,是本原、‘本体、整体性、统一性、普遍性’等;‘多’,是派生物、现象、部分、特殊性等。”①所谓“二重化”,马序说就是视物和本体是“调合”的,而不是统一的有机整体。②通常马序是将这两者放在一块言说,如谓“王夫之一多二重化的人性论和认识论”③。这种一多二重化的论述,马序又是取自西方哲学,他说:“总之,王夫之的哲学方法是一多‘调合’‘二重化’,即一多互相结合而又保持各自‘规定的孤立有效性’,两者的结合是‘互相并列地或先后相继地联合起来’,而并非辩证统一的有机整体(参见黑格尔《小逻辑》第176页,《哲学史讲演录》第3卷第234页)。这体现于王夫之哲学的各部分之中。”④又说:

> 黑格尔在分析基督教义中关于“调合”神性和人性、此岸世界和彼岸世界的思想时说:“‘调合’这个教义,乃是说神被认识到是与世界调合的;……就是使神现实化,并且实现在人的意识中,……,就是说,他们意识到了地上的天堂,意识到了人之上升到神。心智的世界不是一个彼岸。所谓有限性,乃是其中的一个环节,并没有一个彼岸一个此岸之分。关于神、绝对理念的具体性,就在于:看出神里面的尘世的东西、与神相对的东西,把它认作潜在地有神性的东西,并使之成为神性的,——以一种精神的方式,就是说不是以直接的方式。”(《哲学史讲演录》第3卷,第234页)黑格尔说的“调合”,是就每一方都能超出自己来说,对于双方可谓有所结合;就每一方都有独立性来说,两者的结合是不完全的,双方并未统一成为有机整体,“两方面相互并列地或先后相继地联合起来”。仍然保持各自“规定孤立有效性”(《小逻辑》第176页)。⑤

---

① 马序:《王夫之世界观新论——从一多关系研究王夫之哲学》,《兰州大学学报(社会科学版)》1992年第3期。

② 马序:《王夫之哲学思想述评》,兰州:甘肃民族出版社1994年版,第7页。

③ 马序:《王夫之哲学思想述评》,兰州:甘肃民族出版社1994年版,第91页。

④ 马序:《王夫之世界观新论——从一多关系研究王夫之哲学》,《兰州大学学报(社会科学版)》1992年第3期。

⑤ 马序:《王夫之哲学思想述评》,兰州:甘肃民族出版社1994年版,第4页。

马序也归本于列宁的论述。马序引用列宁的话说:“原始的唯心主义认为:一般(概念、观念)是单个的存在物,这看来是野蛮的、骇人听闻的(确切些说:幼稚的),荒谬的。可是现代的唯心主义,康德、黑格尔以及神的观念,难道不正是这样的(完全是这样的)吗?桌子、椅子和桌子的观念、椅子的观念;世界和世界的观念(神);物和‘本体’、不可认识的‘自在之物’;地球和太阳、整个自然界的联系——以及规律、逻格斯、神,人类认识的二重化和唯心主义(=宗教)的可能性已经存在于最初、最简单的抽象中。”[①]然后概括地说,所谓“二重化”,就是视物和本体是“调合”的,而不是统一的有机整体。[②]

正因为马序是从西方借来了一多二重化这样的范畴来研究王船山哲学思想,而不是源自王船山哲学思想的自身,所以,王船山哲学思想成了验证这一范畴的材料。不管是船山著作中直接的材料还是间接的材料,都被组织在这一体系之中。其结论当然也就不那么可靠。如说:“王夫之哲学旨趣是理与气、心与物、体与用,即无与有的‘调合’‘二重化’,讲‘无有相须’,‘敦本亲用’。”[③]理气等范畴,在马序看来,王船山是将其“调合”在一起,不具有有机的整体性。如说王夫之的辩证法最后是被他的“奉一为本”(以超验的、绝对唯“一”之天理为本体)的形而上学所窒息。[④]王船山丰富的辩证法思想就这样被简单化处理,是让人无法接受的。这一切都是马序以他的一多二重化范畴作为解剖一切的工具所致。

第三节 实学思潮中的王船山学术思想研究

在中国20世纪80年代始兴起一股实学研究热潮。这种热潮多多少少也影响了持续了二百多年的王船山研究。严寿澂说:“但是百余年来的学者,往往把船山看作是背离乃至反对宋明理学的思想家。最初把他说成是现代民族主义的先驱,后来又描绘成唯物主义思想家,晚近则着眼点又不

---

① 马序:《王夫之哲学思想述评》,兰州:甘肃民族出版社1994年版,第7页。
② 马序:《王夫之哲学思想述评》,兰州:甘肃民族出版社1994年版,第7页。
③ 马序:《王夫之哲学思想述评》,兰州:甘肃民族出版社1994年版,第20—21页。
④ 马序:《王夫之哲学思想述评》,兰州:甘肃民族出版社1994年版,第33页。

同,从‘唯物主义’转向所谓‘实学’。”[①]但是,这种实学研究热潮到底对王船山研究有多少影响,至今还没有人进行研究。

中国的实学研究始于何时,是一个引起争论的问题,但认为当代的实学研究热潮始于20世纪80年代这是学界都承认的事实。实学研究热潮中活跃的学者辛冠洁说:“但是作为对实学本身的反思,或者说把实学作为研究对象,从而形成一门学问,则是近世的事情。朝鲜、日本首先于40—50年代开始了这一工作,中国则晚至80年代才起步。”[②]有的梳理了20世纪80年代的这种实学研究热潮的脉络后指出,张显清教授于1982年4月《明史研究论丛》第一辑《晚明心学的没落与实学思潮的兴起》中比较早地用“实学”来概括明清思潮,而赵宗正教授于《清初经世致用思潮简论》提出“实学”概论,1985年“明清实学思潮史”课题组得到中国社会科学院领导的支持,然后于1985年、1986年召开了实学讨论会。[③]实学研究热潮虽然始于20世纪80年代,但其最热之时应在20世纪90年代,至今还有余响。论其与王船山学术思想研究的关系,主要考察三部著作。

一、《明清实学思潮史》《中国实学思想史》中的王船山学术思想研究

(一)陈鼓应、辛冠洁、葛荣晋主编的《明清实学思潮史》

陈鼓应、辛冠洁、葛荣晋主编的《明清实学思潮史》是中国第一部研究实学思潮的专书,出版于1989年。此书的主编陈鼓应先生指出该书有四个特点:一是首次提出“明清实学思潮”的概念;二是发掘了许多未被学界重视或鲜为人知的思想家;三是一部综合性的学术思潮史;四是在写作方面避免过浓的政治色彩和模式化。[④]其与王船山研究的关系主要体现在第三十九章《王夫之实学思想及其理论基础》,该章的撰者署名为王兴国。这一章分为五节,第一节概要地介绍了王夫之的生平。第二节主要介绍王夫之的政治改良思想,内容有三:一是君权相对论;二是主张严以治吏,宽以养民;三是

① 王夫之著,严寿澂导读:《船山思问录》,上海:上海古籍出版社2000年版,第4页。
② 辛冠洁:《序一》,李甦平:《中国、日本、朝鲜实学比较》,合肥:安徽人民出版社1995年版。
③ 李甦平:《中国、日本、朝鲜实学比较》,合肥:安徽人民出版社1995年版,第2页。
④ 陈鼓应:《卷首语》,陈鼓应、辛冠洁、葛荣晋主编:《明清实学思潮史》,济南:齐鲁书社1989年版。

主张刑法教化相辅相成。[①]第三节是介绍王夫之的哲学思想，撰者指出王夫之系统地批判了中国思想史上各种言“空”言“无”的哲学流派，建立了以“太虚一实”为基础的哲学思想体系，从而为明清之际的一代实学思潮奠定了牢固的哲学基础。[②]第四节介绍王夫之务实的学风，其务实学风表现为五个方面：一是为学力主经世致用；二是强调“言必有征”，就是说任何学说、理论的建立，都必须从实际出发，建立在确实可靠的事实基础上；三是重“质测之学”，热心探求西方近代科学技术；四是重实践的知行统一观；五是名从实起，依实定名的名实统一观。[③]第五节主要介绍王夫之对人和自然及人在自然和社会中地位的总的看法。第一，强调天人有别，反对天人感应；第二，“即民以见天”，社会历史生活是由人的活动所构成的，社会发展的客观规律往往也是通过人心的向背而体现出来的；第三，“人俗之各得，即天理之大同”，王夫之既然强调统治者要注意“得民心”，就必然要从理论上矫正历来理欲论中重理轻欲、重义轻利的偏颇，所以他提出了“理欲合一”的命题。[④]应该说，该章正如陈鼓应先生说，政治色彩不浓，模式化的东西也少，但是其基本观点仍与此前的马克思主义王船山研究没有大的区别，或者说这是马克思主义王船山研究一种新的言说。[⑤]因此撰者最后说：“总之，王夫之是我国古代唯物主义的集大成者。他一生坚持爱国主义和唯物主义精神，一反明末空谈不学之风气，力辟陆王、侧击程朱，从而对宋明理学作了终结。同时以自己独具特色而博大精深的唯物主义思想体系，为明清之际实学思潮的高涨提供更坚实的哲学理论基础。”[⑥]

（二）葛荣晋主编的《中国实学思想史》

葛荣晋先生是中国比较早的从事实学研究的学者，也是《明清实学思潮史》的主编之一，在20世纪90年代又主编了《中国实学思想史》[⑦]。与王船山

① 陈鼓应、辛冠洁、葛荣晋主编：《明清实学思潮史》，济南：齐鲁书社1989年版，第1165—1171页。
② 陈鼓应、辛冠洁、葛荣晋主编：《明清实学思潮史》，济南：齐鲁书社1989年版，第1171页。
③ 陈鼓应、辛冠洁、葛荣晋主编：《明清实学思潮史》，济南：齐鲁书社1989年版，第1180—1188页。
④ 陈鼓应、辛冠洁、葛荣晋主编：《明清实学思潮史》，济南：齐鲁书社1989年版，第1189—1194页。
⑤ 陈鼓应：《卷首语》，陈鼓应、辛冠洁、葛荣晋主编：《明清实学思潮史》，济南：齐鲁书社1989年版。
⑥ 陈鼓应、辛冠洁、葛荣晋主编：《明清实学思潮史》，济南：齐鲁书社1989年版，第1195—1196页。
⑦ 葛荣晋主编：《中国实学思想史》，北京：首都师范大学出版社1994年版。

有关的是其中的第二编《明中叶至清中叶的实学思想》,此卷亦是集体编写。在这一卷中没有王船山的专章专节,但明显涉及王船山的有三处:第二十章,撰者是木日;第二十九章,撰者是陈金陵;第三十章,撰者是魏宗禹。

第二十章是讨论元气实体论哲学思潮的产生和发展,在第四节讨论清初实学思潮的高涨与元气实体论的总结时花了很大的篇幅探讨王船山的元气实体论。在该节,论者首先指出,明清之际,在元气实体论上,真正能够作出重大理论贡献的思想家,首推王夫之;王夫之对于明代气学既有继承,也有发展;王夫之是明清元气实体论的集大成者。[①]又说王夫之如同张载、王廷相一样,把气看成宇宙万物的本原或本体;气是王夫之哲学的最高范畴,他的元气实体论分为气本论与气化论两部分;在气本论方面,王夫之总结了明清元气论思想,分别从“太虚”“太极”“诚”、有无诸方面,系统地说明了气的物质实体性;王夫之还把“细缊”范畴引入了本体论,用以证明太虚的实有性。[②]著者指出,在王夫之的气学体系中,气是一个静态范畴,也是一个动态范畴;王夫之认为气是一个永恒的运动过程,他称之为“气化”:(一)气化是“动”与“静”的辩证统一,(二)气化是“一”与“两”(或者“合”与“分”)的辩证统一;王夫之在张载的“一物两体”思想的基础上,全面地论述了“一分为二”和“合二为一”的矛盾法则;(三)气化是“渐”与“骤”的辩证统一,在王夫之看来,气化过程,实际上是一个由“内成”到“外生”的上升过程。[③]最后,论者归纳说:“王夫之的元气实体论,既讲气本,也讲‘气化’,有机地把气的实体性与运动性结合起来,构成了一个完整的气学体系,对明清气学的发展作了一次科学的总结,从而为清初实学思潮的发展提供了有力的哲学根据。这是王夫之的不可磨灭的历史功绩。”[④]这一点与葛荣晋所撰的《引论》的评价相一致。葛荣晋说:“处于‘天崩地解’的明清之际的实学家,在反思‘明朝何以亡’中,或出于王学而修正王学,或由王学而回归朱子学再进而修正朱子学,从而全面地发展与总结了宋明的元气实体论思想,其代表人物是清初著名

---

① 葛荣晋主编:《中国实学思想史》,北京:首都师范大学出版社1994年版,第97页。
② 葛荣晋主编:《中国实学思想史》,北京:首都师范大学出版社1994年版,第97—98页。
③ 葛荣晋主编:《中国实学思想史》,北京:首都师范大学出版社1994年版,第110—113页。
④ 葛荣晋主编:《中国实学思想史》,北京:首都师范大学出版社1994年版,第115—116页。

哲学家王夫之。”[1]

第二十九章讨论的是史学经世思想，对王船山的史学也进行了考察。第三十章讨论明清诸子学的复兴与发展，在此章，一方面介绍了王夫之诸子学的贡献，称王夫之对老庄之学甚有研究，他著有《老子衍》《庄子通》《庄子解》等。王夫之赞赏方以智的“质测”之学，他对老庄之学的研究，其主要指导思想是以实理实用的实学原则，用以分析批判道家思想中的“空”；其主要观点有二：一是他要“暴其恃而见瑕”（见《老子衍·自序》），就是要用实学原则，揭露与批判老子之学中虚空之“瑕”；二是他并未完全否定老庄，他认为其书可读，读之后可以“得无大疚愧”（《庄子通·序》），因为可以从中得到许多启发。[2]另一方面，论者考察了王夫之的理性思维，指出徐光启的“象数之学”，主要是从中国古代的实学科学而来；王夫之的“实理”观，主要是从儒学、理学的传统思想而来；方以智的“质测之学”，则是从子学儒学和自然科学而来。[3]论者又说，在明清之际理性思维的实学方法，在一些进步的思想家中普遍存在，著名学者李贽开风气之先，傅山、王夫之等人紧随其后，乾嘉学者则广泛地把它应用于对诸子书的考据方法之中。[4]论者还说，王夫之在称赞方以智之学中，曾以理学中格物穷理理解“质测”之义，王夫之曾有“明体致用”的命题。他认为理之含义有二：一是事物的法则或规律，二是事物的结构形式。同时认为“明体”的目的是致用。这些见解与方以智实理实用的意义是相通的。[5]

由上可知，《中国实学思想史》的撰者认为在明清实学思潮中王船山在元气实体论、史学经世思想、理性思维等方面都作出了重要贡献，不强调王船山是启蒙思想家。应该说，这种研究角度是有其新意的，从实学而不是从唯物与唯心斗争的角度进行研究，比较接近古代思想的实际。但从另一个方面来看，研究深度并不突出，虽然换了一些说法，但其研究内容和结论与前此研究区别不大。

---

① 葛荣晋主编：《中国实学思想史》，北京：首都师范大学出版社1994年版，第2页。
② 葛荣晋主编：《中国实学思想史》，北京：首都师范大学出版社1994年版，第546页。
③ 葛荣晋主编：《中国实学思想史》，北京：首都师范大学出版社1994年版，第565页。
④ 葛荣晋主编：《中国实学思想史》，北京：首都师范大学出版社1994年版，第566页。
⑤ 葛荣晋主编：《中国实学思想史》，北京：首都师范大学出版社1994年版，第572页。

二、吴乃恭《船山理论范畴》中的船山理论范畴研究

(一)吴乃恭《船山理论范畴》一书关于船山理论范畴研究的贡献

吴乃恭,1925年10月生,吉林扶余人,著有《船山理论范畴》。吴氏此著作最引人注目的地方就是将王船山学术思想完全当作实学来研究。吴氏明确指出:“所谓‘实学’,言王夫之的学说是从实际出发,符合客观事物的发展规律,回答了时代提出的现实问题和理论问题,批判了虚妄学说。”①随后,指出了王船山实学的四个方面的贡献。“一是王夫之实学是继承了中国古代哲学思想精华,总结了中国历史上农民反抗封建统治斗争的经验教训,结合历史实际,概括了新兴‘质测之学’的科学成果,创立了一个朴素唯物主义和朴素辩证法相结合的博大精深的哲学思想体系。”②“二是提出一系列哲学范畴,通过逻辑思维反映客观事物和事物之间的本质联系,是王夫之实学的第一个特色。”③“三是王夫之以史为鉴,……紧密地结合历史实际和社会现实,从而在社会历史领域中提出一些规律性的认识和进步的政治观点是王夫之实学的第二个特色。”④“四是‘欲尽废古今虚妙之说而返之实’,批判诸子百家虚妄学说,是王夫之实学的第三个特色。”⑤相对于20世纪80年代以来的王船山实学研究论文、著作大多探讨王船山实学的某一方面的问题来说,这种对于王船山实学的哲学、历史、政治等多方面的评价是比较全面的。

《船山理论范畴》本就是全面探讨王船山理论范畴。在《引言》中列举了船山哲学范畴:“如:絪缊,太极,诚,宇、宙、时,理与气,道与器,体与用,一与两,几、神、命,德与道,中与和,质与文,本与末,名与实,天道与人道,己与物,心与理,天理与人欲,生与死,义与利,知与行,格物与致知,能与所,理与势,等。”⑥作者指出:“有些范畴王夫之是袭用了传统的概念或范畴,但加以改造并赋予全新的内容。”⑦著作共二十八章,除了第一章《坎坷的人生,光辉

① 吴乃恭:《船山理论范畴》,长春:吉林人民出版社2002年版,第1页。
② 吴乃恭:《船山理论范畴》,长春:吉林人民出版社2002年版,第1页。
③ 吴乃恭:《船山理论范畴》,长春:吉林人民出版社2002年版,第7页。
④ 吴乃恭:《船山理论范畴》,长春:吉林人民出版社2002年版,第13页。
⑤ 吴乃恭:《船山理论范畴》,长春:吉林人民出版社2002年版,第16页。
⑥ 吴乃恭:《船山理论范畴》,长春:吉林人民出版社2002年版,第7页。
⑦ 吴乃恭:《船山理论范畴》,长春:吉林人民出版社2002年版,第7页。

的著作》和第二十八章《船山理论的历史地位和影响》这两章外，其他的都应该是探讨船山理论范畴的部分。从作者的设想和著作的构架来说，是目前比较全面探讨船山理论范畴的重要著作之一。

（二）吴乃恭《船山理论范畴》一书关于船山理论范畴研究方面的不足

正如前面所论这部著作在全面研究船山理论范畴方面做出了有益的尝试，但是，相应地也带来了一些问题。船山理论范畴研究的创新点在哪？既然肯定船山实学的贡献，但其评价与前面的马克思主义船山学的研究结论没有多大的区别。作者说："王夫之是中国古代哲学思想的批判的总结者和最高发展者，是中国古代历史观和政治思想的批判总结者，是近代启蒙思想的先驱，是伟大的爱国主义思想家。"[①]作者所指出的王船山实学四个方面的贡献都是别的研究者早就做过充分探讨的。船山理论范畴到底有多少？如何概括？哪些是最根本的？1982年陈远宁、王兴国、黄洪基三人出版过一部《王船山认识论范畴研究》，探讨了王船山认识论方面的十四个范畴。当时萧萐父先生说："关于船山认识论范畴的筛选怎样才更准确，其范畴体系的构架怎样才更符合船山原意和更符合逻辑，读者完全可以提出与本书作者不同的意见。"[②]这是委婉指出研究王船山的理论范畴是有难度的。在这一问题上，这部《船山理论范畴》后出，是试图解决这个问题。作者在《引言》中罗列了哲学范畴，那么在别的领域如历史、伦理、政治等领域还有没有范畴呢？从著作的题目来看似乎要包括所有领域，但在具体考察的时候，又没有这样处理。如第二十一章《人性论》讨论的是王船山的人性论，未列出相应的范畴。如第二十六章《"理势"史观》，应该讨论"理势"范畴，可又将重点放在史观的探讨上。第二十七章《"政教"，"恤民"》，讨论了治国等7个方面的问题，没有讨论相关的范畴。从最终的效果来看，如何研究船山理论范畴还是一个有待解决的问题。

---

① 吴乃恭：《船山理论范畴》，长春：吉林人民出版社2002年版，第1页。

② 萧萐父、郭齐勇：《可贵的探索（读〈王船山认识论范畴〉）》，《读书杂志》1983年第3期。

第四节 严寿澂的王船山学术思想研究

严寿澂,1946年生,上海市人。严氏关于王船山研究的著作有两部,即《船山思问录》(严寿澂导读)、《近世中国学术思想抉隐》,三篇船山学研究论文亦见于这两部书。

一、批评与反思近代以来王船山学术思想研究之误

严寿澂出生于中国并在国内接受大学本科教育和硕士研究生教育,后至美国留学获得博士学位,赴新加坡工作,致力于中国明清以降学术思想史研究。虽然他在海外工作,但由于他对中国学术界的了解和其研究成果多在国内出版发表,因此将其归于国内学术研究。或许因在国外受教育和工作的缘故,他的学术方法和学术视野有其特殊之处,可他的王船山研究还是可以归于国内王船山研究的反思与批判的潮流之列。他认为船山研究,误解最多,说:"在所谓清初三大儒(顾炎武、黄宗羲、王夫之)中,近代对船山的研究大概最多,而误解也最多。纵观中国学术思想史,无论就人格风范或学问气象而言,船山都是属于宋明儒的传统,与后此的清儒迥异(现代两位史学大家吕思勉与钱穆均持此想法)。但是百余年来的学者,往往把船山看作是背离乃至反对宋明理学的思想家。最初把他说成是现代民族主义的先驱,后来又描绘成唯物主义思想家,晚近则着眼点又不同,从'唯物主义'转向所谓'实学'。然而平心静气,通观船山著作,可见凡此种种说法,与船山思想的实际,相距实是颇远。"[①]严寿澂他还认为新中国成立后学术界的船山研究成果不大,他说:"中国大陆学者虽于船山思想研究用力甚勤,新著不断,但是自嵇文甫《王船山学术论丛》(三联书局,1962年)以后,确有创辟者似未之见,大多是一再申说船山的'唯物辩证'思想而已。"[②]

严寿澂不仅指出王船山研究中的误解所在,而且还揭示误解船山之由来:时风的熏习,其思想本身的复杂性,以及著述体裁的限制与表达方式的

---

① 王夫之著,严寿澂导读:《船山思问录》,上海:上海古籍出版社2000年版,第4页。

② 严寿澂:《庄子、重玄与相天——王船山宗教信仰述论》,《近世中国学术思想抉隐》,上海:上海人民出版社2008年版,第66页。

峰回路转。[①]

追究其船山研究误解之原因，严寿澂并未停留在表层的“时风熏习”罗列，还联系学术史进行鞭辟入里的剖析。首先，考察中国近三百年的学术变迁，严寿澂说：“中国近三百年之学术思想，复杂蕃变，胜义缤纷，大有未发之覆在。民国初元以来，学者论此者颇多，大率可分二流，一主‘科学’，一主‘启蒙’。晚近则稍有不同，喜谈所谓学术现代化。所主虽似各别，然以西人成说为据依，则不异也。”[②]对所谓学术现代化批评尤多，又云：“在此西潮冲击之下，近百年来中国的学术界，其变动之巨、之速，可谓旷古未有，甚至为清末鼓吹维新的人士所不及梦见。所谓学术现代化，‘与国际接轨’，断非今日方始。然而纵观数十年中国学术之史，可见这一以西范中的‘比量’之法用得愈过，往往与中国历史文化的‘本等实相’（借用佛教唯识宗语）相去愈远。”[③]这种错误的根本原因实际就是西方中心主义，当然严先生并没有用这个术语，他说：“若认定世界历史发展为一元，以西方成例套用于中国，一旦发现有不合，不惜削足适履，对历史事实本身大动手脚（‘放之四海而皆准’的理论如何可能有错？）。如此的‘学术研究’，欲免寅恪先生所谓‘认贼作父，自乱其宗统’之弊，其可得乎？”[④]

王船山研究该如何进行呢？也就是说破了“以西方成例套用于中国”的研究方法后，该怎样研究王船山呢？严寿澂也提出他认为可采取的方法，他说：“总之，要明白船山所用的概念究竟何所指，不可但凭字面，必须根据上下文，明其表里二面之义。”[⑤]将严寿澂有关王船山研究方法论上的观点概括起来，大略有如下几个方面值得注意。一是不能以西方的成例套用中国，要将王船山置于中国儒学史尤其是宋明儒学发展的范围之内进行研究。严寿澂说：“船山秉承宋明儒学的大传统，所关切的，乃是如何做工夫、如何理解理气关系等理学内部问题，决不是今人心目中的唯物与唯心之辨、‘启蒙’与‘封建’之争。若对宋明儒学发展的‘内在理路’无所了解，与船山的思想终

① 王夫之著，严寿澂导读：《船山思问录》，上海：上海古籍出版社2000年版，第4—6页。
② 严寿澂：《自序》，《近世中国学术思想抉隐》，上海：上海人民出版社2008年版。
③ 严寿澂：《引言》，《近世中国学术思想抉隐》，上海：上海人民出版社2008年版，第36页。
④ 严寿澂：《引言》，《近世中国学术思想抉隐》，上海：上海人民出版社2008年版，第37页。
⑤ 王夫之著，严寿澂导读：《船山思问录》，上海：上海古籍出版社2000年版，第6页。

是隔了一重公案。”[1]二是注意船山表述方面的特点。首先要注意王船山主要是通过注疏体裁表达自己的观点,严寿澂说:

> 船山著作,大部分是注疏体裁。我们在解读这类作品之时,对于何者仅是船山对原著的阐释(不代表自己的主张),何者是发挥自家之说,务须分辨清楚。而且既是注疏体裁,总不能完全撇开原著,于是发挥自己主张之时,不免有所限制。因此,即使要了解船山对某一问题的真实看法,也必须把各书打通,合而观之,更何况要把握船山哲学之全了。[2]

其次,要注意王船山概念表达方面的问题。严寿澂说:“(一)船山用词不甚精确(中国旧时哲人往往如此,因名词术语较少故也),同一‘形’字、‘气’字等,此处常与彼处不同。不通观上下文、前后脉络,易致误解。(二)船山坚持一元而又二分的立场,任举一概念,必含表里两面。切不可得其表面而忘其里。”[3]所谓“一元而又二分”不仅是指王船山的宇宙论亦指其方法论,关于这一点严寿澂举例进行说明:“以上述一段话例,所谓‘形’,实即是‘气’。在船山看来,‘气’本身虽无形可见,但决非空虚,而是实有其物。在此意义上,即可说是‘有形’。但是气若处于本然状态,尚未凝结成可见之物,则亦可说是‘形而上’,与有象可见的‘形而下’者毕竟有别。宇宙间森罗万象,无非是一气变化的不同状态或面相。然而气之所以能变化,不在气之‘质’或‘体’,而在‘所以体夫’气者(或‘物’者);此即‘神’(亦可名为‘理’或‘道’)。就气已凝成可见之物而言,其‘体’是‘形’,‘所以体夫形者’则是‘气’。就气本身而言,其‘体’是‘气’,‘所以体夫气者’则是‘神’。总之,要明白船山所用的概念究竟何所指,必须根据上下文,明其表里两面之义。”[4]最后,注意王船山的经历与人格。严寿澂说:“船山一生的行事与思想,最可注意的有两点:一是立身的坚贞。……二是思想体系的庞大复杂。”[5]又说

---

① 王夫之著,严寿澂导读:《船山思问录》,上海:上海古籍出版社2000年版,第7页。

② 王夫之著,严寿澂导读:《船山思问录》,上海:上海古籍出版社2000年版,第6—7页。

③ 严寿澂:《庄子、重玄与相天——王船山宗教信仰述论》,《近世中国学术思想抉隐》,上海:上海人民出版社2008年版,第71页。

④ 严寿澂:《庄子、重玄与相天——王船山宗教信仰述论》,《近世中国学术思想抉隐》,上海:上海人民出版社2008年版,第71—72页。

⑤ 王夫之著,严寿澂导读:《船山思问录》,上海:上海古籍出版社2000年版,第4页。

“这‘孤愤’二字，切不可轻易放过。他在说经论史之际，孤愤之情，有时不可遏止，以致语气激烈，有失平衡，甚或与自己的根本思想不相契合。”[①]

二、严寿澂所构拟的王船山思想体系

严寿澂评王船山，特别要人们注意王船山两点：一是立身的坚贞，二是思想体系的庞大复杂。[②]严氏通过阐述王船山思想中的重要范畴“气”来揭示王船山的宇宙观。严氏指出中国哲学传统中的“气”有五个方面的含义：首先，人所呼吸的是“气”，呼吸停止，生命终止；其次，气无须外力推动，自能流布，充满空间；第三，人所呼吸之气，即充满宇宙、无远勿届之气，通天下皆此一气浑沦之中；第四，气凝聚而生人生物，体坏形散之后，复返天地之一气；第五，气既是生命力、宇宙的动力因，又是万物的构成质料，亦即气兼物质性与精神性。[③]严氏说：“上述五点，可说是中国思想传统中气的哲学的基本预设，船山哲学亦非例外。船山以为通天下只是一气，但是气离不开‘神’：合言之，唯是一气，分言之，则有阴阳二面，‘神’是阳而‘气’是阴，不离而又不杂。……船山一体而二分的宇宙观，在此说得最为明白。”[④]严氏说：“船山的基本宇宙观，与近代西方的科学观念与理性主义，相距实是甚远。近代西方科学的预设是：‘天地之化’有其‘定理’、‘定数’，是可以用人力来‘穷’的；此理此数一旦被发现，即能推而广之，‘以齐其不齐之用’。船山的见解，与此正相反。”[⑤]

为了更好地探讨王船山的宇宙观，严氏还细致地剖析了王船山气的层次结构，诠释其心、性、神等范畴。严氏说：“在船山看来，气处在不断的聚散变化之中，宇宙万物的生灭，即是气聚散变化的结果。因万物的聚散变化，气便有了清浊之分，形成了层次结构。”[⑥]“船山的心性论，与朱熹、王阳明二家均有异同。船山所谓性，就是位于人心中的太虚之气或‘天气’，乃‘理之所自出’；因此可以说‘性即理’，但是这‘性’同时也是气之精爽、气之灵。人

---

① 王夫之著，严寿澂导读：《船山思问录》，上海：上海古籍出版社2000年版，第4—6页。
② 王夫之著，严寿澂导读：《船山思问录》，上海：上海古籍出版社2000年版，第3页。
③ 王夫之著，严寿澂导读：《船山思问录》，上海：上海古籍出版社2000年版，第8—9页。
④ 王夫之著，严寿澂导读：《船山思问录》，上海：上海古籍出版社2000年版，第9页。
⑤ 王夫之著，严寿澂导读：《船山思问录》，上海：上海古籍出版社2000年版，第11页。
⑥ 王夫之著，严寿澂导读：《船山思问录》，上海：上海古籍出版社2000年版，第12页。

心既涵有处于纯粹状态的‘天气’,当然可以说‘虚灵不昧,众理具而万事出’,但心绝不能等同于性,因为心还包含第二层次的气。……此气未凝成形质,能流通于形体之内,多少还表现一些‘天气’或神的‘知能’。船山在许多场合所说的‘气’,往往是指此而言。”[①] “船山著作中的‘气’字,所指往往是后天之气,较浊而有质(‘气,有质者也。’)先天之气,则无‘质’之可言(‘乃天固不可以质求’),故曰‘清虚一大’,与较浊而质的‘地气’不同(‘故张子以清虚一大言天,亦明乎其非气也。’按:此处‘气’字,指的便是‘地气’或‘后天气’)。”[②]他还指出:“明儒讲理学者,或重心,或重气,然而有一共通之处,即不满于朱子一派只存在不活动的‘理’观念。船山宇宙论兴趣甚浓,因而多谈气,但其心性论,不取朱子性即理之说;其所谓性,既是理,又是神与能。”[③] “船山的创见,则在于以气的层次结构建立一套心性学说,在宋明儒中别树一帜。”[④]严寿澂还特别指出船山论心性有一个基本的关切点,即是“天人相继”,还说:“所谓‘贞来而善往’,是指在有生之年,修德不辍,使自己的神气臻于清醇,以有益于天下万世。此即船山心目中的‘天人相继之理’。人之所以能‘相天’,理据即在此。”[⑤]还说:“在船山看来,气之聚散与生灭之争,决非是纯玄想的问题,而是攸关儒家道德基础之事。若是一死之后,神气便稍散无余,则伯夷、盗跖同归朽腐。君子的修身俟命,小人的逞志纵欲,到头来既都是一片虚无,则孳孳于道德工夫,死而后已,究竟所为何来?只有明了神气长存之理,‘全而生之,全而归之’之教,才有存有论的意义,……”[⑥]严寿澂认为王船山的“相天”之道还透露出他有着浓郁的宗教气息,严氏说:“若摆脱神教之见,可发觉船山其实有甚深的宗教信仰。此信仰的根基,在于重气——因重气而有极深的宇宙情怀,更因此宇宙情怀而欲以不懈的修为为

---

① 王夫之著,严寿澂导读:《船山思问录》,上海:上海古籍出版社2000年版,第15页。

② 严寿澂:《明末大儒王船山人格与思想》,《近世中国学术思想抉隐》,上海:上海人民出版社2008年版,第58页。

③ 严寿澂:《庄子、重玄与相天——王船山宗教信仰述论》,《近世中国学术思想抉隐》,上海:上海人民出版社2008年版,第93页。

④ 王夫之著,严寿澂导读:《船山思问录》,上海:上海古籍出版社2000年版,第12页。

⑤ 王夫之著,严寿澂导读:《船山思问录》,上海:上海古籍出版社2000年版,第20页。

⑥ 严寿澂:《庄子、重玄与相天——王船山宗教信仰述论》,《近世中国学术思想抉隐》,上海:上海人民出版社2008年版,第77页。

功于一己的神气，俾身死之后以此清醇的神气扶助天地的细缊造化。此即是船山心目中的'相天'之道（按：相者，辅助也）。这一思想的基础，则在其气的形上学。"[1]

严寿澂更从明代理学的发展看船山思想，云：

> 船山思想的一大特点，是主张以一己清醇的神气为功于天地。其理据是：人的神气与天地交通，与天下治乱息息相关。其前提则是：必须变化气质，使自己的神气臻于清醇。治气以养性，于是成了船山心性之学的重心。从明代理学的发展来看，这可说是"内在理路"之所必趋。[2]

何谓"内在理路"，严寿澂也做了说明："宋明儒这一最终趋于通丹家、合三教的'内在理路'，刘鉴泉称为'三进'。简言之，即因探究本体，不得不有取于佛、道，理学（广义上的）于是兴起；又因本体非仅恃知识而可明，于是着重心性；治心之际，更深感介然之悟不足以变化气质，必须心气兼治，于是兼取丹道，乃至会通三教（心学、气学皆然，龙溪、船山足可为证）。"[3]儒家的影响，当然比较明显，严氏说："船山的修养工夫，不仅旨在体现天道而已，还旨在使太虚之气因之而更臻'清醇'、'吉祥'，以'大益于天下之生'。儒家的宇宙情怀或宗教性，在船山身上，可说已臻于极致。"[4]船山毕竟是儒家，他之所以"幽栖"，在于"避难"；而"避难"则旨在"全身"；"全身"的目的，则是"全道"；亦即儒家的终极关怀，不仅在一己之成德，而更在斯世与斯民的福祉，犹如《周易》《姤》卦所谓"刚遇中正，天下大行"。[5]王船山受庄子的影响也非常明显，严氏阐述道："'相天之道'的关键，在于'形精不亏，以反其宗'，亦即生命结束之际，把受之于太虚（太和）的'纯精'全归于天（'不为天损'），至少

---

① 严寿澂：《庄子、重玄与相天——王船山宗教信仰述论》，《近世中国学术思想抉隐》，上海：上海人民出版社2008年版，第66页。

② 王夫之著，严寿澂导读：《船山思问录》，上海：上海古籍出版社2000年版，第22页。

③ 严寿澂：《庄子、重玄与相天——王船山宗教信仰述论》，《近世中国学术思想抉隐》，上海：上海人民出版社2008年版，第97页。

④ 严寿澂：《庄子、重玄与相天——王船山宗教信仰述论》，《近世中国学术思想抉隐》，上海：上海人民出版社2008年版，第71页。

⑤ 严寿澂：《明末大儒王船山的人格与思想》，《近世中国学术思想抉隐》，上海：上海人民出版社2008年版，第55页。

能使乱世的两间之气不至于全浊一片('不损夫天')。就此意义而言,人能'相天'。……据此,庄子意指不外是全精保神、不违自然的道家宗旨。而道家所谓自然,实并不涵有四端五常等道德内容。船山则使此'辅于自然之道'儒化,把儒家的道德观融入庄子式的气化宇宙论。宋儒中,张横渠是宇宙论兴趣极浓的一人,其学说实有取于庄子。船山于庄子所得更深,其'能移而相天之论'因而较横渠更为精致与复杂。"[①]"船山宗教思想的重心,在于其'相天'之道。此一思想,与其创造性的解读《庄子》颇有关系。船山以为,庄子深明相天之理,故能通生死,合幽明,不违儒家的圣学(船山对《庄子》一书,研究甚深,于何者为庄子自撰,何者为其后学所述,何者乃黄老一派思想搀入,有其持之有故的见解;以一己的神气相天之说,船山以为乃庄子本人的看法);此即所谓'重玄'之道,其实践之方,则是儒家修身与道教内丹功夫的结合。"[②]"船山并不反对养形,只是强调形以神(精)为主,因此有取于道教炼神养气的内丹术。"[③]"这一儒道融合的'相天'之方,其理论预设是才性不灭,亦即人一生的作为,随魂气散归太虚而长留于天壤间,更因魂气重聚于人而延及后世,终古不灭。此一思想,显然是受到了佛教唯识宗种子现行相熏之说的影响。"[④]

由上而可知,严寿澂的王船山研究通过批评马克思主义船山学和新儒学船山研究欲创辟一条新的研究途径,将王船山思想置于宋明儒学发展史的背景进行研究,既揭示王船山宇宙论、心性论和天人相继之理的基本内容及其有别于程朱陆王之处,又寻绎其符合明代儒学"兼取丹道,会通三教"的内在理路的特点。当然,严氏的研究并不是孤立的,之前嵇文甫、唐君毅等人做过这样的研究,稍后的陈来先生的王船山研究与严氏所为有相近的地方,并且做得更细。

---

① 严寿澂:《庄子、重玄与相天——王船山宗教信仰述论》,《近世中国学术思想抉隐》,上海:上海人民出版社2008年版,第80—81页。

② 严寿澂:《庄子、重玄与相天——王船山宗教信仰述论》,《近世中国学术思想抉隐》,上海:上海人民出版社2008年版,第67页。

③ 严寿澂:《庄子、重玄与相天——王船山宗教信仰述论》,《近世中国学术思想抉隐》,上海:上海人民出版社2008年版,第83页。

④ 严寿澂:《庄子、重玄与相天——王船山宗教信仰述论》,《近世中国学术思想抉隐》,上海:上海人民出版社2008年版,第71页。

第三章 王船山学术思想研究的纵深发掘

第一节 陈远宁等人的王船山认识论范畴研究

一、陈远宁、王兴国、黄洪基著《王船山认识论范畴研究》的主要内容

陈远宁、王兴国、黄洪基著《王船山认识论范畴研究》是专门探讨王船山认识论的著作。[①]陈远宁等人于《后记》中明确地说："本书是为纪念王船山逝世二百九十周年而撰写的。"还说1981年3月开始分头全面阅读资料，同年8月拟出写作提纲，然后各人又按自己所承担的章节，进一步搜集、整理资料，于1982年元月写出初稿。3月，统一修改完毕。[②]全书十五章，外加一个《绪论》和《后记》。

此种著作对于王船山学术思想研究的最大贡献就是尝试构拟出王船山认识论范畴体系。要构拟王船山认识论范畴体系遇到的第一个问题就是王船山哲学思想中有没有一个认识论范畴体系呢？著者认为是有的。著者说，王船山没有像黑格尔那样构造一个庞大的范畴体系，但只要深入研究下去，就可以看出，不论是就王船山使用的范畴的丰富性，还是就其范畴的逻辑结构的完整性而言，在他的哲学思想中，的确存在着一个认识论范畴体系。[③]王船山哲学思想中既然存在一种认识论范畴体系，那么它的逻辑结构是怎样的呢？这种逻辑结构，著者作了如下论述："能""所"范畴作为认识论范畴体系的逻辑起点，[④]形、神、物是王船山认识论体系中最基本的范畴，其

---

① 陈远宁、王兴国、黄洪基：《王船山认识论范畴研究》，长沙：湖南人民出版社1982年版。

② 陈远宁、王兴国、黄洪基：《后记》，《王船山认识论范畴研究》，长沙：湖南人民出版社1982年版，第298页。

③ 陈远宁、王兴国、黄洪基：《王船山认识论范畴研究》，长沙：湖南人民出版社1982年版，第2页。

④ 陈远宁、王兴国、黄洪基：《王船山认识论范畴研究》，长沙：湖南人民出版社1982年版，第3页。

他的认识范畴,则是从不同的侧面、不同的角度,阐述它们之间的关系,也可以说都是围绕它们而展开的;[①]王船山在论述主观与客观之间的基本关系以及认识产生的主要条件之后,进而从理论上探究世界的可知性、两种基本知识(见闻之知与德性之知)和认识的来源等问题;[②]沿着上述从客观到主观,从外到内,从物到己的唯物主义认识路线,王船山进一步阐述了他的认识过程学说,内容包括格物与致知、学与思、心与理(性)以及诚与明等认识范畴;[③]在解决认识来源及认识过程问题之后,王船山展开了他认识论的辩证法,提出了道与德、名与实、一与多等范畴,进一步论述个别与一般、主观概念与客观实际、众多与统一的辩证关系。[④]著者说:"知行关系问题,是宋明时期两种认识论斗争的焦点,也是王船山对认识论突出贡献之所在。王船山在知行观上把朴素唯物论与朴素辩证法结合起来,所以他不论在论述问题的深刻性和全面性上,都大大超过了前人的成就。"[⑤]著者在论述中始终强调王船山认识论思想中贯穿着唯物主义思想。这样一来,全书十五章既各有重点地论述具体范畴,又始终由其内在逻辑结构相连。

二、《王船山认识论范畴研究》的贡献及其不足

萧萐父对《王船山认识论范畴研究》进行过评价。首先,萧萐父对该书的内容进行了全面的介绍。其次,萧萐父指出该书的一些好的地方:"作者在全书颇有说服力地论证了船山认识论范畴体系特具的'鲜明的反理学立场'。""作者却善于剥离其外在形态和特殊运用,剖析'心物''学思''知行''天道与人道''有穷与无穷'等一系列涉及认识论根本问题的范畴的内涵,指明王船山与宋明理学特别是二程、朱熹有着原则的实质性的分歧。""作者用十四章的主要篇幅,详细地介绍王船山对于每一组范畴的改造、规定与运用,层层剖析其丰富的内涵。针对中国传统哲学范畴同名歧义、异名同义的情况,作者力求不脱离具体的语言环境和思想体系,来确立一个范畴的本义

① 陈远宁、王兴国、黄洪基:《王船山认识论范畴研究》,长沙:湖南人民出版社1982年版,第4页。
② 陈远宁、王兴国、黄洪基:《王船山认识论范畴研究》,长沙:湖南人民出版社1982年版,第4页。
③ 陈远宁、王兴国、黄洪基:《王船山认识论范畴研究》,长沙:湖南人民出版社1982年版,第5页。
④ 陈远宁、王兴国、黄洪基:《王船山认识论范畴研究》,长沙:湖南人民出版社1982年版,第6页。
⑤ 陈远宁、王兴国、黄洪基:《王船山认识论范畴研究》,长沙:湖南人民出版社1982年版,第7—8页。

和变义。”[①]萧萐父还说：“颇费匠心的是，作者以马列主义的辩证逻辑为指导，发掘了王船山朴素形态的辩证逻辑思想，集中表现在对‘道与德’‘一与多’‘名与实’各对范畴的具体分析之中。”[②]对于该书的不足，萧萐父明确指出：“以上这些，是本书第九、十章稍向纵深便可得出的论断，可惜作者语焉不详，不能不说是一个缺憾。”“这种写法带来一个毛病，就是使得章与章之间在内容上衔接不紧，加上全书前后连贯起来的综合分析不够充分，因而不利于揭示船山认识论范畴之间固有的逻辑联系，不利于读者从总体上把握王船山的流动着的认识论范畴体系。”[③]萧萐父还说：“关于船山认识论范畴的筛选怎样才更准确，其范畴体系的构架怎样才更符合船山原意和更符合逻辑，读者完全可以提出与本书作者不同的意见。”[④]委婉指出范畴的筛选和范畴体系的构架都只是作者自己一家之说。这应该是该书最大的不足。这种不足，结合著者的对王船山认识论范畴体系的揭示来分析可能更好。陈远宁等人认为王船山认识论范畴体系有下述特点：(一)笺衍“六经”，“别开生面”；(二)“尽废古今虚妙之说而返之实”；(三)自觉或不自觉地把朴素唯物主义和朴素辩证法结合在一起；(四)鲜明的反理学立场；(五)认识论范畴中具有某些民主启蒙思想。[⑤]所谓特点(一)，应该是王船山学术思想研究的特点，当然也可为王船山认识论范畴体系的特点，但是，此书并没有深入王船山各种哲学著作笺衍之中探讨认识论范畴的内涵，而只是引用了大家都引用过的一些材料，得出一些其他学者曾得出的结论，而对于具体范畴在船山众多著作中不同含义没有做深入的分析，也就是说紧扣船山著作这种笺衍的文献考据性的工作没有做。因此，构拟王船山认识论范畴体系的工作的基础难以做得很扎实。所谓特点(二)，无实际意义，大概是其时“实学”研究的一点反映而已。所谓特点(三)与特点(四)，现在看来，显然是不能成立或者说很难成立。王船山怎么会自觉不自觉地把朴素唯物主义和朴素辩证

① 萧萐父、郭齐勇：《可贵的探索(读〈王船山认识论范畴研究〉)》，《读书杂志》1983年第3期。

② 萧萐父、郭齐勇：《可贵的探索(读〈王船山认识论范畴研究〉)》，《读书杂志》1983年第3期。

③ 萧萐父、郭齐勇：《可贵的探索(读〈王船山认识论范畴研究〉)》，《读书杂志》1983年第3期。

④ 萧萐父、郭齐勇：《可贵的探索(读〈王船山认识论范畴研究〉)》，《读书杂志》1983年第3期。

⑤ 见于陈远宁、王兴国、黄洪基：《王船山认识论范畴研究》，长沙：湖南人民出版社1982年版，第10—17页。又见王兴国：《陈远宁先生对船山学的贡献》，《船山学刊》2012年第3期。

法结合起来呢？这是明显地将古人现代化。王船山自己就是理学人物，他的一个人生的重大追求就是“正学”，这种“正学”就是由理学而来的，怎么会去反理学呢？所谓特点(五)，王船山是否有民主启蒙思想，这是一个争论性的问题，至今未能取得一致的意见。

第二节 萧萐父、方克等学者的王船山辩证法思想研究

在20世纪80年代，王船山辩证法思想研究是一个热点，同时也是王船山哲学思想研究取得重要进展的领域。

此时研究王船山辩证法思想影响比较大的是两部著作。一是萧萐父[①]主编的《王夫之辩证法思想引论》一书，共收18篇文章和一个《王夫之年表》。[②]二是方克著的《王船山辩证法思想研究》。[③]方克(1918—2009)，原名莫立本，湖南桃江人。据萧萐父的《编辑弁言》,《王夫之辩证法思想引论》一书所收是1982年湖北省学者为纪念王船山逝世290周年学术研讨会准备的部分论文。[④]出版的时间为1984年。据方克著的《王船山辩证法思想研究》之《后记》，此书也是为纪念王船山逝世290周年而写，云：“此书从1982年5月开始撰写，到10底完成初稿。当年11月，我在衡阳参加第二次王船山学术思想讨论会后，对它进行了两个多月的修改工作，除改动了个别论点之外，还补充了一些内容。”[⑤]

一、两书的研究内容基本相同

著作出版的时间相近，这说明两部著作相互之间所受的影响不大，两部书研究内容却基本相同。前者第二篇为萧萐父的《王夫之辩证法思想引论》，论述了三个大的问题：一、絪蕴生化的自然史观，论述“关于‘絪蕴’”“关于‘两、一’‘分、合’”“关于‘动、静’”“关于‘化、变’”“关于‘内成、外生’”“关

---

① 《王夫之辩证法思想引论》封面署名“肖萐父”，所收萧先生论文均署名“萧萐父”。本书统一写为“萧萐父”。

② 萧萐父主编:《王夫之辩证法思想引论》，武汉：湖北人民出版社1984年版。

③ 方克:《王船山辩证法思想研究》，长沙：湖南人民出版社1984年版。

④ 萧萐父:《编辑弁言》，萧萐父主编:《王夫之辩证法思想引论》，武汉：湖北人民出版社1984年版。

⑤ 方克:《王船山辩证法思想研究》，长沙：湖南人民出版社1984年版，第319页。

于‘始、终’”“关于‘贞生死以尽人道’”；二、理势相成的人类史观，论述“关于‘人极’”“关于‘古、今’”“关于‘道、德’”“关于‘理、势’”“关于‘时、几’”“关于‘相反而固会其通’”“关于‘变而不失其常’”“关于‘即民以见天’‘援天以观民’”；三、认识论的辩证法。下面论述“关于‘知’与‘能’”“关于‘己’与‘物’”“关于‘必’与‘事’‘心’与‘理’”“关于‘道’与‘德’”“关于‘知’与‘行’”“关于‘实践’”。[①]萧萐父说：“十七世纪中国特殊历史条件下产生的王夫之哲学，从总体上观其特点，可以说是沿着‘即事穷理’‘以理御心’‘入德以凝道’‘要变以知常’的认识途径，对自然和人类社会的客观矛盾运动进行了‘会其参伍，通其错综’的辩证考察，形成所谓‘极物理人事之变’的辩证的自然史观和人类史观。同时，对这种辩证考察的认识运动本身，‘事之来，心之往’，怎样做到‘始终同条，内外合德’，也进行了某些辩证考察，形成其辩证的认识理论。王夫之辩证法思想的这三个方面是互相涵摄的，却又各有其范畴体系，因而可以分别加以研究。”[②]方克《王船山辩证法思想研究》中有三章的题目与萧萐父之文三节的题目相近。方著第三章题目为《自然观中的朴素辩证法思想》，方氏指出“王船山的朴素辩证法思想，在他的自然观中揭示了其‘荦荦大者’（即他的辩证法的基本观点），包括‘阴阳’对立统一的矛盾观，‘动静’对立统一的运动观和‘常变’对立统一的变化观”[③]。方克首先从“阴阳摩荡而生变化”、阴阳“相峙并立”“相反相仇”、阴阳“相倚相涵”“阴阳无畛”“相背相通”“两一”论与“一多”观、“中庸”新解等六个方面论述阴阳对立统一的矛盾观；其次从“‘动’与‘静’的辩证关系”“‘气化日新’‘推陈致新’”“‘善动化物’‘趋时更新’”等三个方面论述“动”“静”对立统一的运动观；最后论述了“常”“变”对立统一的变化观。[④]方著第四章题目为《历史观中的朴素辩证法思想》，方克说：“王船山在历史观方面也有丰富的朴素辩证法思想。他是我国古代杰出的史论家，对历史进行了系统的研究。”[⑤]方克主要探

① 萧萐父：《王夫之辩证法思想引论》，萧萐父主编：《王夫之辩证法思想引论》，武汉：湖北人民出版社1984年版，第24—77页。

② 萧萐父：《王夫之辩证法思想引论》，萧萐父主编：《王夫之辩证法思想引论》，武汉：湖北人民出版社1984年版，第23页。

③ 方克：《王船山辩证法思想研究》，长沙：湖南人民出版社1984年版，第49页。

④ 方克：《王船山辩证法思想研究》，长沙：湖南人民出版社1984年版，第49—120页。

⑤ 方克：《王船山辩证法思想研究》，长沙：湖南人民出版社1984年版，第121页。

讨"今胜于昔的进化史观""'理势'合一的历史发展规律论""上下'交逆'、治乱循环和《易》变礼常的历史矛盾运动论""'即民以见天'的历史发展动力说""'述往以为来者师''得失皆资'的历史研究方法"等五个方面的问题。①第五章题目为《认识论中的朴素辩证法思想》,方克说:"王船山不论是在认识的来源和感性认识与理性认识的关系上,还是在知、行关系以及客观规律性和主观能动性的关系上,都用朴素辩证法观点予以解决。所以,他的认识论是我国古代朴素唯物主义与朴素辩证法相结合的范例。"②下面从"'因所以发能,能必副其所'的认识来源论""'格物'与'致知'相结合的认识过程""'行'中求'知''行可兼知''知行相资以为用'的知行观""'延天祐人'与'以人造天'的'天''人'关系说"等四个方面进行论述。③

二、两书的不同之处

两书除了有些研究内容相近外,更多的研究内容是不同的。说王船山是启蒙思想家,这是侯外庐先生一直坚持的。萧萐父是这一理论观点的坚定支持者和积极的阐述者。《王夫之辩证法思想引论》中第一篇文章就是《中国哲学启蒙的坎坷道路》。这篇论文不是专论王夫之的,但从其在论文集中的位置和所论来看,无疑具有一种理论纲领式的作用。文章首先提出:"中国是否曾有过自己的哲学启蒙或文艺复兴?如果有,它的历史起点在哪里?经历了什么样的特殊道路?"④通过回顾,萧萐父说:"中国确乎有过自己的哲学启蒙或文艺复兴,但决非始于宋代理学,恰好相反,它是在对整个宋明道学(包括理学和心学)的否定性批判中开始的。正因为打破了宋明道学思想桎梏,才产生了人文主义的初步觉醒。应该说,在明清之际社会大动荡、阶级斗争和民族斗争的大风雨中,我们民族也产生过自己的巨人。……至于王夫之、黄宗羲这样博学深思,著作宏富的思想家,在世界文化史的这一阶段上可说是旁世无匹。但是,当清初历史转入洄流中,……在洄流中,中国

① 方克:《王船山辩证法思想研究》,长沙:湖南人民出版社1984年版,第121—177页。

② 方克:《王船山辩证法思想研究》,长沙:湖南人民出版社1984年版,第178—179页。

③ 方克:《王船山辩证法思想研究》,长沙:湖南人民出版社1984年版,第179—268页。

④ 萧萐父:《中国哲学启蒙的坎坷道路》,萧萐父主编:《王夫之辩证法思想引论》,武汉:湖北人民出版社1984年版,第1页。

的哲学启蒙，首次遭到摧折，步入了坎坷的道路。……这不仅掩埋了十七世纪启蒙哲学的思想光芒，使之被人遗忘，濒于夭折；而且严重延缓了整个中国历史的发展进程，使之迅速落后于世界形势，终于招致了十九世纪初叶西方资本主义的破关入侵，进一步打断了中国历史的发展进程。"[①]第二篇为萧萐父的《王夫之辩证思想引论》，对王夫之辩证思想中的矛盾观及其他范畴进行了探讨。第三篇为萧萐父的《王夫之矛盾观的几个主要环节》，他说："王夫之的矛盾观，与同时代的方以智相比，可说是更典型地表现了朴素形态的对立统一思想可能达到的理论思维水平。因此，在关于'一分为二'与'合二为一'问题的再探讨中，为了澄清把这两个命题割裂和对立起来所造成的是非颠倒和理论混乱，对王夫之的矛盾观中的'合、分''一、两'等范畴的基本含义作一些剖析，应该说有一定的借鉴意义。"[②]第四篇为李德永《王夫之论"太极"》。[③]第五篇为萧汉明《"细蕴"发微》。[④]第六篇为杜慎凡、席绍曾《王夫之论"动"和"静"》。[⑤]第七篇为李维武《王夫之论"生"和"死"》。[⑥]第八篇为陈殿云《王夫之论"道"和"器"》。[⑦]第九篇为唐明邦《王夫之论"常"和"变"》。[⑧]第十篇为乔余堂《王夫之论"己"和"物"》。[⑨]第十一篇为许苏民《王

---

① 萧萐父：《中国哲学启蒙的坎坷道路》，萧萐父主编：《王夫之辩证法思想引论》，武汉：湖北人民出版社1984年版，第12—13页。

② 萧萐父：《王夫之矛盾观的几个主要环节》，萧萐父主编：《王夫之辩证法思想引论》，武汉：湖北人民出版社1984年版，第79页。

③ 李德永：《王夫之论"太极"》，萧萐父主编：《王夫之辩证法思想引论》，武汉：湖北人民出版社1984年版，第101—110页。

④ 萧汉明：《"细蕴"发微》，萧萐父主编：《王夫之辩证法思想引论》，武汉：湖北人民出版社1984年版，第111—130页。

⑤ 杜慎凡、席绍曾：《王夫之论"动"和"静"》，萧萐父主编：《王夫之辩证法思想引论》，武汉：湖北人民出版社1984年版，第131—140页。

⑥ 李维武：《王夫之论"生"和"死"》，萧萐父主编：《王夫之辩证法思想引论》，武汉：湖北人民出版社1984年版，第141—162页。

⑦ 陈殿云：《王夫之论"道"和"器"》，萧萐父主编：《王夫之辩证法思想引论》，武汉：湖北人民出版社1984年版，第1162—178页。

⑧ 唐明邦：《王夫之论"常"和"变"》，萧萐父主编：《王夫之辩证法思想引论》，武汉：湖北人民出版社1984年版，第179—191页。

⑨ 乔余堂：《王夫之论"己"和"物"》，萧萐父主编：《王夫之辩证法思想引论》，武汉：湖北人民出版社1984年版，第192—203页。

夫之论“知”和“能”》。[①]第十二篇为冯天瑜《王夫之论“文”和“质”》。[②]第十三篇为钟兴锦《王夫之论“天”和“人”》。[③]第十四篇为李寿章《王夫之历史观中的辩证法》。[④]第十五篇为舒默《王夫之认识论中的辩证法》。[⑤]第十六篇为唐明邦《〈周易内传〉中的若干辩证法思想》。[⑥]第十七篇为罗炽《谈〈庄子通〉札记》。[⑦]第十八篇为郭齐勇《〈尚书引义〉中关于认识主体和辩证逻辑》。[⑧]其使用的主要方法正如萧萐父所云为运用逻辑方法剖析船山辩证法诸范畴的内涵及其相互联系的重要意义,试图从思维模式、概念运动的圆圈等方面来探讨船山的朴素的辩证逻辑思想。[⑨]陈远宁等人评价《王夫之辩证法思想引论》时称其是中哲史研究方法科学化具体尝试的硕果之一。[⑩]陈远宁等指出此书的成功得力于它思想的新颖和研究方法的正确,其贡献之一进一步揭示了王夫之哲学的启蒙意义;贡献之二是深入探讨了王夫之辩证法诸范畴。[⑪]

方克的研究有其不同之处,特别强调王船山哲学思想是中国古代朴素唯物主义与辩证法结合的典型形态,所有的论述都是围绕这一点展开的。

① 许苏民:《王夫之论“知”和“能”》,萧萐父主编:《王夫之辩证法思想引论》,武汉:湖北人民出版社1984年版,第204—220页。

② 冯天瑜:《王夫之论“文”和“质”》,萧萐父主编:《王夫之辩证法思想引论》,武汉:湖北人民出版社1984年版,第221—236页。

③ 钟兴锦:《王夫之论“天”和“人”》,萧萐父主编:《王夫之辩证法思想引论》,武汉:湖北人民出版社1984年版,第237—251页。

④ 李寿章:《王夫之历史观中的辩证法》,萧萐父主编:《王夫之辩证法思想引论》,武汉:湖北人民出版社1984年版,第252—263页。

⑤ 舒默:《王夫之认识论中的辩证法》,萧萐父主编:《王夫之辩证法思想引论》,武汉:湖北人民出版社1984年版,第264—276页。

⑥ 唐明邦:《〈周易内传〉中的若干辩证法思想》,萧萐父主编:《王夫之辩证法思想引论》,武汉:湖北人民出版社1984年版,第277—307页。

⑦ 罗炽:《谈〈庄子通〉札记》,萧萐父主编:《王夫之辩证法思想引论》,武汉:湖北人民出版社1984年版,第308—325页。

⑧ 郭齐勇:《〈尚书引义〉中关于认识主体和辩证逻辑》,萧萐父主编:《王夫之辩证法思想引论》,武汉:湖北人民出版社1984年版,第326—351页。

⑨ 萧萐父:《编辑弁言》,萧萐父主编:《王夫之辩证法思想引论》,武汉:湖北人民出版社1984年版。

⑩ 陈远宁、王兴国、李汉武:《哲学史研究方法科学化的可贵探索——读〈王夫之辩证法思想引论〉》,《船山学报》1985年第1期。

⑪ 陈远宁、王兴国、李汉武:《哲学史研究方法科学化的可贵探索——读〈王夫之辩证法思想引论〉》,《船山学报》1985年第1期。

方克说："王船山的唯物主义和辩证法，基本上属于古代的朴素唯物主义和朴素的辩证法，但是它又与我国古代一般的朴素唯物主义和朴素辩证法不同，而是在若干环节上和在一定程度上把朴素唯物主义和朴素辩证法结合起来的典型形态。"[①]这一种说法，并不是方克自己的首创，更早见于关锋的论文。关锋说："王船山思想是一个博大的体系。就他的哲学来说，是中国旧唯物主义哲学的高峰。王船山继承了中国历史上的唯物主义和辩证法的传统，批判了唯心主义——特别是宋明理学唯心主义，并在一定程度上对形而上学作了批判，创立了一个新的唯物主义哲学体系，可以说，他把唯物主义和朴素辩证法在若干环节上、在一定程度上结合了起来。"[②]对比这两段话，我们可以看出它们有许多地方是相同的。甚至，方克从"表现在'气'范畴的规定方面""表现在'理气'观方面""表现在'道器'观方面""表现在'心物'观和'心理'观方面""表现在'有无'观方面"五个方面进行论述亦受关锋的启发。关锋还说："当然，他的哲学也是有很多缺点的：(一)缺乏自然科学和社会科学的论证，而具有朴素的猜测的性质；(二)他的体系中，特别在认识论上还有若干唯心主义和形而上学的杂质；(三)在历史观上，归根到底陷入了唯心主义。"[③]当然，关锋只是提出了一个设想，方克的研究要具体深入得多。方克还探讨了王船山人性论中的朴素辩证法思想，深入讨论三个问题，即"性日受，性日生"说、"继善成性"论、"理欲"合一论。[④]冯友兰曾说过："王夫之的辩证法思想也表现在他的人性论中。"[⑤]由此看来，在这一方面方克可能受到了冯友兰先生的影响。李维武评价方克此著作时指出该著作最显著的特点就是着重运用逻辑方法，通过范畴研究，清理并揭示船山博大精深的辩证法的体系。[⑥]李维武的评价基本中肯，但也有一些地方在当时可能

---

① 方克：《王船山辩证法思想研究》，长沙：湖南人民出版社1984年版，第15页。

② 关锋：《关于进一步研究船山哲学思想的问题》，湖南省哲学社会科学学会联合会、湖北省哲学社会科学学会联合会合编：《王船山学术讨论集》，北京：中华书局1965年版，第158—163页。

③ 关锋：《关于进一步研究船山哲学思想的问题》，湖南省哲学社会科学学会联合会、湖北省哲学社会科学学会联合会合编：《王船山学术讨论集》，北京：中华书局1965年版，第158—163页。

④方克：《王船山辩证法思想研究》，长沙：湖南人民出版社1984年版，第269－300页。

⑤ 冯友兰：《王夫之唯物主义哲学和辩证法思》，湖南省哲学社会科学学会联合会、湖北省哲学社会科学学会联合会合编：《王船山学术讨论集》，北京：中华书局1965年版，第189页。

⑥ 李维武：《船山哲学思想研究的新收获与再思考——方克同志〈王船山辩证法思想研究〉读后》，《船山学刊》1985年第2期。

还看得不是很清楚。一是方氏此著对王船山自然观、历史观、认识论、人性论中的辩证法思想进行探讨,看上去既全面,又具体,实际上除了自然观中辩证法思想探讨是着眼于辩证法思想外,其他的着眼点是在历史观、认识论、人性论,因而整部著作似乎是王船山哲学思想体系的研究著作,或者说,方著是王船山哲学思想研究的汇集。二是在论述中大量引用经典作家的话,显得它更像是前一个时期的论述风格。

第三节 蒙培元、侯外庐学派的王船山理学思想研究

在1982年船山学术思想讨论会上,关于船山思想与宋明理学的关系是讨论的一个热点问题。[①]在王船山学术思想讨论会之后仍有许多人对船山的儒学思想以及与宋明理学的关系进行研究。其中值得探讨的是蒙培元与侯外庐学派的王船山理学思想研究。

一、蒙培元的王船山理学思想研究

蒙培元,1938年生,甘肃庄浪人,中国社会科学院哲学研究所研究员。蒙培元先是撰写论文《王夫之哲学与朱熹理学》[②],后出版专著《理学的演变——从朱熹到王夫之戴震》。《理学的演变——从朱熹到王夫之戴震》中的第八章《明清之际理学总批判——王夫之》的主要内容与论文《王夫之哲学与朱熹理学》相同。蒙氏的基本观点应该是受到了马克思主义船山学的主流观点之一即王夫之是反理学的、是理学的清算者的观点的影响。这种观点最早是梁启超提出来的,被侯外庐沿用并进行了更系统的论证,为新中国成立后侯外庐派的主要观点。因而蒙氏说:"以朱熹为代表的理学,经过长期演变,特别是经过罗钦顺、王廷相等人的批判改造,逐渐形成了一股唯物主义思潮。到明清之际,随着启蒙主义思潮发展,出现了对理学的总批判、总清算。这一批判的代表人物,就是王夫之。"[③]至于将王夫之与朱熹进行对比研究,并强调王夫之对道学的改造,这方面很可能是受冯友兰先生的影

① 欣子:《船山学术思想讨论会情况简介》,《求索》1982年第6期。

② 蒙培元:《王夫之哲学与朱熹理学》,《中国哲学》1983年第10期。

③ 蒙培元:《理学的演变——从朱熹到王夫之戴震》,福州:福建人民出版社1984年版,第427页。

响。冯友兰说："朱熹的哲学体系是客观唯心主义的。他的哲学的特点是方面广、问题多、体系大、分析细。"[①]"王船山是唯物主义阵营中反道学的主将，是挂帅的。他的哲学思想的特点也是方面广、问题多、体系大、分析细，因而担负了反道学的历史任务。他对于道学唯心主义所提出的问题，虽然大多数都能唯物地加以解决，但并未全面加以解决；对于道学唯心主义者所使用的术语，虽有些能加以唯物主义的改造，但还有一些却未能加以改造。"[②]蒙培元又说："王夫之是理学史上一位杰出的唯物主义哲学家，他完成了一个唯物主义哲学体系，而同朱熹的理学体系相对立。但是，王夫之哲学，又是从朱熹哲学中演变、分化出来的。他对朱熹哲学中所有范畴，都进行了深入地分析和研究，吸收了其中有价值的内容，抛弃了他的唯心主义糟粕，在哲学基本问题上，完成了对朱熹理学体系的改造，从而建立起唯物主义哲学体系。正如朱熹是理学唯心主义集大成者，王夫之则是唯物主义集大成者。"[③]蒙氏分析道："由于他在理学演变中作出了卓越的理论贡献，因而成为一代思潮的哲学代表。他的哲学体系中的各个范畴，虽然同朱熹的哲学范畴基本相同，所讨论的哲学问题也同朱熹相同，但是，各范畴的意义及其关系，却发生了根本的变化：唯物主义代替了唯心主义。此外，他还提出了一些重要的新范畴，大大地发展了中国古代哲学。"[④]蒙氏总结说道："王夫之哲学，是对朱熹理学的一次批判性总结。"[⑤]由此可看出两者的关系。当然蒙培元作了更细致的考察。第一，考察了王夫之唯物主义理气论。蒙氏说："王夫之继罗钦顺、王廷相之后，建立了完整的唯物主义理气论，站在更高的理论水平上，全面系统地解决了理气、道器，即精神同物质的关系问题。"[⑥]第二，考察了王夫之理欲统一的人性论。蒙氏说："王夫之的人性论学说，是在批判和改造朱熹思想的基础上形成的。他把他的理气论学说运用于人性论，否

① 冯友兰：《对于船山哲学的一些看法》，湖南省哲学社会科学学会联合会、湖北省哲学社会科学学会联合会合编：《王船山学术讨论集》，北京：中华书局1965年版，第152页。

② 冯友兰：《对于船山哲学的一些看法》，湖南省哲学社会科学学会联合会、湖北省哲学社会科学学会联合会合编：《王船山学术讨论集》，北京：中华书局1965年版，第152—153页。

③ 蒙培元：《理学的演变——从朱熹到王夫之戴震》，福州：福建人民出版社1984年版，第427页。

④ 蒙培元：《理学的演变——从朱熹到王夫之戴震》，福州：福建人民出版社1984年版，第427页。

⑤ 蒙培元：《理学的演变——从朱熹到王夫之戴震》，福州：福建人民出版社1984年版，第427页。

⑥ 蒙培元：《理学的演变——从朱熹到王夫之戴震》，福州：福建人民出版社1984年版，第431页。

定了朱熹以心为本体的心学思想,批判了王阳明的心即性的主观道德论,提出了具有启蒙主义性质的某些进步思想,但是还没有从根本上清算朱熹的天理论。"[①]第三,考察了王夫之"格物穷理"的认识论。蒙氏说:"王夫之在批判总结朱熹'格物致知说'的基础上,提出了一条系统的唯物主义认识路线,这条认识路线达到了古代唯物主义认识论的最高水平。"[②]第四,考察了王夫之行先知后的知行说。蒙氏说:"在理学的演变中,系统地论述知行关系的只有三个人,这就是朱熹、王守仁和王夫之。他们是宋明以来三个最大的哲学家,但是代表了不同的哲学路线。王夫之的知行说,是在批判和总结朱、王二人思想的基础上提出的,也就是在'破'中'立'的。"[③]蒙氏接着指出:"在知行关系问题上,王夫之固然强调行的作用,同时也没有忽视知的作用。在'行先知后'以及'行可兼知'的基础上,他又提出知行'相资以为用'和'并进有功'的学说,把二者统一起来。……在这个问题上他吸收了朱熹的知行并进说和王守仁的知行合一说,同时又批判了他们的错误。"[④]总之,蒙培元对船山理学思想研究的贡献就是将冯友兰提出的王船山是道学中人的命题的研究向前推进了一步。

二、侯外庐学派的王船山理学思想研究

侯外庐、邱汉生、张岂之主编《宋明理学史》,全书两卷,上卷二十八章,下卷三十六章。侯外庐的情况前面已做介绍。邱汉生(1912—1992),又名竹师,江苏省海门县人,中国社会科学院历史研究所中国思想史研究室研究员、中国社会科学院研究生院教授。张岂之,江苏南通人,生于1927年11月,西北大学教授、博士生导师。《宋明理学史》始于1980年,至1985年年终写就,历时六载。上卷于1984年4月出版。下卷的撰著工作,始于1983年夏天。邱汉生说:"是年六月,撰著诸君,包括中国社会科学院历史研究所中国思想史研究室诸同志,西北大学文化思想研究所有关同志,集会于北京,商讨下卷的编撰工作。与会诸君得悉《宋明理学史》被列为国家'六五'计划期

① 蒙培元:《理学的演变——从朱熹到王夫之戴震》,福州:福建人民出版社1984年版,第452页。
② 蒙培元:《理学的演变——从朱熹到王夫之戴震》,福州:福建人民出版社1984年版,第465页。
③ 蒙培元:《理学的演变——从朱熹到王夫之戴震》,福州:福建人民出版社1984年版,第482页。
④ 蒙培元:《理学的演变——从朱熹到王夫之戴震》,福州:福建人民出版社1984年版,第490页。

间历史学科重点项目，极其振奋，同时感到责任重大。会议根据前三年所拟的编撰提纲，讨论通过了《宋明理学史》下卷的章节目录。此后，下卷的撰著工作就全面开展了。”[①]“1985年冬季，《宋明理学史》下卷撰著基本完成。在将近三年的时间里，诸同志阅读史料，研究问题，操觚染翰，昼夜焦劳。有些章节，三易其稿。其间，步近智同志受主编委托，陆续编印了《编撰通讯》，交流情况，互相启发，促进了工作的进展。侯外庐先生经常听取编撰工作的汇报，给予亲切的指导。”[②]由上可知，这部著作是集体的研究成果，主编有三位，他们是侯外庐、邱汉生、张岂之，下卷撰写人员有邱汉生、张岂之、卢钟锋、步近智、唐宇元、黄宣民、冒怀辛、龚杰、樊克政、孙开泰、崔大华、柯兆利、姜广辉、任大援。王船山属于下卷，列在第三编《明末清初对理学的总结及理学的衰颓》第三十二章《王夫之与理学》。

作为典型“侯外庐派”的理学研究，或许人们要问的第一个问题是他们对于宋明理学的基本态度是什么。关于这一问题，著者做了如下的回答。著者一方面肯定宋明理学是我国学术思想的重要内容之一，与先秦诸子、两汉经学、魏晋玄学、隋唐佛学、清代考据，方驾而无愧色。[③]另一方面又说：“在本书的《绪论》中我们曾经说过，‘从政治作用来说，理学是思想史上的浊流。’有人对此非议，以为贬低了理学。经过认真衡量，客观事实明确昭示，我们的论断并不过分。我们无意贬低理学，也不愿掩饰理学的消极面。”[④]

第二个问题是侯外庐以及侯外庐学派如何评价宋明理学发展史中的王夫之。在20世纪40年代侯外庐先生在写《船山学案》时就称：“惟分析论之，船山为颠倒理学头足者，理学的外表甚浓，而其内容则洗刷干净。近人犹有研究船山而不注意其内容者，比梁氏之见更逊色远了。”[⑤]这是说王船山的哲学不是传统理学而是一种新的东西：“船山之学更富哲学，故他的论据比黄顾二氏更为确实详明。他肯定气为第一次的，理为第二次的。这一思维与

① 侯外庐、邱汉生、张岂之主编：《宋明理学史》下卷，北京：人民出版社1987年版，第1024页。
② 侯外庐、邱汉生、张岂之主编：《宋明理学史》下卷，北京：人民出版社1987年版，第1025页。
③ 侯外庐、邱汉生、张岂之主编：《宋明理学史》下卷，北京：人民出版社1987年版，第1030页。
④ 侯外庐、邱汉生、张岂之主编：《宋明理学史》下卷，北京：人民出版社1987年版，第1030页。
⑤ 侯外庐：《船山学案》，长沙：岳麓书社1982年版，第22页。

存在的关系问题,在船山学说中是最光辉的。”[①]四十年后,侯先生及侯外庐学派的观点改变不大。在该章的引言中首先指出:“就本体论而言,理学家中有三种观点:一是张载的气本论,一是程朱的理本论,一是陆王的心本论。……他的主观意图是清楚的,即要以张载思想为基础,批判地吸收程、朱关于性命道德论述的合理成分,创造一种别开生面的哲学体系,树立以气本、主动、珍生、日新为原则的时代风气。从形式看,王夫之哲学表现为对张载思想的继承和发扬,而从其实质看,则已越出了理学思想的樊篱。”[②]著作者然后指出:“在张载那里,气本论与其理学体系是矛盾的。他的理学思想不是基于气本论而是对气本论的背离;程、朱吸收了他的理学思想,扬弃了气本论,而王夫之发展了他的气本论,批评了他的理学,使气本论的内在逻辑得到充分展开。”[③]下面从三个方面考察王夫之与理学的关系。

第一,考察王夫之对张载气本论的继承和发展。著者认为,王夫之一方面继承了张载的气本论思想,认为“气”是宇宙的本质,对“气”的阐释分成若干层次。[④]另一方面,王夫之的理论从张载开始,把物质世界的化生机制归结于阴阳二气的相互作用,认为阴阳二气的对立统一是宇宙的根本规律[⑤],又进一步从以下三个方面论及物质世界的结构:一是阴阳是关于事物矛盾性的抽象;二是阴与阳是对立统一的;三是阴阳相互作用是运动的源泉和物质多样性的原因。王夫之在自然观上已经完全堵塞了可能产生创世说的漏洞。[⑥]张载过分强调“万物一体”,忽视了物性与人性的判别,错误地认为万物也具有类似人的精神的东西;著者认为王夫之的《张子正蒙注》对此一面曲为说解,一面又巧寓批评,极尽委婉之能事。通过对“继善成性”的阐释,对张载的理论有了发展。[⑦]

第二,考察王夫之对理学唯心主义的批判。著作者说:“理学讨论了理气、道器、能所、知行、理欲、动静等范畴。这些讨论围绕一个中心,即论证仁、义、礼、智不仅是心性的本体,也是宇宙的本体。这样,他们对许多哲学

① 侯外庐:《船山学案》,长沙:岳麓书社1982年版,第47页。
② 侯外庐、邱汉生、张岂之主编:《宋明理学史》下卷,北京:人民出版社1987年版,第909页。
③ 侯外庐、邱汉生、张岂之主编:《宋明理学史》下卷,北京:人民出版社1987年版,第909页。
④ 侯外庐、邱汉生、张岂之主编:《宋明理学史》下卷,北京:人民出版社1987年版,第910页。
⑤ 侯外庐、邱汉生、张岂之主编:《宋明理学史》下卷,北京:人民出版社1987年版,第913页。
⑥ 侯外庐、邱汉生、张岂之主编:《宋明理学史》下卷,北京:人民出版社1987年版,第913—914页。
⑦ 侯外庐、邱汉生、张岂之主编:《宋明理学史》下卷,北京:人民出版社1987年版,第914页。

问题的回答，就形成一种思想模式：在理气关系上，理在气先；在道器关系上，道在器上；在能所关系上，以能作所；在知行关系上，知先行后；在理欲关系上，存理灭欲；在动静关系上，静主动客，如此等等。而凡是在一对范畴中起主导作用的方面，一定与仁、义、礼、智有着直接或间接的联系。”[①]“王夫之要做的工作，就是要把仁、义、礼、智从中心位置移开，把它送回道德领域。这样，在本体论、认识论领域中，哲学范畴不再受仁、义、礼、智的牵制，可以阐发自身的真理了。”[②]

第三，考察王夫之保留的理学基本观念。著作者说：“王夫之保留的理学基本观念，主要表现在伦理思想方面。王夫之学自程、朱入，也受心学影响，因而在其思想中仍然保留着理学唯心主义的残余。”[③]这突出表现在以下两点：一是对“心具理”观念的保留。二是对“道心”“仁义之心”“德性之知”等观念的保留。[④]

相对于侯外庐先生的《船山学案》，《宋明理学史》的著作者关于王夫之的理学思想的评价，其大的方面没有什么变化，小的方面还是有些差异。一是对启蒙意义没有强调，二是对王夫之保留的理学观念的考察。这一点明显可以看出是与冯友兰、嵇文甫的观点靠近。

第四节　唐明邦、萧汉明、汪学群、朱伯崑等学者的王船山易学思想研究

在1977—2012年期间探讨船山易学的论文、著作比较多，其中成绩比较突出的有唐明邦、萧汉明、朱伯崑、汪学群、陈远宁等学者。陈远宁撰有船山易学研究专著《中国古代易学发展第三个圆圈的终结——船山易学思想研究》。[⑤]该书为陈远宁晚年所著，揭示了船山易学思想的特点及其在易学史

① 侯外庐、邱汉生、张岂之主编：《宋明理学史》下卷，北京：人民出版社1987年版，第916—917页。

② 侯外庐、邱汉生、张岂之主编：《宋明理学史》下卷，北京：人民出版社1987年版，第917页。

③ 侯外庐、邱汉生、张岂之主编：《宋明理学史》下卷，北京：人民出版社1987年版，第933页。

④ 侯外庐、邱汉生、张岂之主编：《宋明理学史》下卷，北京：人民出版社1987年版，第933页。

⑤ 陈远宁：《中国古代易学发展第三个圆圈的终结——船山易学思想研究》，长沙：湖南大学出版社2002年版。

上第三个“圆圈”的终结与集大成的地位。[①]相对来说,此时期值得关注的船山易学研究学者是唐明邦、萧汉明、汪学群、朱伯崑。

一、唐明邦、萧汉明、汪学群的王船山易学研究

(一)唐明邦的船山易学研究

唐明邦(1925—2018),重庆市忠县人,武汉大学教授。唐明邦从20世纪60年代就开始研究王船山易学,一生撰写并发表十数篇论文,是研究王船山易学比较早的学者。论其王船山易学研究贡献主要在以下三个方面:

1.用唯物论探讨王船山易学并从其中揭示王船山的唯物思想与辩证思想

20世纪60年代以来,唐明邦撰《略论〈周易外传〉中“贞常制变、延天祐人”的辩证法思想》[②]《〈周易外传〉的若干辩证法思想》[③]《〈周易内传〉中的若干辩证法思想》[④]等论文探讨船山易学中的辩证法思想。从这些论文的题目可知,唐明邦是中华人民共和国成立以后用唯物主义专门研究王船山易学思想的学者。上述所列的论文中的前两篇,从其论述的主要内容来看,应该是一篇,但在论述时略有侧重,收在《王船山学术讨论集》中的论文更完备一些。在论文中唐明邦肯定王夫之在《周易外传》中既阐述了“天下唯器”“道器一贯”的唯物主义思想体系,也阐述了“太虚本动”“气化日新”的朴素辩证法的发展观;并对《周易》的发展观点和矛盾学说都做了唯物主义的改造和创造性的发展;特别是在关于“天人关系”和“常变关系”等重要哲学问题上,表现了唯物主义和辩证法的卓越见解。[⑤]《〈周易内传〉中的若干辩证法思想》则是写于20世纪80年代,唐明邦认为《周易内传》是王夫之呕心沥血的

① 王兴国说:“如陈远宁的《中国古代易学发展的第三个圆圈的终结——船山易学思想研究》一书,创造性地总结出中国古代易的发展经历了三个圆圈:从八卦、六十四卦产生到《易传》成书是第一个圆圈;以《易传》为起点到唐易的产生是第二个圆圈;而船山易学则是从唐易到以周敦颐、朱熹、王船山为代表的第三个圆圈的终结。”(王兴国:《船山学研究的新进展——2002王船山国际学术研讨会综述》,《船山学刊》2003年第1期)

② 唐明邦:《略论〈周易外传〉中“贞常制变、延天祐人”的辩证法思想》,《江汉学报》1962年第9期。

③ 唐明邦:《〈周易外传〉的若干辩证法思想》,湖南省哲学社会科学学会联合会、湖北省哲学社会科学学会联合会合编:《王船山学术讨论集》,北京:中华书局1965年版,第87—136页。

④ 唐明邦:《〈周易内传〉中的若干辩证法思想》,《武汉大学学报(人文科学版)》1982年第6期。

⑤ 唐明邦:《〈周易外传〉的若干辩证法思想》,湖南省哲学社会科学学会联合会、湖北省哲学社会科学学会联合会合编:《王船山学术讨论集》,北京:中华书局1965年版,第87页。

晚年定论:王夫之利用《周易》思想资料阐述哲学思想,具体阐述了古人作《易》贯彻的基本准则、历代君臣用《易》治国所采用的基本原理、学《易》对哲学启蒙的贡献以及《周易》对发展中国古代哲学思想、提高人们理论思维能力的历史作用。[①]除了坚持用辩证唯物论研究外,武汉大学哲学院以萧萐父、唐明邦等人组成的学术团队深受侯外庐先生的影响认为王船山是启蒙思想家。唐明邦认为"修己治人,拨乱反正"是船山《周易大象解》的宗旨,处处透露着时代新声亦即启蒙思想,称王船山抨击专制独裁,憧憬"法简民安"的维新局面;反对惩忿窒欲,倡导"养欲给求"的"厚生"政策;弘扬"振起顽懦"的文教;清除奴化思想,坚持"自立""自尊""自讼"。[②]

唐明邦的王船山易学研究用的中国主流的研究方法——马克思主义理论方法,但是,他不是通过引用经典作家的语录加上一个或数个例子的简单论证方式进行的,而是从王船山易学理论本身如某些命题——"延天祐人""贞常制变"深入探讨揭示其唯物论和辩证法特点。或许这一点也影响了他的学生萧汉明从易学本身的特点出发研究船山易学。

2.全面探讨王船山的易学体系,揭示王船山易学的特点

20世纪80年代开始唐明邦全面研究船山易学体系。首先探讨船山易学的源流。唐明邦认为船山研《易》,论述易学源流,坚持传统经学立场与方法,力图以一种思维模式,范围千古易学;王船山否定汉代有汉代之《易》,晋唐有晋唐之《易》,宋明有宋明之《易》;殊不知不同时代的易学都是当下时代精神的体现,不可以一例限之。[③]其次,研究王船山关于学易与占易的论断。唐氏指出船山写《周易内传》时,坚持三条原则:"占学一理,得失一道",学易同占易并重,一也;寓占于学,学易而后占易,二也;"占义不占利","易为君子谋,无为小人谋",三也。[④]唐氏还指出,王船山说的"占学一理",未必符合实际。[⑤]唐明邦还探讨了船山论学易和占易的认识意义。他说,王船山十分强调学《易》,他认为学易可锻炼理论思维的能力,克服思想上的主观性、片

① 唐明邦:《〈周易内传〉中的若干辩证法思想》,《武汉大学学报(人文科学版)》1982年第6期。
② 唐明邦:《从王船山〈周易大象解〉看明清之际的启蒙思潮》,《船山学报》1987年第1期。
③ 唐明邦:《王船山论易学源流》,《船山学刊》1999年第1期。
④ 唐明邦:《王船山论易学源流》,《船山学刊》1999年第1期。
⑤ 唐明邦:《王船山论易学源流》,《船山学刊》1999年第1期。

面性和保守性;能增长聪明才智,提高理论思维水平,蹈常处变,解决种种困难;王船山主张在学易的前提下,适当肯定占易在决疑认识过程中的作用:1.利用偶然启示,促进自我"拟议";2.考虑多种前途,促进多谋善断;3.促进认识的倾向性,促进择善固执。[①]最后,探讨船山《周易》象数学。唐明邦研究船山《周易》象数学是从船山对汉代《周易》象数学的评判开始的。唐明邦分析王船山对汉代《周易》象数学的评判,从六个方面论述:一、《易》——合象数而贞常变,分析王船山唯物主义象数观;二、评判孟喜的"卦气"说;三、评判京房的"八宫"世应说;四、评判郑玄的"爻辰"论、"纳音"说;五、批判虞翻的"纳甲"说;六、汉《易》象数学的二重性。[②]唐氏还指出王船山从我国哲学思想发展的历史看问题,主张数术兴则易理亡,着重揭示汉《易》象数学的唯心主义烦琐哲学性质,揭示它为占卜迷信提供科学外衣,在思想史上的不良影响,无疑击中象数学的要害;但王船山的看法也存在片面性。[③]唐明邦对船山《周易》象数论进行了全面的探讨。唐明邦认为王船山《周易》象数论有四个特征:借《周易》象数阐发哲理,以《周易》象数评议政治得失,借《易》象概论历史经验,《易》象臧否人物。船山反对汉代象数派的烦琐哲学以及晋宋义理派之离象言理。[④]

3.考察熊十力的船山易学研究

唐明邦还对熊十力的船山易学研究进行了探讨。唐氏称熊十力在其诸多著作中评论船山思想的地方,不下数十处,既多赞许,亦有微词;于船山易学思想的肯定性评价,唐明邦举其大者约三端:一、肯定船山论易器识卓越;二、表彰船山易学力求实用;三、同情船山玩易而"尊生""主动"。[⑤]唐氏还指出熊十力对船山论易、学易、玩易都深表佩服与同情,但宥于成见,难免发生误解;主要误解之处,约有二端:其一,误解船山"乾坤并建"思想为二元论;

---

① 唐明邦:《王船山论学易和占易的认识意义》,《船山学刊》1984年第1期。

② 唐明邦:《数术兴则〈易〉理亡——王船山对汉代〈周易〉象数学的评判》,《船山学刊》1985年第2期。

③ 唐明邦:《数术兴则〈易〉理亡——王船山对汉代〈周易〉象数学的评判》,《船山学刊》1985年第2期。

④ 唐明邦:《王船山的〈周易〉象数论》,《船山学刊》1993年第1期。

⑤ 唐明邦:《熊十力论船山易学》,《船山学刊》1988年第1期。

其二,误解船山未识“体用不二”之理。[①]

（二）萧汉明的船山易学研究

萧汉明(1940—2011),湖北孝感人,武汉大学教授。1979年至1982年萧汉明在武汉大学哲学系中国哲学专业攻读硕士学位,师从萧萐父、李德永、唐明邦。萧汉明的王船山易学研究成果主要见《船山易学研究》一书,该书分为外篇、内篇及《〈周易内传发例〉注疏》三个部分,另有《前言》和《余论》。《前言》称:“拙著初稿写成于一九八二年,得到萧萐父、李德永、唐明邦三位导师的精心指导。当年九月,内篇部分曾以《王夫之易学中的辩证思想》为题,通过了硕士论文答辩,并得到朱伯崑、方克立二位教授的指点。同年九月、十一月以之先后参加了湖北与湖南分别召开的王船山学术讨论会。外篇部分与《周易内传发例》注疏,一九八四年以《周易内传发例注评》为题,参加了全国《周易》学术讨论会。”[②]

外篇有四章。第一章《易学源流概叙》。该章首先论述了《周易》“四圣同揆”说,萧汉明指出:“王夫之的易学成就,主要地并不表现在对待《周易》本身的研究上。尽管《稗疏》与《内传》在这方面不无精到之处。王夫之意在借《周易》营造自己庞大的哲学体系,因此,他的‘四圣同揆’说,强调《周易》成书各个阶段之间的内在联系,反对四圣不同揆的‘损益’说以及一切将《周易》弄得支离破碎的言论。”[③]其次,论述了“占—学—占”的易学史观。萧汉明称:“而王夫之对易学史的概叙,却粗略地表现了历史方法与逻辑方法的统一。他对秦汉以来之易学,除了对拟《易》、仿《易》之作视为异说之外,基本上忠实地反映了历史的本来面貌,描叙了易学发展的自然行程,同时又逻辑地展现了‘占—学—占’圆圈运动。”[④]第二章《船山易学的特征》。萧汉明将王夫之易学特征概括为:象数与义理的统一和象、彖、爻、传四者的统一。[⑤]萧汉明说:“他在评论张载易学时曾说:张子之《易》‘象言不忘而神化

① 唐明邦:《熊十力论船山易学》,《船山学刊》1988年第1期。
② 萧汉明:《前言》,《船山易学研究》,北京:华夏出版社1987年版,第8页。
③ 萧汉明:《船山易学研究》,北京:华夏出版社1987年版,第4页。
④ 萧汉明:《船山易学研究》,北京:华夏出版社1987年版,第9页。
⑤ 萧汉明:《船山易学研究》,北京:华夏出版社1987年版,第11页。

不遗。其体洁静精微之妙,以益广周子《通书》之蕴,允矣至矣。惜乎其言约,而未尝贯全《易》于一揆也。'王夫之赞赏张载把'象'(阴阳刚柔之消长升降)与'言'(彖辞与爻辞)结合起来阐叙义理,达到了'神化不遗'的境界,从而在思维水平上大大超过了程颐;可惜由于言辞过于简约,而未能将《周易》的象、彖、爻、传作为一个浑然的整体,这使他在义理的发挥上不能不受到一些限制。王夫之的易学特征正是在对张载这种认识的基础上形成的。"[①]第三章首先论卦象,萧汉明说:"至于卦象,王夫之将其区分为两种情形:一种以'物之形象'取象;一种以'奇耦(阴阳)往来应违'取象。"[②]还说:"王夫之通常所云之'卦象',皆撇开物象而专指'奇耦往来应违之象'。他认为阴阳往来应违之象与物象,是本与末的关系。只有把握了卦画之象,方可推求物象之所在;……对于释卦来说,物象只具有辅助参考的意义,不能作为主要的依据。"[③]其次,论卦德,萧汉明说:"在王夫之看来,只有从卦画的阴阳爻关系所示之象中取德,才能抓住根本,才算得上是'极深究几','精义入神',通于一阴一阳之道。"[④]最后,论卦序,萧汉明说:"王夫之在著《周易外传》时,曾'分经纬二道,以为三十六象六十四卦之次序'(详《外传》卷七)。……然至晚年又对这一精密的经络网发生怀疑,'未敢信为必然',因而于作《周易内传》之际弃而不用。他认为事物的发展是有序与无序的统一,人们可以掌握事物发展的'大程之序',但不可以私意确定其每一步具体进程,甚至要求其'刻期而至'。因此对《周易》六十四卦,只要了解上述两条经纬线索,也就把握了《周易》的'大程之序',如果硬要给六十四卦每卦之间规定出一种必然的进程,就完全抹煞了阴阳不测之神。这样,他便以有序与无序的统一之一辩证的发展观,否定了《序卦》只依某种必然性将六十四卦人为联结起来的发展观。"[⑤]第四章《论占筮》,萧汉明指出:"王夫之认为《周易》是'至命之书''尽性之学'(《周易内传》卷五),因此谈论占,亦不可逾此'至命''尽性'之理。朱熹《启蒙》之古法,邵雍之加一倍法以及术士苟简之揲蓍法,在王夫之

① 萧汉明:《船山易学研究》,北京:华夏出版社1987年版,第11页。
② 萧汉明:《船山易学研究》,北京:华夏出版社1987年版,第35页。
③ 萧汉明:《船山易学研究》,北京:华夏出版社1987年版,第36页。
④ 萧汉明:《船山易学研究》,北京:华夏出版社1987年版,第38—39页。
⑤ 萧汉明:《船山易学研究》,北京:华夏出版社1987年版,第49—50页。

看来，都是以小术而乱大道，是以屡辟之，以防鱼目混珠。”[①]

内篇有五章。第五章《论〈易〉与象》。萧汉明指出：“王夫之以比较的方法，研究了《周易》内部的天文、历法、律吕、医占等与义理的关系，以及《周易》与其他儒家经典《礼》《书》《诗》《春秋》等的关系，总之他充分地研究了《易》与象的关系。通过这种研究，他不仅论叙了哲学与其他科学知识的位置，而且深刻地论证了普遍与特殊的辩证关系。”[②]第六章探讨船山宇宙观的太极模型。萧汉明说：“王夫之对天体的认识，与张载一样依据于融宣夜说之后的浑天说，在天文学方面缺少张载的独创性，而在哲学概括上却胜过张载。”[③]“从哲学意义上说，王夫之从浑天说概括出‘浑天’之意，并以‘浑天’作为他易学的出发点和归宿，作为他易学的全部基石。”[④]萧氏进一步指出：“他说：‘阴阳二气充满太虚，此外更无他物，亦无间隙，天之象，地之形，皆其所范围。’这就不仅说明了‘太虚一实’的基本形态，而且鲜明地确立了物质世界的绝对性。除了阴阳二气之外，太虚中既没有‘虚无’与‘间隙’，也没有任何其他的东西。这样，他便由‘太虚一实’走向了‘世界统一于物质’这个近代哲学的著名命题。”[⑤]关于“宇宙者，积而成乎久大者也”。萧氏指出：“王夫之将时间与空间作为一个不可分割的统一体来对待，这样时间与空间之间的相互联系便形成了一个四维时—空连续区域。而且在这个区域中，时间被看作是起主导作用的方面。这是一个天才的猜测。可以说不仅在中国哲学史上，而且在世界哲学史上，王夫之是第一个将时间与空间统一起来的人。”[⑥]四、太虚者，本动也。萧氏说：“这是王夫之太极模型的又一命题。”[⑦]第七章探讨太极之为“太和”说。萧氏指出：“‘未有形器之先’与‘既有形器之后’，不是‘形而上’与‘形而下’的关系。这里讲的是太极的两种存在状况：阴阳二气，浑沦未分，絪缊不已，这就是‘未有形器之先’；阴阳既分，成象成形，化生不息，则为‘既有形器之后’。太极的这两种存在状况亦可看作是太

① 萧汉明：《船山易学研究》，北京：华夏出版社1987年版，第52页。
② 萧汉明：《船山易学研究》，北京：华夏出版社1987年版，第73页。
③ 萧汉明：《船山易学研究》，北京：华夏出版社1987年版，第74页。
④ 萧汉明：《船山易学研究》，北京：华夏出版社1987年版，第75页。
⑤ 萧汉明：《船山易学研究》，北京：华夏出版社1987年版，第80页。
⑥ 萧汉明：《船山易学研究》，北京：华夏出版社1987年版，第89页。
⑦ 萧汉明：《船山易学研究》，北京：华夏出版社1987年版，第89页。

极自我运动的两个不同阶段，而无论在前后哪一阶段，太极都呈现为一种'和之至'的'太和'形态。这就是王夫之对太极之为太和的提纲挈领的说明，而他对这个说明的详细阐叙，则包含在他的矛盾观的全部学说之中。"[①]第八章为《絪缊，太和之真体—— "絪缊"论发微》。萧氏指出："王夫之在《思问录内篇》中说：'天不听物之自然，是故絪缊而化生。'这句话很简短，但包括了他的'絪缊化生'论发展观的全部内容。"[②]第九章《万有之化，流行而成用——"化生"论管窥》。萧汉明说："王夫之'化生'论研究的是'万有'从絪缊太和中扩展开来以后，自身运动变化的内在规律性。"[③]

在《余论》中萧汉明对王夫之通过他的"乾坤并建为宗，错综合一为象"的易学思想所阐叙的朴素辩证法的体系结构进行了简要归结。[④]进而指出："王夫之哲学体系的结构是十分庞大的，本篇仅就其易学著作中的辩证法思想，清理了一个粗略的线索，对资料的发掘百不及一，不足以反映王夫之辩证法范畴体系的严密的逻辑结构。至于他在认识论、历史观等方面的辩证法思想，则一概未予涉及，因此上述王夫之易学中的辩证法思想线索，不是他的庞大的哲学体系的全部结构，只不过管中窥豹，略见一斑而已。"[⑤]

《〈周易内传发例〉注疏》之《小序》称："王夫之《周易内传发例》，写于《周易内传》完稿之余。一卷，计二十五条。《发例》虽云为《内传》而作，实际上却是他整个易学思想的高度浓缩与结晶。不仅总结了他长期治《易》的成果与经验，而且剖判了易学系统中各种流派，特别是邵雍的先天学与朱熹的易学言论。因此，《发例》可以称得上是船山易学的纲领性著作。并介绍了《发例》注疏的体例。"[⑥]由此可看出，萧汉明先生一方面使自己的关于船山易学的研究建立在较坚实的基础上，另一方面通过注疏也使船山易学著作便于人们阅读，于船山易学的推广也有其功。

李维武评萧汉明《船山易学研究》云："萧汉明《船山易学研究》为第一部

① 萧汉明：《船山易学研究》，北京：华夏出版社1987年版，第96页。
② 萧汉明：《船山易学研究》，北京：华夏出版社1987年版，第113页。
③ 萧汉明：《船山易学研究》，北京：华夏出版社1987年版，第124页。
④ 萧汉明：《船山易学研究》，北京：华夏出版社1987年版，第141页。
⑤ 萧汉明：《船山易学研究》，北京：华夏出版社1987年版，第143页。
⑥ 萧汉明：《船山易学研究》，北京：华夏出版社1987年版，第149页。

研究船山易学思想的专著，是船山思想研究的一项创造性成果。”[①]“萧著研讨船山易学思想的一个显著特点，就是注意从易学自身的特点出发，探讨船山易学思想，强调应当重视船山易学自身的特点与内容，认真清理其中蕴含的哲学的、科学的乃至宗教的认识形式。”“其次，萧著运用辩证的分析方法，揭示船山易学辩证法的逻辑结构与范畴体系。”[②]确实，萧汉明在其师唐明邦之后在船山易学研究方面取得重大进展。结合李维武的评价，我以为萧汉明在船山易学方面取得如下四个方面成绩：第一，萧汉明撰写了中国大陆地区第一部王船山易学专著。李维武说萧著为第一部研究船山易学思想的专著是值得商榷的。萧著出版于1987年，而中国台湾曾春海的博士论文《王船山易学阐微》出版于1977年。[③]显然曾著是早于萧著的。当然，称萧著为中国大陆地区的第一部王船山易学研究专著是没有问题的。萧著在曾著之后，但萧著受师承以及大陆学风的影响远甚曾著的影响。第二，从范畴到体系对王船山易学哲学进行了系统探讨。这是萧著的内篇四章主要做的工作。第三，由王船山易学探讨王船山的唯物论与辩证法。这是大陆学风也是师承，在萧著之中随处可见，在此不再赘述。第四，由王船山易学探讨王船山的天文知识。这方面的论述见于萧著第五章，又见于论文《王船山贫乏的天文知识及其追求实证的时代倾向》。[④]

李维武称：“萧著的不足之处主要在于未能通过船山的易学思想来分析探讨船山的历史观、人生观。又如，关于船山易学思想的历史影响，萧著也未能予以探讨。对于船山哲学与颜元、戴震思想的联系，李石岑曾作过探讨。……熊十力对船山易学思想进行过认真的反刍，他肯定了船山易学宇宙观、人生观中的积极进取精神，认为这也正是他创立‘新唯识论’哲学体系的宗旨。因此，如能对船山易学思想的历史影响加以认真研究，对船山易学思想内涵的发掘、意义的评价无疑将会更为深刻。”[⑤]

---

① 李维武：《评〈船山易学研究〉》，《船山学刊》1988年第1期。

② 李维武：《评〈船山易学研究〉》，《船山学刊》1988年第1期。

③ 曾春海：《王船山易学阐微》，台北：嘉新水泥公司基金会1978年版。曾著目录：第一章《王夫之先生传略》，第二章《船山治周易之方法》，第三章《船山易学之宇宙论》，第四章《船山易学之人性论》，第五章《船山易学之生命哲学》，第六章《结论》。

④ 萧汉明：《王船山贫乏的天文知识及其追求实证的时代倾向》，《船山学刊》1995年第1期。

⑤ 李维武：《评〈船山易学研究〉》，《船山学刊》1988年第1期。

(三) 汪学群的王船山易学研究

汪学群,湖南澧县人,1956年生于北京,中国社会科学院历史研究所研究员,主要从事清代学术思想史方面的研究。汪学群《王夫之易学——以清初学术为视角》除了《前言》《导论》和《结束语》外,共有七章。汪学群在《前言》中说:

> ……恕我孤陋寡闻,前仅见到的著作只有朱伯昆先生《易学哲学史》第四卷王夫之章和肖(萧)汉民先生《船山易学研究》两种。前者侧重从本体论角度对王夫之易学做出解释,后者则倾向于以辩证法,对王夫之易学进行评价,两书侧重点不同,但都是从哲学出发研究王夫之易学,对研究其易学做出自己的贡献。……我试图从学术思想史与社会史结合角度研究王夫之易学,力图把社会史、学术思想史、易学史结合起来。……[①]

关于他自己的王船山易学研究的特点,汪学群说:“从方法上看,第一,从社会史与学术思想史结合角度研究王夫之的易学。……研究王夫之的易学,将其置于明清之际的社会背景中加以考察,通过对当时社会的政治、经济、学术等方面变迁的分析,把握其易学的时代精神及特色。第二,从学术思想史与易学史的结合角度研究王夫之易学。”[②]“就内容而言,重点探讨王夫之易学在易学史上的贡献。第一,揭示他对《周易》原典诠释的新义。他反对象数学,或其他义理学把占学、象数义理割裂的做法,从占与学、象数与理(道)两方面展开,主张占学一理,《易》全体在象,象数互生、互测,象数与理(道)统一,在此基础上强调了学、理(道)的作用,站在时代的高度揭示了《周易》是一部涉及天道与人事多方面的哲理经世之书。他不同意朱熹等人把伏羲、文王、周公、孔子之《易》割裂开来的主张,强调其自身包括经传两部分,伏羲、文王、周公、孔子虽说作了《易》的不同部分,但‘彖文一致’,‘四圣

---

① 汪学群:《前言》,汪学群:《王夫之易学——以清初学术为视角》,北京:社会科学文献出版社2002年版,第1页。

② 汪学群:《前言》,汪学群:《王夫之易学——以清初学术为视角》,北京:社会科学文献出版社2002年版,第1—2页。

同揆'，无所损益，其精神是一致的。《周易》内容博大，与其他经书的关系是，常变、理事的关系，它是其他经书的根本。《周易》也包括历法、地理、律吕、数学等。王夫之关于《周易》内容博大的主张，与清初学术博大宏阔联系在一起。"[①]"第二，结合时代突出了王夫之易学思想贡献。他治经与汉学家不同，不囿于烦琐的训诂考据，而着力于抉发经学的义理，结合时代阐释经书的微言大义。……作为王夫之经学的重要组成部分，他的易学借解释《周易》，并结合时代同样开了许多生面，具有哲理批判和经世的特征。"[②]

汪学群的著作正如他自己所概括的那样确实有着明显的特点，尤其在方法方面的特点给人印象深刻。其著作的结构或重心虽与萧汉明的著作、朱伯崑的著作有所不同，但不是他自己所说前面二部主要是从哲学角度来研究船山易学而他是从学术史的角度来研究。从其著作目录来看[③]，汪著重点仍在船山哲学或船山思想的探讨上，而这种探讨，前代学者与同辈学者已做得差不多了。因而，他也很难有更大的突破。

二、朱伯崑的王船山易学哲学研究

（一）朱伯崑的生平及其王船山研究

朱伯崑（1923—2007），河北宁河（今属天津）人，北京大学教授。朱伯崑先生在1962年就写过一篇王船山哲学研究论文——《王夫之论主观和客观》，其基本观点与冯友兰先生比较接近："从他反对唯心主义斗争的情况看，一般说来，对道家唯心主义和佛教唯心主义体系的批判，是坚定的，彻底的；对宋明道学中陆王一派的唯心主义的批判，是比较坚定和彻底的；但对宋明道学中程朱一派的唯心主义的批判，是不彻底的，而且做了很大的让步，从而造成了他的唯物主义哲学的一个严重的缺点。他比较胜任地完成

① 汪学群：《前言》，汪学群：《王夫之易学——以清初学术为视角》，北京：社会科学文献出版社2002年版，第2页。

② 汪学群：《前言》，汪学群：《王夫之易学——以清初学术为视角》，北京：社会科学文献出版社2002年版，第3页。

③ 汪学群《王夫之易学——以清初学术为视角》的目录为：导论《王夫之的〈易〉学时代》，第一章《关于〈周易〉的性质和内容》，第二章《关于〈周易〉的结构与方法》，第三章《务实求真的自然观》，第四章《和谐发展的变易观》，第五章《天道与人性异同论》，第六章《人生修养与道德伦理观》，第七章《经世致用思想》；其中主要是对船山思想的探讨。

了反对主观唯心主义斗争的任务，但并没有完成批判程朱派的客观唯心主义的任务。”[①]但是在具体论证中，朱伯崑先生从“能”与“所”“己”和“物”“心”和“事”等方面进行具体考察，指出王夫之一方面坚持了客观是第一性的唯物主义原则，另一方面又相当重视主观对客观所起的反作用，王夫之对主观和客观的论证，具有朴素的辩证唯物主义的性质。[②]更为重要的是考察了王夫之关于心和理的论述，朱伯崑指出王夫之承认“理具于心”，是和他道学的不彻底性联系在一起，表现出在道德领域陷入了唯心论，又使他在认识论方面的唯物主义思想不能贯彻到底，从而造成了他的唯物主义哲学体系的严重缺点。[③]虽然说，朱伯崑先生这篇论文可以算是20世纪60年代一篇好的王船山哲学研究论文，但他的船山学的代表作却要推《易学哲学史》中关于王夫之易学哲学的专节了。

（二）朱伯崑的王船山易学哲学研究

《易学哲学史》的缘起，朱伯崑先生自己介绍说：“我于1981—1982年，曾为中国哲学专业研究生开设易学哲学史课程，此书是在讲稿的基础上改写成的，完成于1989年。”“此书一、二册（原为上、中两册），曾付梓问世，此次再版，对其中个别文字和卦象作了一些更正和补充；三、四两册，首次在大陆出版。”[④]此书问世以后，数家出版社多次出版。北京大学出版社于1986年至1988年出版上、中两册，1991年在台北蓝灯出版社出版全四册。1995年大陆首次由华夏出版社出版《易学哲学史》全四册。2005年《易学哲学史》全四册由昆仑出版社再版。其中王夫之专节在第四册，属第九章《道学的终结和汉易的复兴》第一节《王夫之〈周易内传〉和〈周易外传〉》。关于该书的书名，朱伯崑自己解释道：“关于《周易》经传典籍的研究，从来有两条途径：一是研究《周易》经传中的字义和文意，形成了训诂、注释和考据之学；一是研究《周易》经传所涵蕴的哲理，形成了义理之学。我是研究哲学史的，兴趣在于后

① 朱伯崐：《王夫之论主观和客观》，《北京大学学报（人文科学版）》，1962年第5期。朱伯崐即朱伯崑。

② 朱伯崐：《王夫之论主观和客观》，《北京大学学报（人文科学版）》，1962年第5期。

③ 朱伯崐：《王夫之论主观和客观》，《北京大学学报（人文科学版）》，1962年第5期。

④ 朱伯崑：《序》，《易学哲学史》，北京：华夏出版社1995年版。

者。此书只是对易学史上各家所讲的哲理，按其演变的过程，作一较为系统的叙述，故名为易学哲学史，还不即是作为经学史的易学史。其中也谈到有关经学史的问题，但不是本书的重点。一部完整的易学史还应包括解字系统。”①关于此书，学界有许多专家给予高度评价，在此不做过多的引述。只想就朱伯崑的王船山易学哲学研究进行考察。

1.朱伯崑先生充分肯定并揭示了王夫之易学哲学的成就、贡献及其局限

（1）朱伯崑在宏观上给王夫之易学与哲学成就予以极高的评价，称之为“高峰”和四个“终结”。所谓“高峰”，指的是王夫之哲学为中国古代哲学发展的高峰。朱伯崑先生说：“从北宋形成的宋明道学，经过近五百年的争论和发展，到王夫之，终于结出了丰硕的果实，标志着中国古代哲学发展的高峰。”②所谓四个终结指的是王夫之易学和哲学标志着道学的终结、宋学的终结、易学的终结和中国古代哲学的终结。朱伯崑说：“王氏的经学及易学哲学，不仅意味着宋学，也意味着宋明道学的终结。”③朱氏又说：“王夫之作为一位哲学家，其哲学体系同样是通过对儒家经典的解释而建立起来的。……王夫之的哲学并不限于本体论，其对知行、格知、理欲、理势等问题的回答，也都做出了自己的贡献。但就其理论思维来说，其成就大都来于其易学哲学。尤其突出的是，阴阳说作为中国辩证思维的传统，经过王夫之易学哲学的阐发，达到了古代哲学史上最高的水平。如果说，相反相成即对立统一观念乃辩证思维的核心，王夫之易学哲学对这一观念作了深刻的解释和论证，从而使他成为我国历史上著名的辩证法大师。王夫之以后，直到19世纪末，由于汉学的兴起和西学的输入，传统的理论思维受到冲击，再没有一位哲学家依据传统哲学的思想资料建立起完整的理论体系。就此而言，王夫之的哲学又标志着中国传统哲学，特别是儒家传统哲学的终结。”④

（2）朱伯崑具体考察了王夫之易学哲学各个方面的历史贡献。如“天下惟器”这一命题，早在民国时期王永祥在他的《船山学谱》中就进行了专门考

① 朱伯崑：《序》，《易学哲学史》，北京：华夏出版社1995年版。

② 朱伯崑：《易学哲学史》第四卷，北京：昆仑出版社2005年版，第3页。

③ 朱伯崑：《易学哲学史》第四卷，北京：昆仑出版社2005年版，第3页。

④ 朱伯崑：《易学哲学史》第四卷，北京：昆仑出版社2005年版，第14—15页。

察,新中国成立后的学者们大都将其作为船山唯物论的一个内容进行考察,而朱伯崑先生对这一命题以及王氏依此命题而展开的道器之辨在哲学史上的重大意义进行了揭示。朱伯崑先生说,有一,其象义之辨始于王弼,道器之辨始于韩康伯,由此形成了玄学派的形上学及其本体论;但是,从薛季宣到方以智,其论道不离器或道寓于器,都没有明确指出器作为个别存在物乃道存在的唯一条件,如王氏所说"器然后有形,形而后有上",即以形下为形上的基石;这一观点,也是王夫之道器观同理学派和心学派的道器观根本分歧之处;正因为如此,其道器之辨和形上形下之辨,方有力地打击了王弼以来各种唯心主义流派的形上学;就此而言,王氏的"天下惟器"这一命题,也可以说是中国传统哲学中道器之争的总结。①朱伯崑说,其二,王夫之的道器之辨,就其理论思维来说,同样属于抽象和具体、个别和一般、本质和现象、规律(包括规范)和实体的关系问题;王氏的贡献不仅是肯定规律性的东西,一般东西以及抽象的原则寓于有形有象的个别的物件和事件之中,更为重要的是指出没有个体便没有规律,没有个别便没有一般,没有现象便没有本质;这样便正确地解决了道器或理事谁依赖谁的问题,从而做出了自己的贡献;王氏之所以取得这一成就,不仅表明他具有较高的辩证思维的水平,也是同明代以来自然科学史的求实精神相适应的。②

朱伯崑还考察王氏关于阴阳无增损以及气不灭的理论,指出:"(王夫之)一方面吸收了程朱的阴阳无始和张王的气不灭说,另一方面又扬弃了程朱的气有生灭说,修正了张王的气散归于太虚说,认为个体毁坏后,其所禀有的阴阳二气,又转化为另一形态,寓于另一形器之中。"③并进一步指出王夫之其以固体、液体和气体形态的相互转化说明气不灭,以阴阳二气的屈伸往来解释其能量不增不减,此种观点,就其理论思维说,可以说是孕育着近代的物质不灭论和能量守常原则的萌芽;此是王氏气论哲学的一大贡献。④

朱伯崑还考察了王夫之在辩证思维方面的贡献。朱伯崑指出王氏的阴阳分合说,可以说是对易学中相反相成的理论思维全面的阐发;按照王氏的理

① 朱伯崑:《易学哲学史》第四卷,北京:昆仑出版社2005年版,第140—141页。
② 朱伯崑:《易学哲学史》第四卷,北京:昆仑出版社2005年版,第141页。
③ 朱伯崑:《易学哲学史》第四卷,北京:昆仑出版社2005年版,第161页。
④ 朱伯崑:《易学哲学史》第四卷,北京:昆仑出版社2005年版,第161—162页。

论，阴阳二气作为宇宙的本体，既相反，又相成；王船山以“分”解释相反，以“合”解释相成；由于相反，所以不能视二者同为一色，抹杀其体殊用异；因为相成，又不能将二者截然分割为对立之物，抹杀其联系。此种论点，一方面扬弃了张载的清虚一大说，一方面又反对了邵、朱的破作两片说，正确地阐述了相反相成这一理论思维的内容，标志着宋明以来辩证思维发展的高峰。①

此外，朱伯崑还考察了王夫之神化学说和“太极有于易以有易”命题。朱伯崑指出从哲学史上看，其神化说，提出和辩论了三个理论问题：其一是必然和偶然的关系，其二是确定性和非确定的关系，其三是关于生死和永恒的关系；王夫之谈永恒，发展了气学派的传统，又以个体生命的延续为永恒；此种永恒，将个体的生死和群体的永生统一起来，既是现实主义的，又是乐观主义的，否定了对彼岸世界的各种形式的幻想；以上三点，都闪烁着辩证思维的光芒，是值得后人深思和借鉴的。②关于王夫之“太极有于易以有易”这一命题在哲学史上有重要的理论意义和历史意义，朱伯崑亦作了充分的论述。其一，此命题的实质是回答本体和现象的关系，朱伯崑说：“王氏的论点是，本体和现象相互涵蕴，即‘体用相函’，因而本体不在现象之外。……这一结论深刻地回答一世界统一于物质性的问题，正确地解决了本体和现象的关系，克服了言本体而脱离现象的种种弊病，标志着宋明以来本体论思潮发展的高峰。”③其二，在哲学史上关于世界统一性问题的探讨有两条途径，即宇宙论和本体论的途径。朱伯崑说，王夫之提出太和之气解释张载的太虚之气，以万象为太和之气运动的不同形式，批判地吸取了程朱本体论观点，得出了本体作为物质的实体不在万象之先而寓于万象之中的结论，终于完善了气学本体论的体系；此是王夫之哲学的重大贡献。④朱伯崑说：“其三，王夫之以阴阳二气合一之实体解释本体，其理论意义是，任何物质实体，无论其内部结构如何复杂，其外部功能如何多变，但总是基于阴阳对立与合一的原则而存在和变化。即是说，任何物质实体，从内部结构到外部的功能

① 朱伯崑：《易学哲学史》第四卷，北京：昆仑出版社2005年版，第166—167页。
② 朱伯崑：《易学哲学史》第四卷，北京：昆仑出版社2005年版，第205—207页。
③ 朱伯崑：《易学哲学史》第四卷，北京：昆仑出版社2005年版，第237页。
④ 朱伯崑：《易学哲学史》第四卷，北京：昆仑出版社2005年版，第237—238页。

及其变化的过程,始终具有两重性,既相反而又相成。"[①]朱伯崑评价道:"这也是中国传统哲学提供给人类的一种物质观。此种物质观,正在为近代和现代自然科学的发展所证实,是中华思维的一大骄傲。"[②]

王夫之关于天人问题的讨论,在民国时期首先得到了王永祥、张西堂等人的注意,嵇文甫在其《船山哲学》中也做了细致的分析,但朱伯崑先生的阐述更具时代特色。朱伯崑先生一方面指出,就宋明哲学史说,王夫之天人之辨是继承和阐发张载和程颐的传统。[③]另一方面,朱伯崑说:"总之,凡自然给与的东西,皆称之为天,而以心灵和道德观念为人。因此,其天人之辨实际上所讨论的是人和自然的关系。……此种理论思维的特征是,人与自然并存,并且相资相济,共同发展。此种理论思维的基础是天地人乃一整体,三者联系在一起,相互影响,损害任何一方,皆使自己受损害。此种理论,不同于那种以破坏自然为改造自然的学说,辩证地处理了人同自然的关系,是王夫之易学哲学的又一贡献。"[④]

(3)比较准确地指出了王夫之易学哲学的局限,并对当下船山学研究中的一些问题进行了分析。朱伯崑先生首先揭示了王夫之易学方面的不足。这种不足的批评主要出现对其四圣同揆说的分析。一方面,著者指出,王夫之不区分经和传,就其论《周易》的历史说,可以说是比朱熹后退一步。[⑤]另一方面,朱伯崑说,王夫之所提出的理解《周易》经文的各种体例,同以前的易学家一样,自认为能讲通卦象和卦辞、卦义和爻义之间的逻辑联系,或者用来论证其"四圣一揆"说,实际上仍不能自圆其说,不能不承认存在着许多例外。[⑥]

朱伯崑先生在不遗余力地肯定王夫之易学哲学的贡献的同时,也不断揭示王夫之的易学哲学的矛盾甚至是局限。如批评王夫之关于天地之数的论述,虽然颇具匠心,但受到了当时天文学中浑天说的局限。[⑦]朱伯崑批评

① 朱伯崑:《易学哲学史》第四卷,北京:昆仑出版社2005年版,第238页。
② 朱伯崑:《易学哲学史》第四卷,北京:昆仑出版社2005年版,第238页。
③ 朱伯崑:《易学哲学史》第四卷,北京:昆仑出版社2005年版,第256页。
④ 朱伯崑:《易学哲学史》第四卷,北京:昆仑出版社2005年版,第257页。
⑤ 朱伯崑:《易学哲学史》第四卷,北京:昆仑出版社2005年版,第17页。
⑥ 朱伯崑:《易学哲学史》第四卷,北京:昆仑出版社2005年版,第47页。
⑦ 朱伯崑:《易学哲学史》第四卷,北京:昆仑出版社2005年版,第122页。

道："从王氏对象数学派的批评中，也可以看出，他只揭露象数之学的理论思维的弱点，很少肯定其积极的成果，对其学说几乎采取全盘否定的态度，这又是封建时代学者的门户偏见了。"[①]朱伯崑先生还指出，阴阳排斥或斗争，只是达到协调的一种手段，宇宙中的个体本质上是和谐一致，而不是彼此毁灭；这一结论是王夫之依据相反相成的法则观察自然和社会得出来的；其观察和论证具有直观的性质和时代的局限。[②]

对于王夫之哲学论证上的一些矛盾之处，朱伯崑先生虽然也进行一些弥合，但更多的是客观地加以揭示。一方面朱伯崑先生肯定了王夫之关于道器论方面的贡献，另一方面又发现了王氏于其易学以外的著作中，其论道器关系，有时又提出道本器末和尊道贱器说，这就是一种矛盾。朱伯崑先生解释这种道本器末是在论道德修养时的观点，以此避免与易学哲学中的道末器本的矛盾，最后还是客观地指出："就其论君子的品格说，王氏贵道而贱器，这是儒家特别是道学家的共同信念，王夫之是无法突破的。"[③]朱伯崑先生还发现了王夫之哲学体系的局限性，指出王夫之的本体论虽然在理论上做出了重大贡献，但就其对世界的解释来说，由于他极力排斥宇宙发生论的思维路线，认为宇宙中个体事物的形成和变化，不存在因果的系列和时间先后的程序，又造成了其哲学体系的局限性。[④]

针对当下研究船山哲学的一些焦点问题朱伯崑也提出了自己的看法。关于"一分为二"的问题，朱伯崑先生指出："近人将王夫之的'既分一为二之所固有'这句话，解释为'一分为二'，以'既'为'即'；二属上读，与文意不合欠妥。王夫之认为，既然阴阳二气之德充满一切个体之中，形成运动和变化，器外有道和以道宰器说，都是错误的。"[⑤]关于"絪缊生化"说的理解问题，朱伯崑先生指出："近人关于王夫之哲学的研究中，有一种观点，认为其'絪缊生化'说，从太极到万物的气化过程，是一时间的展开过程，所谓从合到分，由分又到合，有一先后的程序。此大概是依西方黑格尔的理念论的逻辑

① 朱伯崑：《易学哲学史》第四卷，北京：昆仑出版社2005年版，第195页。
② 朱伯崑：《易学哲学史》第四卷，北京：昆仑出版社2005年版，第168页。
③ 朱伯崑：《易学哲学史》第四卷，北京：昆仑出版社2005年版，第142页。
④ 朱伯崑：《易学哲学史》第四卷，北京：昆仑出版社2005年版，第238页。
⑤ 朱伯崑：《易学哲学史》第四卷，北京：昆仑出版社2005年版，第134页。

思维解释王夫之的气化论。这种解释,并不符合中国传统哲学中体用一原的思维方式,也不符合王夫之易学中的乾坤并建说。每个民族的辩证思维的传统有其共同点,又有其不同点,不应以黑格尔式的逻辑思维作为评价历史上各民族哲学的准则。"①

2. 朱伯崑先生的船山哲学研究展示了独特的研究方法,为船山学研究提供了一个很好的范式

(1)针对中国传统哲学的研究困境,朱伯崑找到了解决困境的合适的角度或突破口。

中国学术的近代发展从传统的经学或理学(道学)的研究向来自域外的哲学转型,虽说取得了许多成果,有了很大的进展,但是,出现了不中不洋或以夷解夏等种种弊端。朱伯崑先生说:"可是近代以来,讲经学史的,不谈其中的哲学问题;讲哲学史的,又不谈其中的易学问题。就后一倾向说,由于脱离经学史,谈历代哲学思想,总有隔靴搔痒之感,不能揭示其形成和发展的理论渊源。如谈王弼玄学,不去研究其代表作《周易注》的易学问题;谈程颐理学,不研究其唯一的哲学著作《程氏易传》中的易学问题,谈张载哲学著作《正蒙》和王夫之的《周易外传》,不去研究他们的易学观,而是孤立地分析其哲学概念、范畴和命题,见枝叶而不见本根,则难以说清楚其理论的特征及其来源。本书想为解决这一问题,提供一条线索,以补一般哲学著述之不足。"②由朱伯崑先生所言可知,他要为中国哲学研究寻找一条新路。王夫之易学哲学研究就是一种很好的范例。一方面,朱伯崑先生认识到王夫之也是一位著名的易学家,其哲学体系同朱熹一样,同易学的发展有着密切的联系。不研究王夫之的易学哲学,同样不能揭示其哲学在哲学史上的地位。③这就说明要想研究透王船山哲学就必须吃透他的易学。另一方面,朱伯崑先生认为通过对王夫之易学的研究又可以更好考察宋学甚至传统儒学。

(2)重文献辨析。选择好的角度或者好的突破口,应该是朱伯崑先生哲学研究的水到渠成的结果。《沉痛悼念朱伯崑先生》一文说:"先生在50、60年

---

① 朱伯崑:《易学哲学史》第四卷,北京:昆仑出版社2005年版,第239—240页。

② 朱伯崑:《序》,《易学哲学史》,北京:华夏出版社1995年版。

③ 朱伯崑:《易学哲学史》第四卷,北京:昆仑出版社2005年版,第6—7页。

代的学术工作主要以哲学史教学资料的整理和编辑为主，先后主编了《中国历代哲学文选》（先秦—隋唐）、《中国哲学史教学资料汇编》（先秦—隋唐）、《中国哲学史资料长编》等；‘文革’结束以后，重新编辑《中国哲学史资料选辑》，朱先生是统稿人。”[①]这种长期的文献整理工作，应该为他的研究工作打下了一个扎实的基础，同时也使他找到了一种重要的研究方式。传统哲学的研究首先必须进行文献的辨析工作，或者说传统哲学的研究必须建立在坚实的文献基础之上。

朱伯崑先生的王夫之易学哲学的研究首先就是从文献辨析开始的。著者说，王夫之的易学及其哲学著作十分丰富，他著有《周易考异》《周易稗疏》《周易外传》《周易大象解》《周易内传》《周易内传发例》等专门解易的著述；此外，其哲学著作《思问录》和《张子正蒙注》，其中大部分内容亦阐发其易学哲学观点；其他儒家典籍的解释，如《尚书引义》《读四书大全》等，亦有关于易学哲学的论述；王氏有关易学哲学的著述，其数量之多，不仅超过朱熹，也是易学史上罕见的。[②]王夫之这些著作又有些什么特点呢？朱伯崑先生指出，《考异》和《稗疏》是对《周易》经传文字的校勘和训诂，此二书用功颇深。《外传》是阐发象数变化之法则，处理事物之间的感应和变易；实际上是发挥《周易》经传中的概念、范畴、命题及其理论思维来解释世界和处理人类生活，不是逐句解释经文。《内传》则是逐句解释经传文字，揭示天人之理，故说“不容有毫厘之逾越”。而《大象解》则是引申《象》文义，指导人的行为，不必合于《彖》文和爻义。总起来看，其内外二传，乃其易学及其哲学的代表作。两传相比，《外传》因不受经学体例的约束，其理论思维尤其丰富。[③]

朱伯崑先生还指出，王夫之的易学及其哲学思想，从青年到晚年，也有其发展的过程。晚年所著《内传》乃其以前易学哲学的总结，系统地阐述了其易学体系；此书同《外传》相比，尖锐地批评了朱熹以易为卜筮之书的论断，并且批评了陆王心学，而以张载学说为易学之正统，这同其晚年以阐发张载哲学为己任是相适应的。《内传》可以说是对张载易学哲学的发展，也是

① 《沉痛悼念朱伯崑先生》，《哲学研究》2007年第6期。
② 朱伯崑：《易学哲学史》第四卷，北京：昆仑出版社2005年版，第7页。
③ 朱伯崑：《易学哲学史》第四卷，北京：昆仑出版社2005年版，第8页。

对宋明易学中气学派哲学的总结。[①]朱伯崑说,王氏晚年又著《张子正蒙注》,此书被认为是王夫之哲学的代表作,但其注《正蒙》,其目的也是阐发张载的易学哲学。[②]朱伯崑认为,研究王夫之的易学和哲学,推重《正蒙注》而忽视其《内传》,或者以《正蒙注》中的观点解释《内传》的思想体系,都是不妥当的。[③]朱伯崑先生指出,王夫之易学哲学有一个发展的过程,研究其学说的特征及其贡献,应以《外传》和《内传》为主。[④]在王夫之易学哲学研究的这一专节著者就以"王夫之《周易内传》和《周易外传》"为题目。

王夫之易学的形成和发展也有其历史渊源。著者说:"将其易学传统仅归之于张载,也是不妥当的。就《稗疏》和《外传》说,其观点直接受张载的影响较少。如在《外传》中提出的'无其器则无其道'的命题,以太极为理气合一之实体,并且批评了圣人与太虚同体说,皆非出于张载,而是阐发明代气学派易学哲学的观点。……就易学哲学说,程氏《易传》,对王氏颇有影响。"[⑤]

(3)注重从文本分析范畴。重文献就必定重视对文本的分析,下面举两例说明。一例是关于"太极"的阐述。朱伯崑先生先引王夫之《内传》原文:

> 太者,极其大而无尚之辞。极,至也,语道至此而尽也。其实阴阳之浑合者而已。而不名之为阴阳,则但赞其极至而无以加,曰太极。太极者无所不极也,无有一极也。唯无有一极,则无所不极。故周子又从而赞之无极而太极。阴阳之本体,絪缊相得,和同而化,充塞两间,此所谓太极也,张子谓之太和。(《系辞上》)[⑥]

然后著者加以释解,说此是借用朱熹的"无极而太极"说,解释"太极"的字义,即以"无所不极"为太极;但太极的内容,不是朱熹说的理,而是阴阳二气合一之实体,此实体为天地万物的共同本体,故说"无所不极";但此阴阳合一实体,其物征为"絪缊相得,和同而化",即阴阳相互吸引,相济相资,融

① 朱伯崑:《易学哲学史》第四卷,北京:昆仑出版社2005年版,第9页。
② 朱伯崑:《易学哲学史》第四卷,北京:昆仑出版社2005年版,第9页。
③ 朱伯崑:《易学哲学史》第四卷,北京:昆仑出版社2005年版,第10页。
④ 朱伯崑:《易学哲学史》第四卷,北京:昆仑出版社2005年版,第10页。
⑤ 朱伯崑:《易学哲学史》第四卷,北京:昆仑出版社2005年版,第10页。
⑥ 朱伯崑:《易学哲学史》第四卷,北京:昆仑出版社2005年版,第212页。

为一体，故称其为“太和”。[①]

第二例是关于道器范畴的阐述。朱伯崑先生先引王夫之《内传》原文说：

> 形而上者，当其未形而隐，然有不可逾之天则，天以之化，而人以为心之作用，形之所自生，隐而未见者也。及其形之既成而形可见，形之所可用以效其当然之能者，如车之所以可载，器之所以可盛，乃至父子之有孝慈，君臣之有忠礼，皆隐于形之中而不显二者，则所谓当然之道也，形而上者也。形而下即形之已成乎物而可见可循者也。（《内传·系辞上》）[②]

然后朱伯崑先生加以解释，说：

> “二”，为衍文。此是以未形而隐与成形可见区别形上之道和形下之器。认为道乃当然之则，故无形可见；器乃具体的东西，故有形可见。《周易》一书即由道器组成。他说：“故卦也，辞也，象也，皆书之所著也，器也。变通以成象辞者，道也。”“变通”，指阴阳变易的法则，按此观点，卦形，卦象，奇偶之数以及卦爻辞属于具体的或个别事物，而卦义和阴阳变易的法则则属于抽象的领域，即形而上的领域。《周易》一书乃形而上和形而下的结合。如其所说：“合道器而尽上下之理，则圣人之意可见矣。”从此种易学观出发，王夫之在哲学上辩论了无形之道和有形之器即形上和形下的关系问题。他同以前的哲学家一样，以《周易》六十四卦为宇宙的缩影，认为易学中讲的象、数、理、道亦适于现实实在世界。但他从象学的原则出发，以形和象为事物存在的基本特征，提出“无象外之道”“象外无道”“无其器则无其道”等命题，为其形上学体系奠下了基石。[③]

（4）注重比较。既然朱伯崑先生先将王夫之易学哲学置于整个中国易学哲学史中进行研究，那么毫无疑问地会将王夫之与其前后的易学家、理学

① 朱伯崑：《易学哲学史》第四卷，北京：昆仑出版社2005年版，第212页。
② 朱伯崑：《易学哲学史》第四卷，北京：昆仑出版社2005年版，第117页。
③ 朱伯崑：《易学哲学史》第四卷，北京：昆仑出版社2005年版，第117页。

家进行比较。如关于王夫之易学的基本倾向,朱伯崑先生指出,王夫之主要是继承了宋易义理学派中理学和气学的传统,反对宋易中的象数学派,特别是洛书学和邵雍的数学,进而反对汉易的象数之学。[①]谈王夫之易学方面的贡献时,朱伯崑先生又说,就易学史说,其所开之"生面"有二:一是继承和阐发宋易中义理学派的传统,力图清除汉易开创的象数之学在易学中的影响;二是融合义理学派中理学和气学两家的观点,而以张载易学为基础,纠正理学派特别是朱熹的易学观;因此,王氏易学在经学史上又意味着宋学的终结。[②]关于王夫之在哲学方面的贡献,朱伯崑先生指出,就其对《周易》经传的解释说,继承了宋明以来气学和象学的传统,修正了程朱的义理之学,批判心学,并同邵雍易学和河洛之学以及两汉以来的象数之学展开大辩论,对以前的易学哲学作了一次总结,终于完成了气本论的体系;从北宋形成的宋明道学,经过近五百年的争论和发展,到王夫之,终于结出了丰硕的果实,标志着中国古代哲学发展的高峰。[③]

至于小的方面的比较几乎俯拾即是。如说王夫之关于占和学的辩论,颇受二程观点的影响。其所谓学易,即追求和坚守义理;所谓占易,即对吉凶遭遇,安然处之;但其对命的态度,又不尽同于二程。[④]如言及象数论,又与方以智前期的象数观相比,指出两家皆以唯物主义的观点解释象和数;但王夫之区分自然的象数和人为的象数,认为后者来于前者,不能违背前者,提出"期必然以符自然"的命题,又超过方以智的水平。[⑤]在论及王夫之易学的形成和发展时将专门讨论了王夫之所受张载的影响,朱伯崑先生指出,就《稗疏》和《外传》说,其观点直接受张载的影响较少;如在《外传》中提出的"无其器则无其道"的命题,以太极为理气合一之实体,并且批评了圣人与太虚同体说,皆非出于张载,而是阐发明代气学派易学哲学的观点。[⑥]这种比较式的辨析,无疑比起笼统说王夫之出自张载要精细得多。又如对乾坤并

---

① 朱伯崑:《易学哲学史》第四卷,北京:昆仑出版社2005年版,第11页。
② 朱伯崑:《易学哲学史》第四卷,北京:昆仑出版社2005年版,第14页。
③ 朱伯崑:《易学哲学史》第四卷,北京:昆仑出版社2005年版,第3页。
④ 朱伯崑:《易学哲学史》第四卷,北京:昆仑出版社2005年版,第36页。
⑤ 朱伯崑:《易学哲学史》第四卷,北京:昆仑出版社2005年版,第127页。
⑥ 朱伯崑:《易学哲学史》第四卷,北京:昆仑出版社2005年版,第10页。

建说的辨析也有这一种特点。朱伯崑先生指出:“从易学史上看,王氏乾坤并建说的形成也有其历史的渊源。王夫之不以《序卦》文为圣人之书,是继承欧阳修和沙随程氏说;以错综说解释六十四卦的逻辑结构是源于来知德说,以乾坤为六十二卦的基础,又是受了卦变说的影响。王氏此说的特点是以阴阳之向背解释乾坤之结构,就这一点说,又是来于坤卦《文言》对上六爻辞的解释和汉易对《文言》的解释。《文言》说:‘阴疑阳必战,为其嫌于无阳也,故称龙焉。’是说阴物也有称阳之时。京房据此,提出飞伏说,即八宫卦的后面都隐藏着其对立的卦象。宋代象数学派又以可者为飞,不可见者为伏。王夫之解释坤卦上六《文言》‘阴疑阳必战’说:‘阴阳各六,十二位而向背分,阳动而见,阴静而隐……阴向而阳背,疑于阴之且代阳而兴矣。’(《内传·坤》)可以看出,王氏的向背说是在汉易飞伏说的启发下提出的。虽然,他极力排斥京氏易学。王夫之作为一位大思想家,在同论敌的斗争中,善于吸收对方的长处,来丰富自己的体系。”[①]

(5)善于吸收和继承。朱伯崑先生自清华大学毕业后留校给冯友兰先生作助手,他开启易学哲学的研究在很大的程度上是受冯友兰先生的影响。有人说:“朱伯崑实际上早在上个世纪50年代就开始关注易学,那时他还是冯友兰的助手。朱伯崑看到冯先生的著作里提到一些重要的哲学家,如王弼、程颐,却没有提他们的易学。他问冯先生,王和程的哲学范畴都是从《易传》里来的,为什么不提?冯先生认为他说得对,但冯先生说《周易》有一套术语和概念,没有长期的深入钻研,就搞不清楚,一般讲哲学史,就从中提出一两个范畴加以论述就行了。冯先生的这番话对一位热衷于学术的年轻人来说无疑起到了决定性的作用。这个研究的过程是漫长的,差不多有30年时间,其间没有人知道朱伯崑研究易学。”[②]朱伯崑先生的易学哲学史研究道路是受冯友兰先生影响而开启的。在具体的研究中也很好地吸收了冯友兰先生的一些研究成果。如关于“诚”论述就直接引用了冯先生的论述。朱伯崑说:“是说,自然现象,本来如是,无所谓真伪问题,如太阳,不能说它不是假的,此即‘诚者天之道’。……凡客观存在的东西,无所谓虚假,都可称之

① 朱伯崑:《易学哲学史》第四卷,北京:昆仑出版社2005年版,第103页。

② 温新红、崔雪芹:《朱伯崑易学哲学大师离去》,《科学时报》2007年6月19日。

为'诚'。"[1]冯友兰说:"王夫之自然观首先肯定客观实在的真实性。道学家讲所谓的'诚','诚'就有真实无伪、完全无缺的意思。王夫之指出客观实在性就是这个样子。《中庸》有一句话:'诚者天之道也。'王夫之解释说:'天固然其无伪矣,然以实思之,天其可以无伪言乎?本无所谓伪,则不得言不伪。(自注:如天有日,其可言说此日非伪日乎?)乃不得言不伪而可言其道曰诚。……'就是说,太阳是真实存在的,它不但不是假的,而且还不能说,也不必要说,它不是假的,因为本来没有一个假的太阳。"[2]冯先生的这种论述又见于他的《中国哲学史新编》第五册。[3]又如对王夫之《正蒙注》中解释张载的"仇必和而解",朱伯崑先生说:"王夫之同张载一样,并不否认阴阳二气有相互排斥甚至敌对的一面,如水火相灭,爱恶相攻等,但认为其相敌终归于相成而谐和一致,天道和人事皆如是如此。"[4]这种说法在冯友兰《中国哲学史新编》第五册中也可见到。[5]

总而言之,朱伯崑先生早在20世纪60年代开始船山学研究,但其船山学研究的最大成果却见于《易学哲学史》;在《易学哲学史》中,朱伯崑先生充分肯定王夫之哲学为中国古代哲学发展的高峰,是道学的终结、宋学的终结、易学的终结和中国古代哲学的终结,揭示了船山哲学在道器论、辩证思维等方面的历史贡献,比较准确地指出了王夫之易学哲学的局限,并对当下船山学研究中的一些问题如"一分为二"进行了分析。朱伯崑先生的船山哲学研究展示了独特的研究方法,为船山学研究提供了一个很好的范式:针对中国传统哲学的研究困境,要从易学研究方面找到了解决困境的合适的角度或突破口,重文献辨析,注重从文本分析范畴,注重比较,要善于吸收和继承。

---

① 朱伯崑:《易学哲学史》第四卷,北京:昆仑出版社2005年版,第152页。

② 冯友兰:《王夫之唯物主义哲学和辩证法思想》,湖南省哲学社会科学学会联合会、湖北省哲学社会科学学会联合会合编:《王船山学术讨论集》,北京:中华书局1965年版,第175页。

③ 冯友兰:《中国哲学学史新编》第五册,《三松堂全集》第十卷,郑州:河南人民出版社2001年版,第259页。

④ 朱伯崑:《易学哲学史》第四卷,北京:昆仑出版社2005年版,第167页。

⑤ 冯友兰:《中国哲学学史新编》第五册,《三松堂全集》第十卷,郑州:河南人民出版社2001年版,第276—277页。

第五节 唐凯麟的王船山伦理思想研究

唐凯麟，1938年生，湖南长沙人，湖南师范大学教授。张怀承，1957年生，湖南常德人，湖南师范大学教授。唐凯麟、张怀承两人合著的《六经责我开生面——王船山伦理思想研究》问世于20世纪90年代[①]，是第一部关于王船山伦理思想研究的专著。问世后学术界反响比较积极，计有王煜、王兴国、陈来多人给予评价。其中王兴国先生给予的评价最高，他说："《六经责我开生面——王船山伦理思想研究》（唐凯麟、张怀承著）一书，从船山思想的早期启蒙因素也包含在其伦理学理论之中这一认识出发，认为船山在对具体道德规范的论述中，没有超出理学的范畴，是相当保守的；但在关于伦理学的一些重大理论的论述中，他受时代及时代思潮的影响，透露出一些突破传统对近代价值观有积极影响的启蒙因素。这主要表现在：一、理欲合一的人性论，反映了伦理学向现实感性生活贴近的历史趋势。二、相天造命的人生观，强调积极进取，以身任天下，反映了对人的价值的重视。三、他的扶长中夏的爱国主义，提出民族利益高于一切的新原则，否定了君臣纲常的绝对至上性。"[②]我认为该书还有两个方面意义值得进一步的挖掘：

一、继承了侯外庐、萧萐父的启蒙观点深入阐发王船山伦理思想的启蒙意义

由前面的考察可知，侯外庐、萧萐父都提出王船山具有启蒙思想，唐凯麟、张怀承的《六经责我开生面——王船山伦理思想研究》承袭了这一观点并做了一些新阐述。陈来说："就王船山而言，如果说萧萐父的《中国哲学启蒙的坎坷道路》（载《中国社会科学》杂志1983年第1期）代表了80年代初对侯氏观点的阐扬，唐凯麟、张怀承的《六经责我开生面——王船山伦理思想研究》（湖南人民出版社，1992年）则在90年代初为此种观点做了新的辩护和

① 唐凯麟、张怀承：《六经责我开生面——王船山伦理思想研究》，长沙：湖南出版社1992年版。

② 王兴国：《推故而别致其新——纪念王船山逝世300年国际学术讨论会综述》，《船山学刊》1993年第1期。

阐发,同时也增加了不少具体分析。”[①]唐、张两人在书中关于启蒙思想的阐述主要见于两处。一处是在书的第一章,唐、张两人认为,所谓中国早期启蒙伦理思想,是指明代中叶以后,特别是明末清初时期,在社会政治经济、道德风习、思想文化剧烈变化的特定历史条件下,从地主阶级内部分化出来的一批在野的开明地主知识分子,为了改革当时的弊政,挽救封建制度的危机,而对其传统封建道德伦理思想进行自我检讨和自我批判的思潮。伦理思想发展的这种新的历史动向,主要表现在下面几个方面:第一,从群体价值取向到个体和群体双向价值取向的蜕变;第二,从家庭本位向社会本位的演化;第三,从超验的理性原则到现实的感性生活转换;第四,从民本主义到民主主义突破的初步尝试。[②]第二处是在第九章,是用一章的篇幅从两个方面探讨王船山是否有启蒙的伦理思想。首先,唐、张两人驳斥了“自我更新”论者观点,指出王船山和明清之际的其他早期启蒙思想家提出了具有近代意义的新的思维方法和有别于传统社会的新的社会蓝图,十七世纪即明清之际的社会批判思潮具有明白无误的早期启蒙性质,王船山学说及其伦理思想就是这一早期启蒙思想的重要组成部分。[③]其次,唐、张还从明清之际的中国早期启蒙思想思潮之中存在两条相互联系又互有区别的发展线索:一条是以李贽为先驱的,以传统儒学“异端”面目出现的发展线索;一条是以王船山为代表的,以传统儒学“正宗”面目出现的发展线索这一事实出发,得出了“正异两端,殊途同归”的结论,阐述了王船山的伦理思想与属于以李贽为先驱的“异端”发展线索相较,背着一个更加沉重的旧的包袱,但他揭示了封建蒙昧主义和禁欲主义伦理思想的黑暗,透露了不少新时代的信息,闪耀着智慧的光芒。[④]

---

① 见陈来:《诠释与重建——王船山的哲学精神》之《绪言》注[19],北京:北京大学出版社2004年版。

② 唐凯麟、张怀承:《六经责我开生面——王船山伦理思想研究》,长沙:湖南出版社1992年版,第20—29页。

③ 唐凯麟、张怀承:《六经责我开生面——王船山伦理思想研究》,长沙:湖南出版社1992年版,第318—328页。

④ 唐凯麟、张怀承:《六经责我开生面——王船山伦理思想研究》,长沙:湖南出版社1992年版,第329—339页。

二、在承袭了侯外庐等前辈学者一些重要命题基础上进行了深入的阐发和拓展，构建了王船山伦理思想体系

唐凯麟、张怀承的《六经责我开生面——王船山伦理思想研究》一书承袭了不少侯外庐等前辈学者的船山研究命题。来自侯外庐船山哲学命题除了以上已论述过的“启蒙”之外，还有不少。如“历史进化论”，侯外庐先生说：“他的自然进化史观，便是他的人类社会历史观的基础理论。但他认为，人类社会的进化，不是和自然史演变相等的，而有其具体的法则。”①还有如“理欲合性”，侯先生说：“同样，我们进一步研究他的人性论中之理欲合性说，所谓‘理欲皆自然’（《张子正蒙注》卷三）以及‘理欲相变’‘有欲斯有理’‘理欲同行异情’‘理寓欲中’说，这些都是宋儒以来‘灭人欲’的反对命题，本质上是近代市民阶级人文主义的自觉。”②侯先生又说：“宋儒受着释氏的影响，把理欲对立起来，而船山则把天理统一于人欲之中，前者是唯心主义的理欲二元论，后者是唯物主义的理欲一元论。”③“船山又从义务权利方面研究理欲，谓看得权利轻者，看得义务亦轻，而二者之关系，颇如资产阶级‘自由论’者的‘群己权界’；如果人人追求自己的利益，就成了社会的公益。”④这一命题，除了它成了唐著中一章的题目外⑤，更重要的是唐先生应该从这里得到了更多的启发。其理由是侯先生是在“船山人性论中的近代命题”这一大的领域中进行论述“理欲”及其义务、权利的关系，直接与王船山伦理启蒙思想相联系。⑥又如“继善成性”，侯先生将继善成性四个字作四个哲学概念分别进行仔细考察，指出“善”指物德、事物的品别或条理，“性”指“生之理”，

---

① 侯外庐：《船山学案》，长沙：岳麓书社1982年版，第103页。

② 侯外庐：《船山学案》，长沙：岳麓书社1982年版，第73页。

③ 侯外庐：《船山学案》，长沙：岳麓书社1982年版，第75页。

④ 侯外庐：《船山学案》，长沙：岳麓书社1982年版，第78页。

⑤ 唐凯麟、张怀承的《六经责我开生面——王船山伦理思想研究》第四章题目为理欲合性——按照时代精神修正了的德性主义人性论。（唐凯麟、张怀承：《六经责我开生面——王船山伦理思想研究》，长沙：湖南出版社1992年版，第120页）

⑥ 唐凯麟、张怀承说：“王船山肯定人性的自然生理和心理基础，这不仅是对宋明道学的‘性善气恶’、‘性善情恶’论的批判，也是对人的感性物质欲求的合理性的人性上的论证，对当时早期市民阶层的活动的人性上的肯定。这和他的‘道器相成’的道德产生的根源和本质的学说，‘义重利用’的道德价值观，是完全一致的，都曲折反映了他所处时代的新动向。”（唐凯麟、张怀承：《六经责我开生面——王船山伦理思想研究》，长沙：湖南出版社1992年版，第138页）

“性者生理也,日生则日成也”,但是“性”不是一个绝对的概念,而是人类潜在而发展的能力;“继”作为哲学术语,相当于认识论上实践的意义;“成”指的是道德评价或效果的验证。[①]如“参万岁而一成纯”,侯先生说:“船山颇赏识庄子的‘参万岁而一成纯’之语,但万岁荒远,不能以意知测之,而取乎见闻之证,……这样把庄子普遍的‘恶无限’,修正而为‘据德(特殊)以通道(一般)。”[②]这些都见于唐、张两人的著作。[③]至于“民族主义”“爱国主义”“重民思想”“教育思想”,都见前此许多学者的论述,而唐、张二人均有所吸收。

尽管袭用了前辈和同时代其他学者的命题或范畴,但著者之功仍不可抹杀。著者最大的贡献是构建了王船山伦理学体系:本于历史进化观的道德论,综合传统道义论和功利论的道德价值观,按照时代精神修正了的德性主义人性论,提倡顺性重行的道德教育论,凝道生德的道德修养论,珍生务义积极进取的人生观,强调自固其类的民族爱国主义思想。对王船山伦理道德思想体系几个部分关系,也做了深刻的揭示:“如果说‘道器相成’的道德论是王船山整个伦理学说的理论出发点,‘义重利用’的道德价值观是他整个伦理学说的理论核心,那么,‘理欲合性’的人性论则是他整个伦理学说的理论基石。正是在这个基石上转向对人们的道德活动的考察,论述了他的道德教育论和道德修养论。”[④] “王船山关于‘性教一贯’的道德教育论,和‘成身’‘成性’的道德修养主张,都是为了培养人们良好的道德品质,造就一种理想人格。他心目中的理想人格是能够‘以身任天下’的大丈夫。……可以说,王船山的全部伦理都落脚在这里。为此,他对中国古代伦理学说关于人生的各种重大理论问题都进行了探讨,他的人生学说也是‘别开生面’

① 侯外庐:《船山学案》,长沙:岳麓书社1982年版,第65—71页。

② 侯外庐:《船山学案》,长沙:岳麓书社1982年版,第9页。

③ 著者也是仿侯先生分释“继”“善”“成性”然后概括,见唐凯麟、张怀承:《六经责我开生面——王船山伦理思想研究》,长沙:湖南出版社1992年版,第139—148页。唐凯麟、张怀承说:“为了保持道德志向‘有恒’、‘成纯’,王船山吸收了庄子‘参万岁而一成纯’的思想,要求‘立志之人’‘参万岁而一成纯,所为者贵为一也’。”(唐凯麟、张怀承:《六经责我开生面——王船山伦理思想研究》,长沙:湖南出版社1992年版,第276页。)

④ 唐凯麟、张怀承:《六经责我开生面——王船山伦理思想研究》,长沙:湖南出版社1992年版,第170页。

的。”[①]“如果说，‘华夷之辨，文野之分’表现了王船山对祖国文化的高度热爱和自信，‘尔不我侵，我不尔虞’反映了他处理民族关系的基本原则和反抗异族入侵的坚贞之志；那么，‘必循天下之公，天下非一姓之私’，‘仁植义育’，则是王船山处理民族内部关系，‘扶长中夏’的根本方针。它突出地揭示出船山以民族利益为最高利益，以爱国主义为最高道德原则的伦理思想。”[②]

至于该书的进一步值得研究的地方，香港大学中文系高级讲师王煜曾指出两段值得商榷。[③]王煜讨论了“复其初”的辨析，对如何正确理解王船山的原意是有帮助的。实际上，真正的问题并不是在此。对某一命题的理解还只是微观的，不影响大局的。人们常说，中国古代社会是以伦理为本位的社会，古代思想家探讨的哲学问题、思想问题，无不是伦理问题。唐君毅先生说：“自中国之儒学之义言之，西方之宇宙论，人生道德论，文化论三者，原是一贯。”[④]那么，人们探讨伦理思想的时候，是不是要注意其哲学思想与伦理思想的关系？这是一个必须加以解决的问题，还是一个伪问题？既然中国古人的思想理论探讨焦点是人或人伦，哲学的亦即伦理的，因而，这种哲学的与伦理的区分不又是现代人尤其受到西学影响下现代中国人的视角吗？那么，什么是中国古代的伦理思想，什么是王船山的伦理思想，这就是一个必须先行解决的前提。因此，我强调唐、张之著是第一次“构建”了王船山伦理思想体系。这是他们研究的成果所在，也是需要进一步研究的所在。

第六节　吴立民、徐荪铭的王船山佛道思想研究

在船山学研究领域，要论对船山佛道思想研究的精深，吴立民、徐荪铭这两人是不得不提的。吴立民（1927—2009），号吴明，法名信如，祖籍湖北

---

① 唐凯麟、张怀承：《六经责我开生面——王船山伦理思想研究》，长沙：湖南出版社1992年版，第248页。

② 唐凯麟、张怀承：《六经责我开生面——王船山伦理思想研究》，长沙：湖南出版社1992年版，第303页。

③ 王煜：《王船山研究的一部力作——读唐凯麟、张怀承〈六经责我开生面〉》，《船山学刊》1994年第1期。

④ 唐君毅著，霍韬晦编选/导读：《中国哲学原论·原教篇》，北京：中国社会科学出版社2006年版，第411页。

阳新,自幼随湖南长沙二学园掌法顾净缘修学,并承传东密、藏密法要,通儒、释、道三家。徐荪铭,1946年生,福建周宁人,湖南省社会科学院研究员。吴立民、徐荪铭合著一书探讨船山佛道思想,书名《船山佛道思想研究》,前此发表的这方面的论文的主要内容也被收进此书中。全书分为《引言》、上编《船山佛道思想研究》、下编《船山佛道著作通释》三个部分。[①]吴、徐两人的船山佛道思想研究的贡献如下:

一、从宏观上探讨船山佛道思想,揭示船山别路问津的特点

在该书的《引言》部分著者首先指出该书旨在揭示王船山有关佛家(包括佛教)、道家(包括道教)的思想及其人生哲学的内在逻辑结构和特点,总结船山出入佛道的思维经验教训。[②]然后著者论述船山以继承儒家正学,使"六经"别开生面为己任,同时对于佛家、道家的"别路"也有所问津。[③]著者认为船山的佛道思想与其人生哲学是密切联系的,其内在逻辑是:以依人建极、以人合天为起点,以解决心、性、命、气问题为中心,经贞生安死、相天造命、报国尽性为其最终归宿。[④]著者概括出船山佛道思想的三个鲜明特点:第一,能入能出,出入自如;第二,能传能辟,自成体系;第三,博学多通,不迁其守。[⑤]著者说:"能入能出,出入自如,是船山使六经别开生面的重要前提,这可以说是其佛道思想的开放性;能传能辟,自成体系,反映了其佛道思想的创造性;博学多通,不迁其守,反映了其佛道思想的原则性。开放性、创造性、原则性,这就是船山佛道思想的三个鲜明特点。"[⑥]

二、探讨船山与佛家的关系,揭示船山治法相唯识学方面的创见

著者认为王船山主要有以下三点创见:第一,禅学之理谈法相,顿悟融入法相宗;第二,博采真谛九识说,解经不拘一家言;第三,六、七、八识出新解,法相唯识挈纲宗。[⑦]著者还指出:"船山的佛学著作,主要有《相宗络索》、

① 吴立民、徐荪铭:《船山佛道思想研究》,长沙:湖南出版社1992年版。
② 吴立民、徐荪铭:《船山佛道思想研究》,长沙:湖南出版社1992年版,第8页。
③ 吴立民、徐荪铭:《船山佛道思想研究》,长沙:湖南出版社1992年版,第10页。
④ 吴立民、徐荪铭:《船山佛道思想研究》,长沙:湖南出版社1992年版,第11页。
⑤ 吴立民、徐荪铭:《船山佛道思想研究》,长沙:湖南出版社1992年版,第17页。
⑥ 吴立民、徐荪铭:《船山佛道思想研究》,长沙:湖南出版社1992年版,第18页。
⑦ 吴立民、徐荪铭:《船山佛道思想研究》,长沙:湖南出版社1992年版,第31—33页。

《三藏法师八识规矩论赞》(佚)。实际上,能反映船山佛学思想的材料还不少,如《南岳赋》《与惟印书》《牧云常住记》《宝宁寺志叙》《宝宁万峰大和尚语录叙》等。这些赋、书、记、叙,虽然不是系统的佛学论文、著作,但有不少是船山和方外友人研讨佛理之作,反映了船山的佛学思想和对佛教的态度。”①著者还指出:“船山对佛教既有所批判,又有所吸收。他对于法相唯识学有相当的造诣,且以之传授方外友人,总体上则对其持批判态度;他运用佛教范畴和禅理说诗、评诗,并在自己的诗作中运用了大量佛教典故,颇具特色,又坚持儒家诗言志、诗教,主张情景交融的坚定立场。船山入于佛教之深,出于佛教之新,在中国思想史、哲学史、文学史上都是颇有影响的。”②

三、探讨船山对道家以及诸子的解剖

关于船山与道家关系的讨论,著者从四个方面进行分析。第一,著者指出船山对老子哲学,在根本否定其世界观的前提下,也对其方法论进行某些改造,在一定程度上肯定其“无为自化”“沈静以收人心”“礼乐生于虚静”“知止”“守中”的积极方面或因素,肯定老子哲学在社会动乱流离之际使民休养生息的一定积极作用。③第二,著者指出船山对于老子道家和黄老之学多持批评态度,老子之流于机谋,黄老之流为申韩,以及在哲学上片面强调“虚静”的绝对性,都遭到船山的严厉批评;至于它们在动乱流离之际使民休养生息、沈静以收人心、以几远害的某些积极作用,以及关于相对静止对事物的稳定与发展的一定作用的认识,船山亦给予肯定,加以改造和吸收。④第三,著者指出船山评价庄周显然高于老子,这是因为庄周“不启天下险恻之机”,“不至如老氏之流害于后世”,庄周之学深得虚静之要,而握生命之枢机;但庄子之学并非儒家正学,需加以改造,方可“因以通君子之道”。⑤第四,著者指出,船山对于道教炼丹术上的烧炼黄白等多有所斥责,而对于道

① 吴立民、徐荪铭:《船山佛道思想研究》,长沙:湖南出版社1992年版,第35页。

② 吴立民、徐荪铭:《船山佛道思想研究》,长沙:湖南出版社1992年版,第48—49页。

③ 吴立民、徐荪铭:《船山佛道思想研究》,长沙:湖南出版社1992年版,第56页。

④ 吴立民、徐荪铭:《船山佛道思想研究》,长沙:湖南出版社1992年版,第59页。

⑤ 吴立民、徐荪铭:《船山佛道思想研究》,长沙:湖南出版社1992年版,第59页。

教内丹及养生学说之有价值的部分,则予以肯定,并付诸实践,尤其通过释《楚辞》、歌《愚鼓》,阐明"养生报国"的生死观、人生观,更是对道教的吸收和改造,在理论上有突出的贡献。[①]第五,著者指出,船山在研究道教过程中,系统地考察了魏伯阳、陶弘景、陈抟、邵雍等人的道家、玄学、道教思想,并且提出许多批评意见。[②]

著者还对"诸子"即指孔、孟、老、庄之外的哲学家思想家的佛道思想进行了分析。第一,著者分析船山"上好申韩,下必佛老"的思想。[③]第二,著者指出:"王弼、何晏师老庄,处錞用冲,藏头缩项,避祸以求瓦全,显然与儒家之道相违背。这也是佛教之所以窃老庄、玄学以入佛的原因,也是船山认为'端本之法,自虚玄起',从而痛斥老庄玄学的重要原因。"[④]第三,船山评范缜。著者指出,船山对范缜"不屑卖论取官"的人品给予积极的评价,但认为范缜立论不精审,主要有三点:一是以富贵贫贱判清浊,以福报诱崇尚佛法之徒,无法驳倒因果报应论;二是神灭论未得于性命之原而体人道之极;三是喻利不足以喻义。[⑤]第四,著者论述船山虽然肯定韩愈辟佛"所奉为义",但认为韩愈不足以卫道。[⑥]第五,著者论述船山认为王安石"外申韩、内佛老","得罪于名教"。[⑦]第六,著者指出,船山肯定周子《太极图说》对宇宙万物化生和儒家学说的贡献,亦批评其近于老氏"一于静而远害"和佛教"真如缘起"说之失误,为其学宗横渠作了铺垫。[⑧]第七,著者论述船山推崇正学宗横渠,指出:"船山肯定张子阴阳气化率性之学,上承孔孟仁义学说,揭示了立于仁义之道的根本,在于气一元论基础的阴阳变化规律,在于实有、主动而不是佛道之空虚、主静,不仅可以更笃实地成就圣人的理想人格,而且有

① 吴立民、徐荪铭:《船山佛道思想研究》,长沙:湖南出版社1992年版,第65页。
② 吴立民、徐荪铭:《船山佛道思想研究》,长沙:湖南出版社1992年版,第81页。
③ 吴立民、徐荪铭:《船山佛道思想研究》,长沙:湖南出版社1992年版,第90页。
④ 吴立民、徐荪铭:《船山佛道思想研究》,长沙:湖南出版社1992年版,第93页。
⑤ 吴立民、徐荪铭:《船山佛道思想研究》,长沙:湖南出版社1992年版,第94页。
⑥ 吴立民、徐荪铭:《船山佛道思想研究》,长沙:湖南出版社1992年版,第96页。
⑦ 吴立民、徐荪铭:《船山佛道思想研究》,长沙:湖南出版社1992年版,第98页。
⑧ 吴立民、徐荪铭:《船山佛道思想研究》,长沙:湖南出版社1992年版,第102页。

助于使世人从陷溺于佛老之说中拯救出来。"[①]第八，著者指出，船山肯定程子推崇《中庸》《大学》，为儒家要典，有功于圣门；肯定其'不从事迹上立功名"，得"天德王道之大意"，但对他离开仁义而言'求放心"之"空旷"，离开敬、和的根本而言"盗贼亦有礼乐"从而混同于老庄，亦提出严厉的批评。[②]第九，著者指出，船山认为朱熹注释《四书》"不乏精当之论"，对此加以肯定，但对其堕入佛老邪说的失误也毫不留情地给予指出。[③]第十，著者指出，船山对陆王之学批评甚严厉，尤其对于"良知""不学而知""顿悟"说及其以圣人之学混同于禅宗的伎俩，更是驳斥得淋漓尽致；船山对阳明格物致知学说中的某些观点，如"格物是诚意之工夫""孝者不学而知，不虑而能"等，也有所肯定，并非采取一概排斥的态度。[④]第十一，著者论述船山与卓吾的在佛道思想的分歧有三：一是船山从人品上贬斥李贽，二是斥李贽堕于佛老之陋，三是斥李贽蛊惑人心之言论；船山与李贽的分歧，反映了传统的以群体价值为本的价值观与带有近代色彩的"个体为主的价值观"的分歧。[⑤]第十二，著者指出："王船山与方以智在入世还是逃禅上虽然有根本区别，但二人交谊深厚，学术上相互切磋，在佛道理论上也有所交流究论，可谓同归殊途。"[⑥]著者最后归纳说："船山从辟佛老、正人心的立场，对于诸子之出入佛、道采取分析态度，对其积极方面、有益于启发人们抽象思维、有功于儒学或经过改造可以通于儒家之学的方面，多作肯定，而对于其消极方面，有害于儒家正学、蛊惑人心的方面，则予以鞭辟入里的剖析和批评，深刻地反映了这位卓越的思想家以'六经开生面'为最根本职责的强烈社会责任感和博大胸怀。"[⑦]

《船山佛道思想研究》下篇为《船山佛道著作通释》，收有王恩洋《〈相宗络

① 吴立民、徐荪铭：《船山佛道思想研究》，长沙：湖南出版社1992年版，第103页。
② 吴立民、徐荪铭：《船山佛道思想研究》，长沙：湖南出版社1992年版，第109页。
③ 吴立民、徐荪铭：《船山佛道思想研究》，长沙：湖南出版社1992年版，第109页。
④ 吴立民、徐荪铭：《船山佛道思想研究》，长沙：湖南出版社1992年版，第119页。
⑤ 吴立民、徐荪铭：《船山佛道思想研究》，长沙：湖南出版社1992年版，第120—121页。
⑥ 吴立民、徐荪铭：《船山佛道思想研究》，长沙：湖南出版社1992年版，第124页。
⑦ 吴立民、徐荪铭：《船山佛道思想研究》，长沙：湖南出版社1992年版，第124页。

索〉内容提要》,吴立民、徐荪铭《〈相宗络索〉通释》,董绍明《略谈〈相宗络索〉创作的根源》,明真《〈相宗络索〉初探》,吴明《〈愚鼓词〉注释例言》及《〈愚鼓词〉注释余论》等文。这些材料对进一步研究船山佛道思想都是大有裨益的。

如前所述,著者认为研究船山佛教思想有三种意见[1],虽然吴立民和徐荪铭先生说他们基本同意第一种意见,实际他们的观点与第一种意见是有很大的不同,强调船山辟佛老还传佛老,并且是其人生哲学的基础,因而构建了船山佛道思想及其人生观之内在逻辑结构。[2]著者说:“船山佛道思想与其人生哲学是密切联系的。其内在逻辑是:以依人建极、以人合天为起点,以解决心、性、命、气问题为中心,以贞生安死、相天造命、报国尽性为其最终归宿。”[3]应该说,吴立民、徐荪铭二位先生由他们对佛学、道家、道教思想的了解,深研船山的佛道思想,揭示其与船山整个思想体系的联系、作用,所做的工作是一般学者想做而不能做,对于船山学研究来讲又是非做不可的,其意义和价值是巨大的。

---

① 吴立民、徐荪铭:《船山佛道思想研究》,长沙:湖南出版社1992年版,第8—9页。
② 吴立民、徐荪铭:《船山佛道思想研究》,长沙:湖南出版社1992年版,第9页。
③ 吴立民、徐荪铭:《船山佛道思想研究》,长沙:湖南出版社1992年版,第11页。

第四章 王船山学术思想研究的深入拓展

第一节 敏泽、叶朗、熊考核等人的王船山美学思想研究

20世纪70年代末到21世纪初，在王船山美学思想研究方面，出现了不少的研究论著。其中有较大影响的有叶朗《中国美学史大纲》、敏泽《中国美学思想史》和熊考核《王船山美学》。

一、叶朗、敏泽的王船山美学思想研究

20世纪80年代叶朗和敏泽两位学者都对王船山美学思想进行了研究。

（一）叶朗、敏泽的生平

叶朗（1938—），浙江衢州人，北京大学教授。叶朗先生撰《王夫之美学二题》[①]《王夫之的美学体系》[②]等论文，对王船山美学体系进行了全面的探讨。叶朗先生对船山美学的探讨汇聚在其专著《中国美学史大纲》（上海人民出版社1985年版）中。《中国美学史大纲》全书共四篇二十五章。第三篇为《中国古典美学的总结》，第十九章，也就是该篇的第一章名《王夫之的美学体系》。敏泽（1927—2004），中国社会科学院文学研究所研究员，曾任《文学评论》主编。敏泽的《中国美学思想史》（三卷本，齐鲁书社1989年版）是一部全面探讨中国美学思想史的重要著作，第七编第四十七章专门探讨王夫之的美学思想。

（二）叶朗、敏泽两人著作中关于王船山美学思想研究章节异同比较

两部研究中国美学史的著作，出版的时间相距不远，叶著出版于1985

① 叶朗：《王夫之美学二题》，《学术月刊》1980年第6期。

② 叶朗：《王夫之的美学体系》，《北京大学学报（哲学社会科学版）》1985年第2期。

年,敏著出版于1989年。两著均有专章探讨王夫之美学,其研究有一些共同之处。一是两著都充分肯定王夫之美学在中国美学思想史上的地位。叶朗说:“中国古典美学在明末清初进入了自己的总结时期的标志是王夫之的美学体系和叶燮的美学体系。”“王夫之不仅是一位哲学大师,也是一位美学大师。他建立了一个以诗歌的审美意象为中心的美学体系。这是一个博大精深的唯物主义美学体系,是中国古典美学的一种总结形态。”[①]敏泽说:“王夫之不仅是清初伟大的启蒙思想家和唯物主义哲学家,而且也是清初,以至整个中国美学思想史上最杰出的美学家。他在中国美学思想上的地位,与清初另一美学思想家叶燮相类。”[②]两位对王夫之的肯定有其惊人相似的地方,都强调王夫之美学思想的唯物特性并与叶燮并提。二是研究的内容大致相同。一方面,我们可以从两著的章节目录看出其大致相同之处。叶著的第二十九章《王夫之的美学体系》第二节为《王夫之的情景说》,第三节为《王夫之的现量说》,第四节为《王夫之论诗歌意象的特点》,第五节为《王夫之论诗的意境》。敏泽著作第七编《明清时期》(下)第四十七章第二节《论审美创造的直觉》,第三节《情景论及势、象、灵等》。另一方面,两著都强调王夫之重审美直觉,[③]故“现量”“情景”等成了两著重点讨论的对象。三是,两著都指出了王夫之美学思想的不足。叶朗说:“王夫之的美学思想中也有一些陈旧的、落后的东西。他恪守封建伦理规范和儒家诗学规范,用很激烈的词句,对杜甫、白居易、李贽等人进行攻击。这是王夫之思想中的糟粕,应该予以否定。”[④]敏泽亦说:“但他的美学思想中也常常充满着矛盾和偏见,有时甚至是伟大的偏见。”[⑤]

---

① 叶朗:《中国美学史大纲》,上海:上海人民出版社1985年版,第451页。

② 敏泽:《中国美学思想史》第4册,北京:中国社会科学出版社2014年版,第1251页。

③ 叶朗说:“王夫之明确指出审美观照的直觉性,同时又强调审美观照是对于客观存在的自然美的真实反映,这样,他就把审美感兴、审美直觉和唯物主义反映论统一了起来。”(叶朗:《中国美学史大纲》,上海:上海人民出版社1985年版,第464页)敏泽说:“王夫之认为审美直觉是美创造的关键,优秀的诗歌都是产生于审美直觉的。”“王夫之还将这种直觉与相宗所说的‘现量’等同起来,认为审美直觉即相宗所说的‘现量’。”(敏泽:《中国美学思想史》第4册,北京:中国社会科学出版社2014年版,第1260、1261页)

④ 叶朗:《中国美学史大纲》,上海:上海人民出版社1985年版,第453页。

⑤ 敏泽:《中国美学思想史》第4册,北京:中国社会科学出版社2014年版,第1284页。

两著又各有其精妙之处。叶著侧重于对诗歌意象的分析。第一，分析了王夫之关于诗歌意象的整体性的认识，叶朗说："一首诗的审美意象是一个血脉流通的活生生的整体。……贯通审美意象的'血脉'，是'即目即事，本自为类'，是'自然一时之中寓目同感'，也就是在直接审美感兴中的自然的连接。王夫之又称之为'神理凑合'或'以神理相取'，又称之为'取势'。"[①]第二，探讨王夫之关于诗歌意象的真实性的认识，叶朗说："从王夫之的论述来看，'现量'的'显现真实'，又有两层涵义。这两层涵义，也就是审美意象真实性的两层涵义。""'显现真实'的一层涵义，是说直接审美感兴中所产生的审美意象，不仅仅限于显示客观事物的外表情状（'物态'），而且要显示事物的内在规律（'物理'）。"[②]叶朗又说："'显现真实'的另一层涵义，是说直接审美感兴所产生的审美意象，应该显示客观事物作为一个完整存在的本来面目，而不应该用主体的思想、情感、语言的框框去破坏客观事物的完整性。王夫之所谓'貌其本荣，如所存而显之'，所谓'貌固有而言之不欺'，主要就是强调这层涵义。"[③]第三，探讨王夫之关于诗歌意象的多义性的认识，叶朗说："和关于诗歌审美意象的真实性的思想相联系，王夫之提出了关于诗歌审美意象的多义性的思想。这一思想，集中表现于他的'诗无达志'的命题。"[④]第四，探讨王夫之关于诗歌意象的独创性的思想，叶朗说："王夫之强调诗歌审美意象的基本性质是现量，必须从直接审美感兴中产生。由于诗人每一次审美感兴都是具体的、独特的、不可重复的，因此由审美感兴产生的审美意象就必然是新鲜的、独创的，是不能用固定的、僵死的'法'和'格'来限制的，也是不可模仿的。"[⑤]关于王夫之的意境说，叶朗认为王夫之不仅讨论了一般审美意象的特点，而且也讨论了诗的意境的特点；虽然没有直接用"意境"这个词，但实际上王夫之在很多地方都谈到了意境。[⑥]

确定王夫之美学思想为唯物主义美学思想体系，并不只有叶朗、敏泽两位

---

① 叶朗：《中国美学史大纲》，上海：上海人民出版社1985年版，第466页。
② 叶朗：《中国美学史大纲》，上海：上海人民出版社1985年版，第469页。
③ 叶朗：《中国美学史大纲》，上海：上海人民出版社1985年版，第472页。
④ 叶朗：《中国美学史大纲》，上海：上海人民出版社1985年版，第474页。
⑤ 叶朗：《中国美学史大纲》，上海：上海人民出版社1985年版，第478页。
⑥ 叶朗：《中国美学史大纲》，上海：上海人民出版社1985年版，第479页。

学者,在这一时期是相当一部分学者的共识。①两位学者的研究对于王船山美学思想起了推动作用是毋庸置疑的。叶朗的关于王夫之诗歌意象尤其关于王夫之意境思想研究推动随后一些学者在这一方面的研究。②敏泽的关于"天人合一"思想对王夫之美学思想的影响③尤其是将王夫之的美学思想与西方哲学家的思想进行比较显示了王船山美学思想的比较研究趋向的形成。④

二、熊考核的王船山美学研究

由20世纪80年代在美学史著作中辟专章研究王船山美学到出现王船山美学研究专著——熊考核《王船山美学》,这表明王船山美学研究是有了重要的进展,当然这种进展到底有多大,还是需要进行深入考察的。

---

① 程亚林:王夫之哲学思想中以下这些为哲学界公认的方面,构成了他美学思想的哲学基础:(1)肯定气的物质性,肯定世界的物质统一性;(2)肯定以对立面同一为核心的对立统一规律是宇宙的根本规律;(3)强调人的主观能动性。正是这些,"规定和影响了他美学的性质"。认为王夫之对美的本质的认识是"美在客观",审美主体是发现客观美的条件,美不是审美主体"创造"的,它的"产生"不依赖于审美主体。(程亚林:《王夫之美学思想初探——与钱耕森等同志商榷》,《船山学报》1984年第2期)廖振华认为王夫之把审美直觉、审美感受和唯物主义反映论统一起来,深化和发展了古代唯物主义美学观点,是他整个美学思想中的精华部分,也是他在美学史上的重大贡献所在。(廖振华:《试论王夫之的美学思想》,《衡阳师专学报(社会科学版)》1987年第2期)

② 讨论王夫之意境思想是在20世纪90年代才逐渐多起来。古风、贺东平:《王夫之意境美学思想新解》,《延安大学学报(社会科学版)》1996年第4期;范和生:《王夫之对唐人"意境"理论的继承和发展》,《安徽大学学报(哲学社会科学版)》1996年第3期。

③ 刘泽民认为基于哲学上主"和"、天人合一,在美学上高扬情景相生,情景交融,情景合一,"现量"。(刘泽民:《王夫之情景说美学抉微》,《益阳师专学报(哲学社会科学版)》1989年第3期。)

④ 敏泽在论述王夫之审美直觉思想时说:"王夫之重视审美直觉在美的创造和鉴赏中的特殊作用,并非如近代西方直觉主义的提倡者那样,一任直觉,并把直觉与任何理性对立起来,……"(敏泽:《中国美学思想史》第三卷,济南:齐鲁书社1989年版,第1265页)当时亦有学者进行比较研究,如蓝华增、刘松来、李耀建。蓝华增将王夫之、黑格尔抒情诗美学进行比较研究。(蓝华增:《王夫之、黑格尔抒情诗美学比较论》,《云南教育学院学报(社会科学版)》1987年第3期)刘松来从王夫之的诗歌理论和他评赏古诗的实践两个方面论述了船山有"接受美学"的观点,并指出船山之所以有这样的观点一方面是因为他与现代西方接受美学学者一样与唯物论哲学有联系,另一方面是和中国文学史上大量存在阐释差距的现象以及古人有关这方面的论述对他产生影响有关。(刘松来:《王船山美学思想发微——关于船山的"接受美学"诗歌理论》,《江西教育学院学报》1988年第1期)李耀建指出十七世纪中国的王夫之与20世纪西方流行的阐释学、接受美学虽然相去几百年,但在关于审美活动,关于作者、作品、读者三者之间辩证关系的认识方面却有许多不期而然的吻合。(李耀建:《王夫之与现代阐释学、接受美学》,《湘潭科技大学学报(社会科学版)》1989年第1期)进行比较研究的还有:范军(《接受美学与王夫之的诗歌鉴赏理论》,《衡阳师范学院学报》1992年第5期)、阳晓儒(《情景说和艺术符号论:王夫之和苏珊·朗格的审美意象论》,《辽宁大学学报(哲学社会科学版)》1992年第4期)等。

（一）熊考核《王船山美学》的基本内容

一部王船山美学研究专著将如何来撰写？这本身就是一个问题。前此在王船山美学研究方面人们将重点放在王船山美学体系的评价，王船山美学与哲学的关系，王船山一些重要的艺术创作尤其是诗歌艺术创作理论等方面。如叶朗探讨王船山美学体系时主要讨论“情景论”和诗歌的审美意象论。敏泽探讨王船山天人合一、尊性达情的美学思想、审美创造的直觉、情景论及势、象、灵等。这些都是熊考核王船山美学研究专著所要参考的。熊氏有自己的想法：“选择了从美的存在与本质出发，以审美心理为基础、审美表现为主干、意境创造为核心、审美教育为旨归，去结构船山美学的理论体系。”[①]这种理论结构照顾了时下王船山美学研究的关注，如船山哲学与美学的关系问题，在第一章《生平与思想》中论述了“气与理”“心与物”“天人关系”“理与欲”等重要哲学范畴。[②]在该书的其他地方，著者说：“船山对‘气’的认识，构成了其美学中美论和审美教育的内在深层基地。”[③]他还说：“船山在哲学上关于心物的辩证思考，深刻地影响了他的审美表现理论。像船山对审美心理的具体描述，美感的产生，审美意象的表现，情景关系、意境的创造和审美主体的能动作用等许多美学问题都与心物关系产生了广泛的联系。”[④]如关于诗美创造，在第四章《审美表现》中有比较多的阐述。

二、熊考核《王船山美学》的主要贡献

著者的这种专著结构更多的展示了著者自己独特的视角，从而探讨了人们还没有注意或不太注意的研究领域。如对王船山美论的研究。关于美与“固有之美”。著者说：“从船山对于美本质和存在认识看，我们可以得出这样几点认识，其一，船山认为美是一种客观的自然事物，美在客观，是‘固有之美’，‘见有为美’，美是一种自然形象的美。其二，美不是一种静态的‘固有’之物，而是在运动变化中‘日新’的，美的事物具有一种不以人们意志为转移的客观属性，这是船山论美的基本出发点。……其三，美是一种典型

① 熊考核：《引言》，《王船山美学》，北京：中国文史出版社1991年版，第2页。

② 熊考核：《引言》，《王船山美学》，北京：中国文史出版社1991年版，第20—37页。

③ 熊考核：《王船山美学》，北京：中国文史出版社1991年版，第23页。

④ 熊考核：《王船山美学》，北京：中国文史出版社1991年版，第26页。

的自然事物,这是船山对于美的一个特殊认识。”[①]著者还说:“船山论美不仅认识到美的自然本质,他更从伦理的方面去考察美的社会本质。因此,美除了‘真’的意义外,还具有‘善’的内容。”[②]“船山对美的存在和本质的认识,实际上包含了二方面的含义。一是从‘真’的方面去认识美的自然存在的客观属性和性质,一是从‘善’的方面去认识美的社会存在的伦理价值和本质。”[③]关于人文之美。著者说:“船山论人之美,是从人的内美和外美两个方面去认识的。他认为人美不能执于一端,而是内美与外美的和谐统一。”[④]著者认为王船山不同意庄子的观点,“船山认为离身之美的心美是不真实的。‘美德’必须要有形体这个物质载体,形体也须有‘美德’这个精神内涵。这样,人才能‘全其美’”。[⑤]

又如对王船山审美心理思想的讨论,著者称,船山讲“内不丧主,外不徇物”,“游神物外,体天地之和”,“因人情,通物理”,无不是强调在遵循客观规律和审美的基础上,充分发挥主体审美心理能动的作用。[⑥]

又如对王船山审美教育思想的讨论,著者称船山审美教育思想贯穿了一种传统的理性主义倾向,即美善统一,礼乐相济。[⑦]著者说:“在诗、乐和礼的统一中,美与善的价值并非处于‘并立’的地位。尽管它们可以互相作用、互相渗透,但善比美更具有终极意义,因此,政治伦理思想决定了审美思想,伦理教育目的主导了审美教育的目的。”[⑧]接下来著者进行了具体分析:第一,以伦理内容作为审美教育的基本内容;第二,以伦理价值标准为审美教育的最高价值标准;第三,“陶冶性情”的审美育人;第四,诗之“兴观群怨”的社会功用;第五,自然美“养气”“通性”作用。[⑨]

以上是熊氏着力甚多,而其他学者关注较少的地方。至于其他的如关

① 熊考核:《王船山美学》,北京:中国文史出版社1991年版,第50—51页。
② 熊考核:《王船山美学》,北京:中国文史出版社1991年版,第51—52页。
③ 熊考核:《王船山美学》,北京:中国文史出版社1991年版,第53页。
④ 熊考核:《王船山美学》,北京:中国文史出版社1991年版,第55页。
⑤ 熊考核:《王船山美学》,北京:中国文史出版社1991年版,第62页。
⑥ 熊考核:《王船山美学》,北京:中国文史出版社1991年版,第69页。
⑦ 熊考核:《王船山美学》,北京:中国文史出版社1991年版,第225页。
⑧ 熊考核:《王船山美学》,北京:中国文史出版社1991年版,第228页。
⑨ 熊考核:《王船山美学》,北京:中国文史出版社1991年版,第228—238页。

于船山美学历史贡献的论述,“贯穿了一条朴素唯物主义和辩证法相结合美学路线”,“坚持了现实主义的创作原则”那只是这个时代的习用的套话。

需要指出的是,王船山对美肯定是有所考虑,他特别重视艺术的潜移默化的作用,说:“故善劝民者不以道,不以功,而劝以即物之景、即事之情。易曰‘说以使民,民忘其劳’此之谓也。”①然而,王船山对美的考虑是按照现代美学理论体系来进行的吗?如果不是,那又是怎样的一个体系呢?这需要我们深入王船山著作中去深刻体会,按照王船山自己的想法去探讨。另外,在论述的时候可能还必须严格注意所使用材料的局限性,不能将其超范围地使用。如论述“‘形神物三相遇’的审美感知”之时引用了《张子正蒙注》一段话:“形也,神也,物也,三相遇而知觉乃发。”这段话常用于阐述王船山的认识论。如果指审美的认识论基础,那也未尝不可,但直称“审美感知”显然是过于鲁莽。

第二节　李守庸的王船山经济思想研究

关于王船山的经济思想研究,有人撰文进行过述评,文云:

> 中国进入改革开放的新时期,研究王夫之的经济思想的学者增多,成果也愈来愈多。研究论文有数十篇,甚至还出现了研究专著。论文如陶懋炳《王船山经济思想浅探》一文称船山经济思想虽有史学前辈于著作中涉及,未详加论析,国内学者也很少这方面的专门论述。第一部分论述王船山的经济思想首在重农,尤以重谷为先。船山认为农业是社会财富的根本,而粮食又是根本的根本。这种重农思想,可说是继承了中国古代经济思想的合理部分。王船山认为农民会力耕谋生的,根本不需要封建国家的干预,反对“限田”“检括户口”“正经界”之类。第二部分论述王船山经济思想的另一面贱商抑末。船山主“抑商”的“商”是那种与官府勾结、谋取暴利又兼并土地促使自耕农破产的富商大贾,至于一般商贾,则认为他们沟通各地有无,刺激社会生产的发展。第三部分论述王

① 王夫之:《诗广传》,《船山全书》第三册,长沙:岳麓书社1996年版,第441页。

船山经济思想究竟代表哪个阶级、阶层。[①]又如李守庸的《王船山经济思想研究》。[②]

虽说有比较多的论文研究王船山经济思想[③],但其中最值得研究的是李守庸的《王船山经济思想研究》。

一、李守庸《王船山经济思想研究》的基本内容

李守庸,1925 年生,湖北黄陂人,武汉大学教授。李守庸于1982年参加在衡阳召开的王船山学术思想讨论会后,在《王船山经济思想中近代特点评议》的论文基础上花了近三年的时间撰写《王船山经济思想研究》一书。[④]全书分为六章,实际上是讨论了五个问题:社会经济发展观,土地思想,赋役政策思想及其他财政思想,商品货币思想,义利观。

关于王船山的社会经济发展观。李守庸讨论了五个问题。一是讨论王船山中国社会发展各阶段说。李守庸说:"王船山主要从人们经济生活不断进化的角度,大体上把他自己的时代为止的中国历史划为三个阶段。夏商周或唐虞夏商周为一大段,这之前和之后又各为一段。"[⑤]二是讨论王船山论新旧社会更替。李守庸说:"王船山这种有关新旧社会经济制度交替间的萌芽与残余的观点,无疑是符合历史实际的;他坚持历史发展趋势之不可抗拒、不可逆转的观点,无疑更是具有进步意义的。"[⑥]三是讨论王船山关于社会经济文化发展之不平衡的认识。李守庸指出:"王船山用他的历史进化观

① 原注:陶懋炳:《王船山经济思想浅探》,湖南省社会科学院编:《王船山学术思想讨论集》,湖南人民出版社1985年版,第502—517页。

② 朱迪光:《王夫之人文与经济之和谐思想探讨》,《东亚人文学》第14辑。

③ 探讨王船山经济思想的启蒙特点的有:李守庸(《王夫之经济思想中的近代特点评议》,《经济研究》1983年第9期)、彭大成(《呼唤中国资本主义经济萌芽的思想先驱——王船山》,《船山学刊》1999年第1期),探讨王船山商品思想有:王涛生(《王船山的重商思想初探》,《衡阳师专学报(社会科学版)》1987年第1期)、吴运生(《论王船山对商品经济的态度》,《船山学报》1987年第2期)、陈先枢(《王夫之的厚商思想与农产品的商业化》,《经贸导刊》1997年第7期)、邓乐群(《王船山的货殖思想及其现代启示》,《衡阳师范学院学报》1999年第5期),探讨王船山土地及赋役论的有:宦再(《王船山的土地及赋役论》,《船山学报》1985年第1期)、李广仁(《王船山赋税改革思想简论》,《船山学刊》1998年第2期)等。

④ 李守庸:《后记》,《王船山经济思想研究》,长沙:湖南人民出版社1987年版,第271页。

⑤ 李守庸:《王船山经济思想研究》,长沙:湖南人民出版社1987年版,第45页。

⑥ 李守庸:《王船山经济思想研究》,长沙:湖南人民出版社1987年版,第57页。

点，考察了中国社会经济的发展尤其是中国国内各地区间及各少数民族间经济、文化发展的不平衡，对整个人类社会经济、文化发展的不平衡作了推测。”[①]四是揭示了王船山评断社会经济制度得失的标准。李守庸说：“对于一种社会经济制度的得失，王船山认为应当用对‘天下’有利还有害，而不应当用一姓之私利，作为评断的标准。”[②]五是讨论王船山关于人的主观认识、活动能力与社会经济发展的关系的认识。李守庸说：“对于社会经济的发展，王船山在进化观的基础上，承认人的主观认识、活动能力对于这种发展的推动或阻碍作用，同时又强调这种作用的局限性，强调社会经济发展有其本身的固有的规律。”[③]

关于王船山的土地思想。李守庸说：“王船山有关土地问题的思想，具有以下一些主要特点：第一，对于土地所有制的发生、发展，提出了某些接近历史事实的见解，并对中国历史上争论不休的井田制问题作了某些比较独特的解释。在此基础上提出的土地民有论具有一定的近代特色和进步因素。第二，探讨了土地兼并的起源、发展及其对社会所造成的危害，并从改良赋役政策的角度提出了抑制兼并的具体主张。第三，主张保护发展以自耕农为主体的土地所有制，但对地主土地所有制的存在也并不抱坚决反对态度。”[④]李守庸明确指出：“这种土地主张，是王船山作为地主阶级的知识分子，震撼于历代农民起义，特别是明末农民大起义，深感土地问题的严重性，而站在为谋求封建统治的长治久安的角度提出来的。”[⑤]

关于王船山的赋役政策思想及其他财政思想。李守庸指出：“对于唐朝的两税，明朝的条鞭，王船山认为都是虐民的赋役政策。”[⑥]李守庸认为王船山既肯定承担赋役是百姓的义务，又强烈反对赋役之苛重，得出了“减赋而轻之，节役而逸之”的赋役政策主张。[⑦]除此之外，李守庸认为王船山还有一

① 李守庸：《王船山经济思想研究》，长沙：湖南人民出版社1987年版，第58页。
② 李守庸：《王船山经济思想研究》，长沙：湖南人民出版社1987年版，第63页。
③ 李守庸：《王船山经济思想研究》，长沙：湖南人民出版社1987年版，第67页。
④ 李守庸：《王船山经济思想研究》，长沙：湖南人民出版社1987年版，第74页。
⑤ 李守庸：《王船山经济思想研究》，长沙：湖南人民出版社1987年版，第112页。
⑥ 李守庸：《王船山经济思想研究》，长沙：湖南人民出版社1987年版，第120页。
⑦ 李守庸：《王船山经济思想研究》，长沙：湖南人民出版社1987年版，第128页。

些重要的财政思想,如论知财的重要性,论量入为出,论国用宜丰,论本色与折色,论班匠之制,论马政,论荒政等。[1]在评价王船山赋役政策思想及其他财政思想时,李守庸作了全面的概括。他说:"看来王船山与包括陆贽等人在内的前辈思想家,其所以主张减轻人民赋税负担,都是为了维护统治阶级的根本利益,这一点是共同的。而王船山除了这一点之外,还特别强调赋税的轻减,会有力地抑制土地兼并,以有利于自耕农民为主体的小土地所有制的保持和发展,有利于生产的发展。正是基于这种考虑,致使他片面地夸大租庸调制的优点,和夸大两税法与一条鞭法的缺点。……至于强调税商,尽管其中也包括减轻农民负担的意图,但更多地体现了王船山保守思想的一面。"[2]李守庸特别指出:"唯独分别自种与佃耕差等以为赋役之制这一主张的提出,不仅主观上反映了王船山企图保持和发展以自耕农民为主体的小土地所有制的理想,而且这一主张如能实现,在客观上确实可能在一定程度上抑制大地主的土地兼并,对中小地主和自耕农民都是较为有利的。正是这一主张,集中地体现了王船山赋役政策思想中所具有的近代特色。"[3]李守庸还说:"在论知财的重要性和理财的正当性上,应当认为,王船山突破了儒家传统思想的某些束缚。"[4]

关于王船山的商品货币思想。李守庸首先认为王船山经济思想体系中存在着深刻矛盾:既包含有若干反映近代资本主义生产关系萌芽要求的见解,同时又存在着不少维护自然经济的保守观点。[5]通过全面的分析,李守庸说:"在王船山的商品货币思想中,确实具有一些近代特点。这主要反映在王船山对于商业和商品流通的社会作用的认识,比较深刻,并且持有一种自由贸易的主张,甚至对于对外贸易的作用也有一些符合其时代特点的认识;充分肯定商人在'流金粟'即流通商品货币中的作用,并以此作为将商人看作'国之司命'的重要原因之一;将中国看作一个统一市场,强调必须有足

---

① 李守庸:《王船山经济思想研究》,长沙:湖南人民出版社1987年版,第143—170页。
② 李守庸:《王船山经济思想研究》,长沙:湖南人民出版社1987年版,第170—171页。
③ 李守庸:《王船山经济思想研究》,长沙:湖南人民出版社1987年版,第171页。
④ 李守庸:《王船山经济思想研究》,长沙:湖南人民出版社1987年版,第173页。
⑤ 李守庸:《王船山经济思想研究》,长沙:湖南人民出版社1987年版,第178页。

够数量的货币作为流通和支付的手段，以适应商品流通的需要，进而充实国家财政，富裕人民生活，促进生产发展，并在此认识基础上将货币的作用提到‘百货之母，国之贫富所司’的高度。这些观点，都是在一定程度上反映了中国资本主义生产关系萌芽的时代要求，在客观上也是有利于资本主义萌芽时期商品货币关系的发展的。……在王船山的商品货币思想中，还有不少相当保守的观点。这突出地反映在他对商人的鄙视、贱视，和反对用银尤其是反对用纸币的见解上。”①

最后关于王船山的义利观，李守庸分别从“论理与欲”“义与利”两个方面进行讨论。这本是伦理学研究的对象，放在经济思想中来讨论亦不是不可以，但要结合王船山的经济思想来讨论，但著者似乎没有太注意。

二、李守庸《王船山经济思想研究》的贡献

有论者评价此书时指出：“李守庸同志的《王船山经济思想研究》亦是应势而出的专题论著之一，详人之所略，具有补白性的学术贡献。该书采取叙评结合的方式，在融会贯通王船山经济思想资料的基础上，首先如实地陈述其船山言论的主观动机、致思理路和客观社会作用，然后评论其思想价值的长短得失和历史地位，给人以‘设身易地求其实’，毫无‘浮以求明’的牵合之感。把宏观和微观结合起来，力求对王船山的经济思想作出公允恰当的评价，防止拔高和贬低，是此书又一显著特色。其不足为对船山经济思想的二重性花了太大的功夫去把握，对王船山‘破块启蒙’的思想光辉的评价似乎拘谨有余，而彰显不足。”②

总而言之，李守庸的《王船山经济思想研究》是第一部全面研究王船山经济思想的专著，具有开创之功，在研究中是本着实事求是的态度，既肯定船山经济思想进步的一面，又指出其保守的一面，并针对一些学术界争议的问题都作出了自己的回答。然而其不足也十分明显，一是对此前学界关于船山经济思想的研究情况缺乏征引，似乎此前的研究是一片空

① 李守庸：《王船山经济思想研究》，长沙：湖南人民出版社1987年版，第220页。

② 萧萐父、吕有祥：《自为经纬、成一家言——喜读李守庸同志〈王船山经济思想研究〉一书》，《武汉大学学报（社会科学版）》1989年第3期。

白;实际情况却不是这样,民国时期有郑行巽著《王船山先生之经济思想》,20世纪60年代有彭雨新著《王船山的赋役论及其思想体系》、易曼晖著《论王船山的财政思想》,20世纪80年代邓潭洲《王船山传论》有章节专论船山经济思想。二是未能在深入研究船山著述基础上全面把握王船山经济思想体系,多是在阐述中摘引一些片言只语,其结论多是流行观点的阐释,如王船山经济思想的近代特点的论述就是如此,缺乏说服力。更值得注意的是有些论点的论述是比较牵强的,如关于王船山社会经济发展观的论述就是这样典型的例子。王船山不可能事实上也没有从经济发展、经济制度方面去注意社会形态的演变和发展,船山著作无此材料,所以论者只能臆测和拼凑。

第三节 李国钧的王船山教育思想研究

对于王船山教育思想研究,有人做了番全面的考察,认为王船山教育思想的传播和研究可以分为两个阶段,说:

以何贻焜于1948年发表《王船山先生之教育思想》为标志表明王船山教育思想传播进入第二个阶段即自觉研究王船山教育思想阶段。

1948年,何贻焜撰《王船山先生之教育思想》,该文章探讨了王船山关于教育沿革、教育方法和教育目的等方面的论述。[①]何氏此文,用当时流行的申论方式写的,引述的文字多,所加的议论少且琐碎,概括归纳不够。即便如此,这还是第一篇论述王船山教育思想的学术论文。何贻焜发表此篇关于王船山教育思想的论文后,直到20世纪60年代才有学者发表有关于王船山教育思想的论文。邱椿撰文论述王船山的学习法和教学法。[②]瞿菊农亦撰文论述王船山的教学思想。[③]船山教育思想研究的繁盛是20世纪80年代以来的事。此时期发表论文近百篇,出版一部专著。首先探讨了船山教育思想与他的哲学的关系。如邓潭洲《王船山传论》认为王船山的教育思想,

---

① 原注:何贻焜:《王船山先生之教育思想》,《湖南教育》(复刊)1948.2(5、6)。

② 原注:邱椿:《王夫之论学习法和教学法》,《北京师范大学(社会科学版)》1961年第4期。

③ 原注:瞿菊农:《王夫之的教学思想》,《文汇报》1963年1月13日。

是基于他所揭示的人性论而展开的，因而先介绍王船山的人性论思想。王船山认识到教育的功能，他反对道家老子的尚朴说。李国钧指出王船山持唯物主义的精辟见解，认为教育在人的形成和发展过程中有三方面的作用。[①]高时良讨论王夫之教学思想辩证法，指出王夫之是个哲学家，又是个教育家，他以其教育经验升华并丰富其哲学原理，反过来其哲学原理又指导其教育实践。[②]其次，揭示了船山注重教育与政治、经济关系的考察。邓潭洲指出船山认为教育与政治的关系非常密切。提出改进"童蒙教育"，特别注重青年人才的培养，为此提出发展和充实教学内容，加强道德教育。李国钧评述船山的"政立民安"而"学校兴"的观点。[③]第三，广泛研究了王船山教学思想。邓潭洲认为王船山教育思想，还表现在他的教学论。李国钧指出王船山认为，教者的任务，主要是使学者"致其知""进之善"，要求教师在教学过程中从学习动机和学习内容等方面启发学生学习的自觉性积极性，这是符合教学规律的，是完成教学任务的重要条件。[④]

王船山教育思想研究的论著比较多，成绩是主要的，但也还存在明显的不足。种种不足之中最突出的就是简单套用主流理论，多是贴标签式考察。如有云王夫之以自己的唯物论的本体论、反映论、感觉论和辩证法思想指导自己的教育实践活动，探索教育规律，从而形成了具有鲜明特色和真理性价值的、自成体系的教育哲学。[⑤]有的认为王夫之以朴素的唯物论和辩证法为指导建立了"习与性成，继善成性"的教育作用论、"行先知后，知行并进"的教育过程论、"对立统一，辩证思维"的教育方法论。[⑥]如此种种均是从流行理论出发，而不是从研究对象的实际出发。由于多取材于已知的或者说是被许多引用的王船山关于教育的片断论述，因而论文选题陈陈相因，许多论

① 原注：李国钧：《王船山教育思想述评》，湖南省社会科学院编：《王船山学术思想讨论集》，湖南人民出版社1984年版，第518—548页。

② 原注：高时良：《王夫之的教学思想辩证法》，《课程·教材·教法》1987年第8期。

③ 原注：李国钧：《王船山教育思想述评》，湖南省社会科学院编：《王船山学术思想讨论集》，湖南人民出版社1984年版，第518—548页。

④ 原注：李国钧：《王船山教育思想述评》，湖南省社会科学院编：《王船山学术思想讨论集》，湖南人民出版社1984年版，第518—548页。

⑤ 原注：张秀红：《论王夫之的教育哲学》，《华中师范大学学报（教育科学版）》1999年第4期。

⑥ 原注：熊吕茂、杨铮铮：《论王夫之的教育哲学思想》，《内蒙古师范大学（教育科学版）》2004年第1期。

文无新的创见。例如,对王船山童蒙教育的认识的探讨,最早是邓潭洲在20世纪80年代初提出,然后,李国钧在其论文和专著中均进行了讨论。

一、李国钧《王船山教育思想初探》的基本内容

虽说,上文对王船山教育思想研究的考察比较全面,但对撰有专著的李国钧的船山教育思想研究的探讨还嫌单薄。李国钧(1930—2001),河南临颍人,华东师范大学教授,主要领域为中国教育史和教育文献整理。李国钧的《王船山教育思想初探》是王船山学术思想研究史上第一部研究船山教育思想的著作。全书主要讨论五个问题:教育与政治经济关系,培养理想人格的"成性说",教学思想,"蒙童"教育及王船山在中国教育史上的地位。

关于教育与政治经济的关系,李国钧指出,王船山认为一方面"政立民安"而"学校兴",另一方面认为文教的发展依赖于社会经济,并提出改革的措施:一、不仅要"以文教为重",重视教育的发展,而且文化教育大权,要同政权、兵权一样,不可"旁落"于"小人"之手,应该在皇帝的统属下,"壹以文教"之权;二、他希望帝王要"以公天下之心,扶进人才",从务实求治的思想出发,培养有真才实学、能为国家和社会作出实际贡献的人才;三、学用结合。四、文武结合。[①]著者的这种概括显然是出自现代人的一种臆想,教育与政治的关系在古代更多的表现为教育与教化的关系,直接从社会经济的角度去考虑的是很少的。

关于培养理想人格的"成性"说,李国钧指出:"从而他认为,教育在人的形成和发展过程中有三方面的作用:一是可以影响人的'先天之性',使其潜在的认识能力得到增强和发展;二是通过教育和学习,才能取得知识才能、形成道德观念,他称之为'习性',即'后天之性';三是通过教育的手段,可以革除因'失教',或教之不当,而形成的'恶习'"。[②]

关于教学思想,李国钧认为船山也很有见地。李国钧指出,船山认识到教学是启发学者"自悟"的"受业"过程,"学思相资",以思为主,教学当"深知其心""因材施教",还指出"学有当务"而"教必著行",教学当有"恒教事""知

---

① 李国钧:《王船山教育思想初探》,北京:人民教育出版社出版1984年版,第9—11页。

② 李国钧:《王船山教育思想初探》,北京:人民教育出版社出版1984年版,第18页。

自明”和“不泥古”的教师。[①]李国钧重点阐述了船山对“博学、审问、慎思、明辨、笃行”这一教学过程的认识及其贡献：其一，船山把“学、问、思、辨、行”，看成是互相依赖、互相促进和互为条件的统一过程，教与学是在这种交互作用的矛盾运动中实现的；其二，五个步骤，要依据学者的不同情况，而决定其轻重缓急，“各因其材而施”；其三，船山把“学、问、思、辨”与“行”分为教学的两个大段落，前者属于“知”和如何“知”，后者属于“行”；其四，“知”从属于“行”，“知”与“行”统一，不是“行”统一于“知”，而是“行可兼知”，“行之者一而已矣”。[②]李国钧指出这种论述颇富有辩证法的观点，达到了中国古代教育史上教学论的朴素唯物论和朴素辩证法发展的最高水平。[③]

关于“童蒙”教育，李国钧说：“王船山的儿童教育观点，就是适应资本主义萌芽之时而产生的，带有市民运动的色彩和民主的精神。”[④]这显然是拔高之论。

二、李国钧《王船山教育思想初探》的贡献与不足

总的说来，李国钧先生全面研究了王船山的教育思想，但研究结论多为拔高之论，如说王船山的教育思想体系“是以他的民族爱国主义思想、唯物主义的哲学思想、社会进化论和人性天生平等的学说为基础的”[⑤]等。客观地说，这一著作对船山教育思想的研究是有其功的，它是第一部专题研究船山教育思想的小册子，虽说是初探，但广泛探讨了船山教育思想，或者说按照现代教育理论体系探讨了船山著述与教育有关的论述，为后来的研究打下了一个很好的基础。无庸讳言，毕竟是初探之作，具有这一时代研究船山教育思想的通病。在细节也存在将一些不是教育思想的材料也收集在内，如论儿童作诗文训练时，所引用的关于儿童方面的材料是船山论诗文创作的材料而不是谈儿童作诗文的材料。有些地方明显受了《王船山传论》关于船山教育思想的论述的影响却又未言明。

---

① 李国钧：《王船山教育思想初探》，北京：人民教育出版社出版1984年版，第41—60页。
② 李国钧：《王船山教育思想初探》，北京：人民教育出版社出版1984年版，第56—57页。
③ 李国钧：《王船山教育思想初探》，北京：人民教育出版社出版1984年版，第57页。
④ 李国钧：《王船山教育思想初探》，北京：人民教育出版社出版1984年版，第65页。
⑤ 李国钧：《王船山教育思想初探》，北京：人民教育出版社出版1984年版，第77页。

第四节 谭承耕、陶水平、萧驰等学者的王船山文学创作、诗学研究

一、谭承耕的王船山文学研究

谭承耕,1933年生,湖南衡山人,湖南师范大学中文系教授。谭承耕从20世纪80年代初期开始研究船山的诗词创作,通过近十年的努力,终于完成专著《船山诗论及创作研究》。全书共十章,主要讨论王船山诗论、诗歌批评、诗词赋创作等方面的问题,在前人和同时代人的研究成果之上提出了自己的一些见解,对王船山诗论及其创作研究起到了推动作用。

(一)深入探讨船山诗论,揭示王船山关于诗歌的社会作用、诗歌创作、诗论体系的论述

在第三章《船山论诗歌的社会作用》中,谭氏主要讨论船山的"兴、观、群、怨"说,揭示了船山的新解释:四者是相互联系、相互转化的。[①]谭承耕认为,船山还将"兴、观、群、怨"作为衡量一切诗歌创作的重要标尺。[②]谭氏认为王夫之提出了贯彻"兴、观、群、怨"要反对利用诗歌笨拙地为封建统治者歌功颂德、将诗歌与其他非文学意识形态等同等三种不良倾向。[③]在第四章《船山论诗歌创作》中谭氏着重对船山的"意"范畴进行深入的研究,指出"意"是一种"亦即具有典型意义的能启发读者联想与想象的审美意象",[④]因而就必须探讨获得典型审美意象的步骤与途径。谭氏认为,船山的贡献不在于个别艺术技巧或手法的探讨,而是从诗歌审美意象的内在本质出发,要求诗人能正确地辩证地处理创作中的几个关系:以意为主,意中取势;情景融浃,妙合无垠;体物得神,形神合一;虚实结合,圜中自显;因而高屋建瓴,势如破竹,一切问题,皆由此而迎刃而解。[⑤]谭氏认为王船山关于诗歌创作

---

① 谭承耕:《船山诗论及创作研究》,长沙:湖南出版社1992年版,第33页。
② 谭承耕:《船山诗论及创作研究》,长沙:湖南出版社1992年版,第37页。
③ 谭承耕:《船山诗论及创作研究》,长沙:湖南出版社1992年版,第43—46页。
④ 谭承耕:《船山诗论及创作研究》,长沙:湖南出版社1992年版,第52页。
⑤ 谭承耕:《船山诗论及创作研究》,长沙:湖南出版社1992年版,第66页。

理论的贡献是：船山坚持唯物主义路线，明确肯定生活实践是诗歌创作的源泉；船山对审美诗学派的意境说，能给以唯物主义的改造，使之较为科学和完备。[①]第六章《船山诗论体系的构成及其历史地位》主要讨论两个问题即诗论体系构成和船山诗论的历史地位。关于船山诗论体系的构成，谭氏提出了船山诗论是以儒家正统诗学为体，以审美诗学为用的观点。[②]谭氏一方面论述船山对儒家正统诗学的内容进行调整与修正，如强调"上以风化下"，而不强调甚至反对"下以风刺上"；如进一步突出"兴、观、群、怨"的理论，并作出新的解释；如贯彻中和哲学，突出"温柔敦厚"的诗教原则；如既反对"窒情"说，又坚持性善论。[③]谭氏另一方面又论述了船山对历代诗论的改造，如船山第一次提出"身之所历，目之所见"，是诗歌创作的"铁门限"；这是船山在诗学上一个巨大的贡献，坚持了朴素的唯物主义路线，充分重视直接感性经验。[④]关于船山诗论的历史地位，谭氏说，从整个船山诗论看，它主要是中国古典美学的总结，而且这个总结，是从儒家正统立场进行的总结，这也就是说，他从儒家正统立场出发，从儒家中和的美学观出发，总结了儒家正统诗学与审美诗学两大诗学思潮中的理论成果，使之更"檃括"于为封建政教服务，更"檃括"于调和矛盾。[⑤]

（二）揭示船山诗歌批评标准及其对各个时期诗歌的评价

谭氏认为，船山诗歌批评标准分为政治和艺术两个方面的标准；船山的政治标准：一是看诗歌是否有益于陶冶性情，是否有益于调和社会矛盾，从而能巩固政权、团结人民，抵御外侮；二是看诗歌是否符合爱国主义精神，是否能激发人们爱国的斗争情绪。[⑥]船山诗歌批评的艺术标准，谭氏概括为深厚的思想内容与优美艺术形式的恰当而完美的结合以及在此前提下的含蓄委婉的风格。[⑦]谭氏认为，船山对《诗经》有个总的估价，视《诗经》

---

① 谭承耕：《船山诗论及创作研究》，长沙：湖南出版社1992年版，第86—87页。
② 谭承耕：《船山诗论及创作研究》，长沙：湖南出版社1992年版，第170页。
③ 谭承耕：《船山诗论及创作研究》，长沙：湖南出版社1992年版，第171—172页。
④ 谭承耕：《船山诗论及创作研究》，长沙：湖南出版社1992年版，第173页。
⑤ 谭承耕：《船山诗论及创作研究》，长沙：湖南出版社1992年版，第182—183页。
⑥ 谭承耕：《船山诗论及创作研究》，长沙：湖南出版社1992年版，第95页。
⑦ 谭承耕：《船山诗论及创作研究》，长沙：湖南出版社1992年版，第102页。

为崇高之经典。[①]谭氏总结了船山评价屈原及其作品的基本观点：船山不但第一个理直气壮地提出“蔽屈原以一言曰忠”“屈子忠贞笃于至性，忧国而忘生”，而且还从屈原作品义理的解释，从对楚辞篇章的选择等方面，具体阐述屈原的精神，表明在屈原的作品中虽有怨愤之情，然一出“忠爱之性”，而非仅出于一己之私情，无害于中庸之德。[②]谭氏还讨论船山对屈原作品内容的分析与论述，认为由于船山对屈原及其作品有正确而精辟的评价，故其对屈作内容的分析与论述，也有独到之处，大大超过前人。[③]对船山的汉魏晋南北朝诗歌的评价与研究，谭氏讨论了四个问题。第一个问题是讨论船山对汉魏晋南北朝诗歌地位的估价和诗歌退化论观点，谭氏认为船山对于汉魏晋南北朝诗歌在中国诗歌发展史上的地位，估价是很高的；在船山看来，唐宋诗歌反不如汉魏南北朝诗歌，魏晋南北朝不如汉。[④]第二个问题是讨论船山对民间歌谣的轻蔑。[⑤]第三个问题是讨论船山无限抬高曹丕，极力贬斥曹植和其他建安诗人的作品。[⑥]第四个问题讨论对谢灵运无限推崇。[⑦]谭氏经过分析，认为船山对唐代各位诗人的评价：李白最高，王维次之，沈佺期、杜审言、韦应物、储光羲又次之；杜甫所选数量虽最多，但评价只是有褒有贬，褒贬各半；评价较低的，则是陈子昂和元、白、韩、孟；评价最低的，就要算李颀、许浑、大历十才子了。[⑧]谭氏认为船山对唐代各个时期的诗歌的评价是，初唐好，盛唐也好，但开始走下坡路，中唐差，晚唐更差。[⑨]谭氏认为《明诗评选》，最值得探讨的，是船山对明诗的发展和各个发展阶段中各个诗歌流派的看法。[⑩]谭氏将《明诗评选》和沈德潜《明诗别裁》进行比较后得出如下结论：沈德潜对前后七子评价最高，而船山对前后七子评价最低。沈德潜对待明初诗歌有所肯定，但评价不是很高，而船山对明初诗歌评价最高。对

① 谭承耕：《船山诗论及创作研究》，长沙：湖南出版社1992年版，第104页。
② 谭承耕：《船山诗论及创作研究》，长沙：湖南出版社1992年版，第117页。
③ 谭承耕：《船山诗论及创作研究》，长沙：湖南出版社1992年版，第120页。
④ 谭承耕：《船山诗论及创作研究》，长沙：湖南出版社1992年版，第127页。
⑤ 谭承耕：《船山诗论及创作研究》，长沙：湖南出版社1992年版，第128—130页。
⑥ 谭承耕：《船山诗论及创作研究》，长沙：湖南出版社1992年版，第130页。
⑦ 谭承耕：《船山诗论及创作研究》，长沙：湖南出版社1992年版，第131—139页。
⑧ 谭承耕：《船山诗论及创作研究》，长沙：湖南出版社1992年版，第140页。
⑨ 谭承耕：《船山诗论及创作研究》，长沙：湖南出版社1992年版，第141页。
⑩ 谭承耕：《船山诗论及创作研究》，长沙：湖南出版社1992年版，第153页。

待公安竟陵虽基本相同，评价都低，但也略有差异。谭氏对船山诗歌批评的探讨是全面的，为后来许多学者的研究提供便利。[①]

（三）谭氏对船山诗、词、赋创作进行了研究，揭示其特点

对船山诗词，谭氏首先讨论了它们的思想内容和思想感情，用“爱国主义”一语总括。[②]谭氏用一章的篇幅专门讨论船山的诗，其做法是将王船山战斗生活划分为三个时期，即早年、“三藩之乱”时期和晚年，分别进行探讨，其主线是王船山爱国主义战斗精神。[③]谭氏确定船山早年的诗，是指30岁以后、50岁以前所写的诗，多收集于《五十自定稿》（《五十自定稿》编于1668年）。[④]谭氏认为，船山这一时期的诗，主要是写爱国斗争，从而抒发出战斗的豪情和亡国的哀痛。[⑤]谭氏确定船山“三藩之乱”时期的诗，主要是他50岁至60岁这一段时期的诗，大部分收在《六十自定稿》《姜斋诗编年稿》。[⑥]谭氏确定船山晚年的诗，即指60岁以后的诗，主要收集在《七十自定稿》和《姜斋诗分体稿》。[⑦]谭氏指出船山晚年诗，仍然激荡着爱国主义的思想感情，而其忧愤之深广、胸怀之博大、观察历史眼力之高超，比杜甫有过之而无不及。[⑧]谭氏著作用了一章的篇幅讨论船山的词。谭氏在著作的第九章第一节考证船山词中的部分作品的写作时间。[⑨]谭氏分析船山词作，认为船山之词的特点是：做到委婉曲折、若即若离，就是广用比兴，寄托深远。[⑩]船山的赋研究的人很少，谭氏亦用了一章的篇幅进行研究。谭代分析了《双鹤瑞舞赋》，指出它是对起义胜利的歌颂。[⑪]谭氏还分析了《章灵赋》《九昭》《惜余鬒赋》《祓禊赋》四篇骚体赋，指出它们继承了屈原作品爱国主义传统，在句式上、结构

① 谭承耕：《船山诗论及创作研究》，长沙：湖南出版社1992年版，第153—154页。
② 谭承耕：《船山诗论及创作研究》，长沙：湖南出版社1992年版，第185页。
③ 谭承耕：《船山诗论及创作研究》，长沙：湖南出版社1992年版，第200页。
④ 谭承耕：《船山诗论及创作研究》，长沙：湖南出版社1992年版，第200页。
⑤ 谭承耕：《船山诗论及创作研究》，长沙：湖南出版社1992年版，第201页。
⑥ 谭承耕：《船山诗论及创作研究》，长沙：湖南出版社1992年版，第211页。
⑦ 谭承耕：《船山诗论及创作研究》，长沙：湖南出版社1992年版，第232页。
⑧ 谭承耕：《船山诗论及创作研究》，长沙：湖南出版社1992年版，第246页。
⑨ 谭承耕：《船山诗论及创作研究》，长沙：湖南出版社1992年版，第249—253页。
⑩ 谭承耕：《船山诗论及创作研究》，长沙：湖南出版社1992年版，第255页。
⑪ 谭承耕：《船山诗论及创作研究》，长沙：湖南出版社1992年版，第269页。

上继承屈原,还在创作方法上继承屈原的浪漫主义,多用比兴,还借鉴了阮籍咏怀诗的创作经验。①

（四）谭承耕《船山诗论及创作研究》的贡献与不足

谭承耕此书是第一部全面研究船山诗论及其创作的著作,在船山文学研究方面是一部非常重要的著作,马积高先生评价道:“近数十年来,特别是近十余年来,船山学的研究有重要的进展,对其哲学思想的研究更加深入,对其他方面的研究也在逐步扩大。如果说有什么不足,则我以为,一是对他的爱国精神与伟大人格弘扬得不够,有人甚至加以贬抑,而另一些人则对其理欲观表现出过多的夸饰,颇有一种把船山加以近代化的倾向。二是对其诗论虽注意者颇多,但联系其文学批评、文学创作,对船山在文学理论与实践上的贡献作全面系统的探讨者则殊未见。谭承耕同志的这部著作,在弥补这两个方面的不足上都作出了贡献。”②谭氏著作,其贡献是不用多言的,从以上的引述来看,他对船山诗论及其诗词赋创作都进行了深入的探讨,如诗论研究对船山的“兴、观、群、怨”,“意”范畴③,诗论体系④等探讨,许多结论至今仍然经得起考验。如首次全面系统地探讨船山的诗歌批评,其结论为以后学者所参考。对王船山诗、词、赋等进行全面研究,更是做了前人所未做的事情。⑤其不足,马积高先生在《序》中有所论及,“倘要说这部著作有什么不足的话,则我觉得,全书对船山文学理论与实践中所体现的思想光彩与

① 谭承耕:《船山诗论及创作研究》,长沙:湖南出版社1992年版,第278页。

② 马积高:《序》,谭承耕:《船山诗论及创作研究》,长沙:湖南出版社1992年版,第2页。

③ 王夫之“兴、观、群、怨”说的探讨始于20世纪60年代羊春秋,他的观点多被谭承耕承袭。在此一时期还有许多论文探讨船山的“兴、观、群、怨”,“意”范畴,如赵庆麟《王夫之的兴观群怨说》(《船山学刊》1988年第2期)、周示行《王船山说〈诗〉一题——兴观群怨疏解》(《衡阳师范学院学报》1989年第1期)、张兵《王夫之兴、观、群、怨说再评价》(《西北师大学报(社会科学版)》1994年第5期。基本未能突破羊、谭两人的观点)。

④ 此时期对船山诗论体系的学者也比较多,谭承耕是比较早的一位(谭承耕:《船山诗论体系的构成及其历史地位》,《船山学刊》1988年第2期)。另外有程亚林指出王夫之诗论具有寓体系于漫话的特征(程亚林:《寓体系于漫话——论王夫之诗歌理论体系》,《学术月刊》1983年第11期)。

⑤ 对王船山诗、词等作品进行研究当时还有不少学者,如蒋星星(《丹忱专在念时艰——读船山诗零拾》,《船山学刊》1988年增刊)、邓国栋(《深入无浅语 字字楚骚心:略论船山词的思想成就》,《船山学刊》1984年第2期)、彭靖(《王船山词的思想特色》,湖南省社会科学院编:《王船山学术思想讨论集》,长沙:湖南人民出版社1985年版,第600页)、陈书良(《略论佛学对王船山诗词的影响》,《船山学刊》1985年第1期)、章自福[《论王船山的咏物词》,《衡阳师专学报(社会科学版)》1986年第4期]等。

艺术造诣都阐述得比较充分，而其狭隘性或偏见则分析得较粗。有时问题提得很尖锐，很好，如论述船山对唐诗的评价，指出他对杜、白等大家、名家颇多微辞，而对一些次要作家如宋之问等反而评价很高；论对明诗的评价，指出船山的诗论中也有浓厚的复古色彩，然对前后七子的复古却批判得极尖刻。这样的问题都是提得很深刻的，而对形成这种情况的原因的分析则稍嫌简略，似犹有未尽。”①其不足当然不止马先生所列举的这些。譬如，在评价船山诗论称船山诗论是儒家诗论与审美诗论的结合，这种提法并不是谭氏一人这样主张，但儒家诗论是什么，审美诗论是什么，它们是如何形成的，又是如何相互影响的，这些问题讨论不充分。②更何况，儒家诗论，审美诗论，古人并没有这样的提法，而是当代人的概括，就更应该作详细的论证。又譬如关于船山诗词创作的主题，似乎只停留在“爱国主义”这一主题的探讨上，属于这个主题的作品就加以详细讨论，而不属于这一范围的作品分析简略甚至不加以讨论。

二、陶水平的王船山诗学研究

陶水平，1958年生，江西南昌人，江西师范大学教授。陶水平于2000年一年发表12篇论文，探讨了船山诗论中各种观点。以此为基础，陶水平先生出版了船山诗学专著《船山诗学研究》。

（一）《船山诗学研究》关于船山诗学的总看法是船山诗学是中国儒家诗学美学化的最后完成③

陶氏认为要分三层来理解：首先，船山诗学属于儒家诗学范畴；其二，船山诗学属于一种美学化了的儒家诗学；其三，船山诗学标志着儒家诗学美学化的完成。④正是基于这种思考，陶氏概括出如下内容：船山诗学的“诗

① 马积高：《序》，谭承耕：《船山诗论及创作研究》，湖南出版社1992年版，第4页。

② 这一问题有学者讨论更深入，如肖驰指出中国古代诗学由中唐至两宋开始分化为自成畛域的两股潮流：以理学家文艺观为代表的儒家政教中心派和以司空图、严羽等的意境说为代表的审美中心派，由明至清初是这两股潮流逐渐汇合的时期，前后七子的理论是两潮流汇合中的产物，从“诗教”到“乐教”，从音乐美到意境美则是此过程中的两次理论递进，明清之际王夫之的诗歌美学，则反映了这个汇合的完成（肖驰：《从前后七子到王夫之——论古代两大诗学思潮的汇流》，《学术月刊》1983年第1期）。

③ 陶水平：《船山诗学研究》，北京：中国社会科学出版社2001年版，第9页。

④ 陶水平：《船山诗学研究》，北京：中国社会科学出版社2001年版，第9页。

道性情”的诗歌本体论、“情景相生”的诗歌创作论、“诗乐一理”的诗歌音乐美论、“诗艺浑成”的艺术表现论以及推崇神韵之美的诗歌理想论或曰意境论等,从几个相互关联的侧面来展开论述,以期对上述论点有所论证;最后,立足于“合”的综合视角,进一步研究船山诗学的理论个性及其形成语境。[①]

虽然说,《船山诗学研究》的主要命题甚至结论都是研究者主要讨论的问题,其言说的形式也并不新,但这部著作仍有其特点。特点之一,就是通过对船山学尤其是船山诗学研究回顾和分析寻找过往研究中存在的问题,发现突破之处。陶氏认为船山诗学研究过去存在不足或问题主要在以下几个方面:(1)船山是一位在中国哲学史上具有崇高地位的哲学大师,而现有的对船山诗学的研究论著中,除了黄保真、蔡仲翔、成复旺《中国文学理论史》和熊考核《王船山美学》比较重视对船山诗学的哲学基础的研究之外,大多数论著往往不能结合船山诗学与船山哲学来论述,因而导致对船山诗学谈得不深不透,有的甚至不准确;(2)船山是一位古典诗论家,而学界恰恰对船山诗学思想的内在体系揭示不够,从而使得船山诗学的丰富内涵不能得以彰显;(3)对船山诗学与前人诗学的关系认识得不充分,相应地,对船山诗学的总体性质、个性或特点及其在中国诗学史上的地位也研究得不够,因而导致对船山诗学整体面貌认识不清晰;(4)对船山诗学思想形成的历史文化语境关注得不够,因而导致对船山诗学的独创性和历史局限性认识得不够充分;(5)对船山诗学的一些重要范畴、术语、概念的研究不够;(6)结合船山诗歌创作来研究船山诗学还有巨大的研究空间;(7)对船山诗学与西方诗学和美学的比较研究还比较欠缺;(8)就现有的两本船山美学和诗学的研究专著来说,前者从“形而下”的角度切入(即结合诗歌艺术的分析)不够,而后者从“形而上”的角度切入(即从哲学、美学高度思考)有所欠缺。[②]基于此,陶氏将自己的研究定为四个维度:其一,将船山诗学与船山哲学结合起来加以审视,深入研究船山诗学的哲学基础,充分探讨船山诗学与其哲学体系的内在联系;其二,揭示船山诗学思想的内在体系或逻辑联系;其三,把船山诗学置于中国诗学发展史的链条或坐标中给予观照;其四,重视对船山诗学思想

① 陶水平:《船山诗学研究》,北京:中国社会科学出版社2001年版,第15页。

② 陶水平:《船山诗学研究》,北京:中国社会科学出版社2001年版,第8—9页。

形成的历史文化语境的研究。[①]

（二）将船山诗学思想加以系统化是陶氏著作的特点

众所周知，船山有关诗学方面的论述散见于他的许多著作中，没有现代意义的成系统的著作，但是陶氏却建构了船山诗学体系。这个体系就是船山诗学的"诗道性情"的诗歌本体论、"情景相生"的诗歌创作论、"诗乐一理"的诗歌音乐美论、"诗艺浑成"的艺术表现论以及推崇神韵之美的诗歌理想论或曰意境论等。[②]这种系统性被论者加以称道。就像童庆炳先生在序言中指出的那样，"陶水平走进了王船山，又走出了王船山。他的研究是有创新的结论的。他认为王夫之的诗学是中国儒家诗学美化的完成。他倾尽全力论证了这一点"[③]。曾凡盛、赵炎秋以《王夫之研究的新创获》为题对《船山诗学研究》进行了全面的评价：一、全书贯穿着王夫之诗学是中国儒家诗学美学化的最后总结和完成这一创新性命题，并围绕这一命题拈出王夫之诸种重要诗学术语进行详细的分析和现代阐释，使王夫之诗学思想的内在体系清晰可见；二、全书立足于王夫之诗学，又能放眼于中国古代诗学的嬗变，始终把王夫之诗学置于中国诗学发展史的过程加以参照、比较，突出了王夫之诗学的理论个性和历史贡献；三、为了全方位把握王夫之诗学思想，作者打破了诗学理论研究的旧有的狭隘格局，把文艺学、心理学、哲学及美学等学科的研究成果引入中国古代诗学理论的研究，打通了诗学研究与相邻学科的间隔，使王夫之诗学有了深厚的理论背景。[④]

（三）陶著所引起的争议

但也有学者对《船山诗学研究》的核心论点——王夫之诗学美学化最后完成有不同意见。王兴国先生说："有的论者则指出，船山诗学是充满矛盾的诗学。船山一方面强调'身之所历，目之所见'，另一方面又反对'求形模……求故实'；一方面重'诗道性情'，另一方面又主张'以意为主'；一方面批

① 陶水平：《船山诗学研究》，北京：中国社会科学出版社2001年版，第9页。

② 陶水平：《船山诗学研究》，北京：中国社会科学出版社2001年版，第15页。

③ 童庆炳：《陶水平〈船山诗学研究〉序》，陶水平：《船山诗学研究》，北京：中国社会科学出版社2001年版。

④ 曾凡盛、赵炎秋：《王夫之研究的新创获》，《广东教育学院学报》2002年第4期。

评‘诗入理语’，另一方面又认可‘诗立风旨以议论……皆可’等等。但学界对船山诗学的研究却很少顾及这种矛盾，因而没有区分出一个儒家诗学的性情论言说者王船山和一个背离儒家诗学的诗心抉发者王船山。因此，说‘船山诗学是中国儒家诗学美学化的最后完成’，就是值得商榷的。”[①]这还只是从船山诗学思想的一些内在矛盾来考察。实际上，有没有所谓的儒家诗学？如果有所谓儒家诗学，那它指是先秦儒家，还是两汉经学，还是宋明理学呢？这种儒家诗学以什么样的著作形态为标志呢？显然，这种前提还没有弄清，所谓结论是否可靠？

三、萧驰的王船山诗学研究

（一）萧驰的生平及其船山诗学研究论著

萧驰，北京人，1947年生，后移居新加坡，任职新加坡国立大学。20世纪80年代以来，以中国诗歌美学为中心主题发表论文、出版著作，曾发表过《王夫之的诗歌创作论——中国诗歌艺术传统的美学标本》（《中国社会科学》1984年第3期）、《从前后七子到王夫之——中国两大诗学思潮的汇流》（《学术月刊》1983年第1期）等论文，出版过《中国诗歌美学》（北京大学出版社1986年版）、《中国抒情传统》（允辰文化出版公司1999年版）等著作。

《抒情传统与中国思想——王夫之诗学发微》是萧驰研究王夫之诗学新著，全书共七章。这七章原是单篇文章，著者称：“各篇实际上是在两年多时间里分别陆续完成的。最后又斟酌各方意见，以两三个月时间作出修改和统稿。并增加或修改了原篇章的副标题以凸显船山诗学揭示抒情传统与中国思想关联的特殊意义。”[②]全书未标章节序号，仍用单篇文章的题目。

（二）萧驰的船山诗学研究特点

萧驰的船山诗学研究呈现出三个特点：一是有比较强的针对性，针对学术界的过失。著者说：

---

① 王兴国：《船山学研究的新进展——2002王船山国际学术研讨会综述》，《船山学刊》2003年第1期。

② 萧驰：《重现抒情传统与中国思想间一座天桥（代序）》，萧驰：《抒情传统与中国思想——王夫之诗学发微》，上海：上海古籍出版社2003年版。

> 然而,反观多年以来今人关于船山诗学的研究,包括本人二十世纪八十年代初发表的这一方面的论文,却普遍存在着将其诗学与其经学、子学割裂的现象。究其原因,大概有如下二端:首先是在中国文论史上,如亚里士多德、叔本华和尼采那样能一身而兼为大文论家和大哲学家的人物,船山是绝无仅有者,研究者容易忽略其特殊性。其次,船山在上述两个领域的著述都堪称卷帙浩繁,综合研究的难度较大。然而,这种割裂式的研究不仅使对于其诗学许多范畴的界定,失去了参照依据,更牺牲了上述船山诗学对探索中国抒情传统的独一无二的价值。本书的写作,首先是为补偿过去的过失。我在二十世纪八十年代初曾就船山诗学发表过一些论文,虽然是由最权威的学术刊物刊出,然而,囿于当时的学术环境和本人学养、视野,这些文字今天是令作者赧汗的。……由于这些文字中的失误,我亦成为学界若干谬论的始作俑者,实有纠正之责任。所以读者在本书各篇中都能读到作者对过去的自省。这种反省,有时又超越个人,成为对作者身历其中、且有无穷瓜葛的学界若干普遍观念的反省。具体地说,讨论“现量”一篇对时下以文艺心理学为框架解释“情景交融”作了反省。①

二是将王夫之的诗学与其哲学联系起来研究,特别是将新儒学引入其中。著者说:

> (船山诗学)处处体现了中国文化“有机”(organistic)宇宙观念:即宇宙秩序呈人类艺术的“音乐的”形式,承载着人类价值,善与美;而人类艺术则在节奏上“重义地”体认出宇宙生命。笔者坚持认为:这才是不为宗教意识统摄的中国文化中超越儒家政治理想的终极信念,亦是此文化光辉标志抒情传统之审美理想。作为艺术理论,船山诗学或许是上述信念的最完整、最透彻的表达。②

萧著从船山诗学与船山哲学的相关性来考察这一特点,从每篇的题目也可以看出。由此,我们还可以看到萧氏的研究有比较浓厚的新儒家的特

① 萧驰:《重现抒情传统与中国思想间一座天桥(代序)》,萧驰:《抒情传统与中国思想——王夫之诗学发微》之,上海:上海古籍出版社2003年版。

② 萧驰:《重现抒情传统与中国思想间一座天桥(代序)》,萧驰:《抒情传统与中国思想——王夫之诗学发微》之,上海:上海古籍出版社2003年版。

点。这样的特点,首先可以从文章题目上看出来。例如,第二篇文章,题目为《船山天人之学在诗学中之展开(上)——兼论“情景交融”与儒家性命哲学》,第七篇的题目为《宋明儒的内圣境界与船山诗学理想——兼论诗美形态与生命情调》,其中“性命哲学”“内圣境界”等均为新儒学中的命题。其次,具体展开论述时也是以新儒学的方法进行。这样的例子充满整个的著作,俯拾即是。

三是在具体研究中胜义频出。由于著者思虑的深远和方法的独特,在论述常常有出人意料的洞见。如在考察船山诗学中的“现量”时探讨了船山对“诗史”的批评,说:

> 船山由“现量”范畴而对抒情诗的界定,使他合乎逻辑地抵触“诗史”的说法。……据笔者看来,更重要的也许是:船山于此——在与亚里士多德全然不同的意义上——指出了诗与史的界限:史是“从旁追叙”,即站在事件和时间的距离之外,以第三者的立场叙述,“挨日顶月,指三说五”[①];而诗则要在“天人性命往来授受”的当下,“睹面相当”地亲证。[②]

又如对船山“情景”范畴的考察,也提出了别人未提出的意见,云:

> 船山论情景之合,稍微背离传统诗论“触物以起情”的“兴义”,而显心与物,情与景之间的同步性或往来授受,即其所谓二者“相值而相取,一俯一仰之际”,“于己心物理上承授”,“相为珀芥”云云。在此,情、景之间确乎是“时无先后,权无主辅”。“起用义”和“独运之神”;同时,亦肯定了“景”之“凝成义”“呈法义”和“成体义”。[③]

又称船山诗学中的“势”应当是一个与船山对于诗的本质乃至现象世界的本质的根本理解直接关联的范畴,故而亦是彰显中国抒情传统本质的范畴。[④]

---

① 原注:祝允明《董烈妇行》评语中论元白“诗史”语,《明诗评选》卷二,《船山全书》第十四册,长沙:岳麓书社1996年版,第1203页。

② 萧驰:《抒情传统与中国思想——王夫之诗学发微》,上海:上海古籍出版社2003年版,第15页。

③ 萧驰:《抒情传统与中国思想——王夫之诗学发微》,上海:上海古籍出版社2003年版,第80页。

④ 萧驰:《抒情传统与中国思想——王夫之诗学发微》,上海:上海古籍出版社2003年版,第93—94页。

第五章 王船山学术思想研究的集成创新

第一节 王兴国的王船山学术思想研究

自20世纪80年代始，有一批学者注意对船山学学科、王船山学术思想研究史进行探讨。其中王兴国先生用力多而成果丰富。王兴国，1937年生，湖南长沙人，船山学社社长。王兴国先生在船山学研究方面的贡献较多，在此主要探讨他在船山学学科建设与王船山学术思想研究史方面的贡献。

一、明确“船山学”学科概念，确定船山学研究内容

新中国成立后比较早提出“船山学”这一名称的是方克立先生，但对船山学学科研究予以深化与展开的是王兴国先生。方克立先生在1982年4月12日天津召开的纪念王船山逝世290周年学术报告会上作了题为《船山学的回顾与展望》的报告[①]，随后又在湖南召开的纪念王船山逝世290周年学术讨论会提出建立“船山学”这一问题。王兴国先生说：“早在1982年，方克立教授就提出了建立‘船山学’的问题。他说：‘船山学是一门以我国十七世纪著名唯物主义思想家王夫之生活活动和学术思想为研究对象的新学问。’‘在世界哲学史中，封建时代的哲学以中国发展得最为完善、最为成熟、最具有典型意义，而船山哲学又代表了中国封建时代哲学的最高成就，由他高度发展了的朴素唯物主义和朴素辩证法相结合的哲学形态，不仅在中国，而且在世界哲学史上都具有典型意义，在整个人类认识史上是不可缺少的重要一环，是一系列圆圈中应该用粗线划的圆圈。船山学不仅是中国人民的历史遗产，而且是全人类共同的思想财富。王船山应该是一个世界性的人

① 韩强：《天津举行王船山学术报告会》，《国内哲学动态》1982年第7期。

物。'"[①]这之后,吴立民、徐荪铭也说:"船山学是一门综合性的学问,涉及哲学、史学、文学、政治、经济、教育、宗教各个领域。从中国传统思想发展的轨迹和王船山学术思想的路数看,也可以说船山归宗儒家正学,熔炼和超越了释、道诸家。"[②]相比较而言,王兴国先生对船山学的形成及其内涵探讨更加深入,他在《船山学研究四十年之回顾》一文中追溯了船山学学科的形成,称其名称与内涵先由方克立先生提出,然后通过船山学学者的努力,船山学已初步形成,其具体表现有以下几个方面:1.湖南于1982年重建了船山学社,衡阳于1988年成立了船山学会;2.恢复出版了《船山学报》(1991年后改为《船山学刊》);3.编辑和整理出版了《船山全书》;4.出版了一大批研究船山生平和思想的专著;5.对于有关船山思想的一些学术问题,进行了比较深入的讨论。[③]王兴国先生还对船山学研究内容进行了界定。王兴国先生综述2002年王船山国际学术研讨会会议情况时提出船山学研究内容有船山生平活动、著作的刊刻出版历史的研究;船山各个方面的思想研究;船山的家庭、父兄、子侄、师友、交游的研究;船山思想渊源、影响及在世界思想史、中国思想史和湖湘文化史上历史地位的研究;船山学研究著作的研究;等等。[④]在此之后,王兴国先生又说:

> 关于船山学的定义,如前所述,方克立教授认为船山学是一门以"王夫之生平活动和学术思想为对象的新学问"。方教授下这个定义的时间已经过去20多年了,现在我觉得除了船山的生平和学术思想之外,一切与船山有关的理论与实践问题的研究均应列入船山学的视野。[⑤]

接着,王兴国先生具体列了13个方面的内容:1.船山的生平、行迹、事迹研究,船山历史遗迹、文物的保护研究;2.船山的家庭、亲属和师友以及他们对于船山的影响研究;3.船山著作的写作和刊刻、出版情况研究,船山著作佚

① 王兴国:《船山学研究四十年之回顾》,《船山学刊》2002年第4期。
② 吴立民、徐荪铭:《船山佛道思想研究》,长沙:湖南出版社1992年版,第8页。
③ 王兴国:《船山学研究四十年之回顾》,《船山学刊》2002年第4期。
④ 王兴国:《船山研究的新进展——2002年王船山国际学术研讨会综述》,《船山学刊》2003年第1期。
⑤ 王兴国:《关于船山学学科建设的两个问题》,《衡阳师范学院学报》2006年第4期。

文的继续收集整理；4.船山各方面学术思想的专题和综合性研究，船山生平和学术思想研究中有争论问题的研究；5.船山思想渊源、影响及其在世界思想史、中国思想史和湖湘文化史上历史地位的研究；6.船山研究方法论的探讨和研究；7.船山思想现实意义的研究；8.船山学发展的历史阶段及各阶段历史特点的研究，不同历史阶段中一些对船山学有贡献的代表人物及有代表性的著作的研究；9.从思贤讲舍到船山学社等国内外有关船山的教育和学术机构的研究；10.从民国时期的《船山学报》到当代的《船山学刊》，包括《衡阳师范学院学报》的船山研究专栏的研究；11.国外及中国港台船山学的情况及其特点的研究；12.船山思想和著作普及推广的研究；13.船山学的未来发展和展望的研究。①由此可知，王兴国先生的“船山学”定义是：船山学是一门以王船山生平活动、学术思想以及一切与王船山有关的理论与实践问题为对象的学问。

二、深入探讨王船山学术思想研究史并进行总结

王船山学术思想研究史的研究的一个重要内容就是要对王船山学术思想研究史进行分期。20世纪80年代以来，学界中探讨过这一专题研究的代表人物有方克立、陶懋炳、杨坚、张立文等。方克立先生提出船山学的三个阶段说。②陶懋炳等人也将王船山学术研究分为三个大的阶段。③杨坚提出六期说。④张立文也将王船山学术思想研究史划分为六个阶段。⑤王兴国先生并没有进行王船山学术思想研究史的分期研究，但他关注这一问题。他说：“在最近召开的船山学学科建设研讨会上，有的学者又提出‘五阶段说’和‘六阶段说’说。这些不同分期的歧异，原因在于所据标准的不同。”⑥尽管王兴国先生没有全面进行王船山学术思想研究史分期研究，但他的一些研究论文也触及这一问题。王兴国先生将近现代王船山著作及思想的传播分为三个阶段：1842—1895年，主要是其著作刊布、流传时期；1895—1919年前

① 王兴国：《关于船山学学科建设的两个问题》，《衡阳师范学院学报》2006年第4期。
② 韩强：《天津举行王船山学术报告会》，《国内哲学动态》1982年第7期。
③ 陶懋炳：《船山研究综述》，《湖南师院学报》1982年第4期。
④ 王夫之：《船山全书》第十六册，长沙：岳麓书社1996年版，第1458页。
⑤ 张立文：《正学与开新——王船山哲学思想》，北京：人民出版社2001年版，第407—425页。
⑥ 王兴国：《关于船山学学科建设的两个问题》，《衡阳师范学院学报》2006年第4期。

后,为船山思想复活时期,此时期资产阶级改良派和革命派都大力宣传王船山;1919—1949年,为船山研究学术化时期。

王兴国先生研究重点是放在清末民初和1962年至2002年这两个时期的王船山学术思想研究。关于清末民初船山学研究,王兴国先生首先界定两个概念:一是"清末民初",所谓"清末民初"指19世纪末的戊戌变法前后至20世纪20年代初梁启超《清代学术概论》和《中国近三百年学术史》出版这一段时间;另一个概念是"王船山论",所谓"王船山论"是指这个时期内一些重要的政治家、思想家对王船山思想言论的利用和评论。[①]然后,王兴国先生对"夷夏之辨""民主思想""哲学思想""历史地位"进行具体分析,其中不乏精妙之论;如关于"夷夏之辨",首先肯定在清末资产阶级维新派特别是革命派的政治斗争中王船山的夷夏之辨成了他们反清排满的重要思想武器,然后辨析了谭嗣同、康有为、章太炎对夷夏之辨的理解与利用的区别,揭示了杨昌济将船山传统的夷夏之辨发展为反对帝国主义的现代爱国主义的贡献;如关于"哲学思想",对船山哲学思想研究较深、运用较多者,主要是维新派,前期为谭嗣同,中间为杨昌济,后期为梁启超;关于"历史地位",在梁启超之前,学者和思想家都将王船山当作理学家,梁启超最早将船山之学与宋儒对立起来。[②]通过细致的分析,王兴国先生得出了两点结论:一是当代船山研究虽然在许多具体的学科领域、具体问题的研究上,较清末民初的船山研究更为深入、具体和细致,但在一些主要理论问题,诸如夷夏之辨、启蒙思潮、民主思想、与宋明理学的关系及哲学思想中的一些问题等,基本上没有超出清末民初学者们提出问题的范围;二是清末民初学者的船山学研究,带有鲜明的政治色彩,也可以说是经世致用倾向。[③]王兴国先生这一研究有深度,对此时期船山学研究颇具指导意义。

关于1962年至2002年这一时期的王船山学术思想研究史的研究,王兴国先生撰有《船山学研究四十年之回顾》一文。1962年11月在湖南长沙召开纪念王船山逝世270周年学术讨论会,这是一个重要历史事件。或许在王兴

---

① 王兴国:《清末民初船山学论述评》,《船山学刊》1994年第1期。

② 王兴国:《清末民初船山学论述评》,《船山学刊》1994年第1期。

③ 王兴国:《清末民初船山学论述评》,《船山学刊》1994年第1期。

国先生看来，是新中国船山学研究进程中的一个重要标志。既是亲历船山学研究之始，事件又具有重要意义，所以王兴国先生将其作为四十年船山学研究的起点就不难理解。王兴国先生对这四十年的船山学，除了回顾其历程以及具体成绩外，重点放在对四十年船山学史进行总结。王兴国先生认为四十年船山学史有五个方面值得注意：一是对于船山思想一些主要方面进行总结性的研究；关于这一点举了萧萐父、许苏民《王夫之评传》这一成果为例进行说明。二是注意从宏观上把握船山各个方面思想的内在联系；点评了四部船山学专著：萧萐父、许苏民的《王夫之评传》，陶水平的《船山诗学研究》，熊考核的《人文船山》，林安梧的《王船山人性哲学史之研究》。三是从历史的宏观发展的视角探讨王夫之的某一学术领域的独特贡献；王兴国先生在此评价了陈远宁的《中国古代易学发展第三个圆圈的终结——船山易学思想研究》、章启辉的《船山"四书学"思想研究》、陈赟的《回归真实的存在——王船山哲学的阐释》。四是从更加宏观的视野探讨过去船山研究中的一些有争论的问题；讨论这一问题时用了萧萐父、许苏民的《王夫之评传》中的材料，指出该书用大量的史料从"经济变动""社会矛盾""从政治危机到民族危机""文化变异"等方面，对于船山启蒙思想产生的历史背景进行了系统而深刻的分析，把对于船山启蒙思想的研究推进了一大步。五是将船山研究放在社会主义现代化建设的大背景中进行宏观探讨。[①]

对王船山学术思想史的研究体现了王兴国先生作为船山学专家特有的学术观察力，同时也反映了他的反思精神与推进船山学学科发展的强烈愿望。王兴国先生在一篇文章中道出两点感想："1.在近现代，王船山的确受到不同派别、集团的推崇，出现过'人人都说船山好'的现象。但只要稍加分析便可发现，不同派别的人们所推崇的重点又是各不相同的。2.中国共产党人所领导的中国革命，在近代是继承了谭嗣同、梁启超、章太炎、杨毓麟等人所从事的事业；因此，自然而然，在过去的船山研究中也往往以他们的一些评价作为准绳。今天回过头来看，他们的某些评价不能不带上时代的色彩乃至个人感情的主观，可能失之偏颇。正因为中国共产党人继承了革命先行

① 王兴国：《船山学研究四十年之回顾》，《船山学刊》2002年第4期。

者们的事业，因而也附带继承了他们对船山的推崇。”[①]这种感想，既是王兴国先生对现代船山学研究的一种反思，又是他深入探讨船山学史的原因的暗示。船山学为何会发展到当代这种局面以及对某些问题产生原因的探寻是王兴国先生研究王船山学术思想研究史的动因。

三、对船山学专家进行个案研究，揭示其贡献

王兴国先生除了注重船山学术思想研究史的宏观探讨外，还对船山学者进行个案研究，具体探讨了冯友兰[②]、萧萐父[③]、侯外庐[④]等多位著名学者的船山学研究。

2002年以前，王兴国先生只研究了冯友兰的船山学研究。冯友兰在民国时就是一个名满天下的哲学史家，中华人民共和国成立后又活跃在新中国学术界，因此，冯友兰的船山学研究就是重要的研究对象。王兴国先生选取冯友兰作为第一个案进行研究应该是有其特殊的考虑的。王兴国先生在探讨冯友兰的船山研究之先就透露了一个在别的文献中很难找到的材料，那就是冯友兰在1962年11月召开的纪念王船山逝世270周年学术讨论会期间说过的一句话，他在济南会议期间，对孔子思想唱的是“高调”，而在长沙会议上对王船山思想唱的是“低调”。[⑤]这种史料无论是对王船山学术思想研究史研究，还是对冯友兰的个人研究都是有重要作用的。王兴国先生也由此指出了冯友兰的学术个性——在学术研究上的一种反潮流精神，并突显了冯友兰对船山思想的独特见解，这是王兴国先生对冯友兰船山研究的一个总的评价。[⑥]王兴国先生然后从三个方面探讨冯友兰的船山研究，首先，探讨了冯友兰关于船山哲学思想与宋明道学的关系的研究；冯友兰对于这种关系并没有坚持一贯的意见，王兴国先生用“前后有所变化，但变之中又有不变”一语进行概括；冯友兰先是主张王船山哲学是反道学的，但后来主张船山不反道学，虽然观点有变化，但王兴国先生肯定冯友兰始终将王船

① 王兴国：《王船山与中国近现代》，《船山学报》1989年第1期。
② 王兴国：《简论冯友兰先生的船山研究》，《船山学刊》1996年第2期。
③ 王兴国：《萧萐父先生对船山学的贡献》，《船山学刊》2004年第1期。
④ 王兴国：《侯外庐先生对船山学的贡献》，《衡阳师范学院学报》2004年第4期。
⑤ 王兴国：《简论冯友兰先生的船山研究》，《船山学刊》1996年第2期。
⑥ 王兴国：《简论冯友兰先生的船山研究》，《船山学刊》1996年第2期。

山放在道学发展的总的链条中进行分析。[①]其次，王兴国先生探讨了冯友兰关于船山认识论思想中的程、朱唯心主义残余，冯友兰主张在心与理的关系问题上，王船山对于朱熹的批判不成功并且陷入朱熹的圈套。[②]在1962年的会议上，冯友兰的观点是少数派，比较孤立，但他坚持；王兴国先生肯定冯友兰的学术个性。[③]最后，探讨冯友兰关于船山思想的历史地位的看法。王兴国先生认为冯友兰说"王是旧时代的总结"所以将王船山放在《中国哲学史新编》第5册即道学发展的最后一章，而将黄宗羲放在第6册第1章，说"中国历史第二次大转变时期思想界的先驱者"，这表明冯友兰赞成侯外庐先生划分启蒙者的标准，但不赞成将王船山归入启蒙思想家之列。[④]

2004年，王兴国先生连发两篇论文探讨侯外庐、萧萐父的船山学研究。关于侯外庐的船山学研究的贡献，王兴国先生首先用一句话概括，谓"侯老不仅在精神上和学风上追随王船山，而且开中国现当代马克思主义的观点研究王船山的新生面"；然后从三个方面分析侯外庐的船山学贡献：侯外庐的船山学贡献之一是明确将船山界定为中国早期启蒙思想家。[⑤]关于这一点，王兴国先生是详细分析了侯老由《船山学案》到《中国思想通史》第5卷第1章的演变完善过程，强调侯老的研究是科学的严谨的，其方法更具有引领性：侯老始终注意社会史与思想史的关联这一马克思主义的研究方法却是开中国思想史研究之先河。[⑥]侯外庐的船山学贡献之二是深刻揭示了船山"六经责我开生面"的科学精神，王兴国先生认为侯老肯定船山的科学精神主要体现在他对船山方法论的肯定上，侯老揭示出的船山的方法论主要表现在两个方面：其一，尽其能事痛斥佛老二氏的世界观，而吸取二氏的方法论；其二，对古代唯物主义思想的继承，特别强调侯老对船山学说与王充学说内在关系的深刻揭示是一大创见。[⑦]侯外庐的船山学贡献之三是第一次系统剖析了船山的哲学思想体系，王兴国先生认为侯老分析出的船山哲学

① 王兴国：《简论冯友兰先生的船山研究》，《船山学刊》1996年第2期。
② 王兴国：《简论冯友兰先生的船山研究》，《船山学刊》1996年第2期。
③ 王兴国：《简论冯友兰先生的船山研究》，《船山学刊》1996年第2期。
④ 王兴国：《简论冯友兰先生的船山研究》，《船山学刊》1996年第2期。
⑤ 王兴国：《侯外庐先生对船山学的贡献》，《衡阳师范学院学报》2004年第4期。
⑥ 王兴国：《侯外庐先生对船山学的贡献》，《衡阳师范学院学报》2004年第4期。
⑦ 王兴国：《侯外庐先生对船山学的贡献》，《衡阳师范学院学报》2004年第4期。

思想体系是由如下部分构成:自然唯物论哲学——细缊生化论,运动观,认识论和知识论,人性论,道器论和社会史观。[1]关于萧萐父先生,王兴国学生称之为当代对船山学研究最有成就的学者,并用了神契船山之魂之语来肯定其对船山精神的契合。[2]至于萧先生的船山学贡献,王兴国先生认为主要有三个方面的贡献即深化了对船山启蒙思想的研究、从微观上剖析船山哲学思想的范畴结构、从宏观上把握船山人格和整体思想。[3]

第二节 萧萐父、许苏民的王船山学术思想研究

萧萐父(1924—2008),祖籍四川井研,武汉大学中国哲学教授。许苏民,1952年生,江苏如皋人,1992年8月评聘为研究员至湖北省社会科学院哲学研究所工作,现为南京大学教授。萧萐父、许苏民著《王夫之评传》,2002年由南京大学出版社出版。

在20世纪80年代,邓潭洲的《王船山传论》、蔡尚思的《王船山思想体系》均对王船山思想进行了全面的研究,也构建了当时较为全面的王船山思想研究体系,但相对于萧萐父、许苏民合著的《王夫之评传》来说,那都显得不够全面或者只是铺开了一个摊子并未真正进行深入的研究。《王夫之评传》全面完善了马克思主义王船山思想研究体系,其体系基本内容为:一、研究王船山思想的来源;二、研究王夫之哲学思想;三、研究王夫之史学思想;四、研究王夫之道德伦理思想;五、研究王夫之政治经济思想;六、研究王夫之宗教思想;七、研究王夫之文艺美学思想。所以有人评价说:"2002年,萧萐父和许苏民合著的《王夫之评传》出版。这可以说是用马克思主义解读王船山的集大成者。"[4]许苏民先生作为萧先生的学生与合作者,他说:"萧先生的《王夫之评传》,既是他50年来潜心钻研、精思独运的结果,同时在某种意

① 王兴国:《侯外庐先生对船山学的贡献》,《衡阳师范学院学报》2004年第4期。

② 王兴国:《萧萐父先生对船山学的贡献》,《船山学刊》2004年第1期。

③ 王兴国:《萧萐父先生对船山学的贡献》,《船山学刊》2004年第1期。

④ 刘梁剑:《百年船山学的变迁、困境与出路》,《南通师范学院学报》(哲学社会科学版)2004年第1期。

义上也可以说是他所带领的学术团队集体智慧的结晶。”[①]

一、萧氏在自己以往研究的基础上又有新拓展

萧萐父先生在出版《王夫之评传》之前，对于王船山思想主要集中在船山哲学的本体论、辩证法、认识论和历史哲学诸领域，因而《王夫之评传》首先在这几个领域集成了萧氏自己以往的研究成果。

关于本体论。萧萐父先生从有无虚实之辨、理气之辨、道器之辨三个方面论述王夫之的哲学本体论——“太虚一实，体用俱有”。这种论述的雏形见于萧氏于20世纪60年代所写的《王夫之哲学思想初探》的第二部分“王夫之的本体学说”。原来的论述主要集中在两个论题上。第一个论题是论“太虚一实”“从其用而知其体之有”，萧氏指出：“首先，王夫之针对唯心主义者所提出的‘理无内外’（‘理’是无限的）而‘气有不存’（‘气’是有限的）观点，唯物主义地论证了‘气’的普遍无限性。”[②]其次，王夫之深刻地论述了“气”是一切运动变化的主体，而运动是“气”的根本属性，由此，规定了“气”的永恒不灭性。[③]萧氏说：“王夫之还并未止步，他进而运用‘诚’‘实’‘有’等概念，并给以新规定，试图从哲学意义上更高地来概括物质世界的最本质的属性，即客观实在性。”[④]萧氏又说：“这样，基于对‘气’范畴的哲学规定，基于对‘理气关系’问题的较彻底的唯物主义解决，王夫之基本上终结了宋明道学中的程朱理学。”[⑤]第二个论题是“天下惟器”“无其器则无其道”。[⑥]显然，关于王船山哲学的本体论，在《王夫之评传》中，萧先生通过辨析对有无虚实、理气、道器诸范畴阐述得更加明晰。

---

① 许苏民：《萧萐父先生船山学方法论述要》，《船山学刊》2005年第4期。

② 萧萐父：《王夫之哲学思想初探》，湖南省哲学社会科学学会联合会、湖北省哲学社会科学学会联合会合编：《王船山学术讨论集》，中华书局1965年版，第14页。

③ 萧萐父：《王夫之哲学思想初探》，湖南省哲学社会科学学会联合会、湖北省哲学社会科学学会联合会合编：《王船山学术讨论集》，中华书局1965年版，第15页。

④ 萧萐父：《王夫之哲学思想初探》，湖南省哲学社会科学学会联合会、湖北省哲学社会科学学会联合会合编：《王船山学术讨论集》，中华书局1965年版，第18页。

⑤ 萧萐父：《王夫之哲学思想初探》，湖南省哲学社会科学学会联合会、湖北省哲学社会科学学会联合会合编：《王船山学术讨论集》，中华书局1965年版，第25页。

⑥ 萧萐父：《王夫之哲学思想初探》，湖南省哲学社会科学学会联合会、湖北省哲学社会科学学会联合会合编：《王船山学术讨论集》，中华书局1965年版，第25页。

关于王夫之辩证法,萧先生从"细缊"诸义、动静观、化变观、生死观、两一观、常变观、时空观论述王夫之的辩证发展观(气化流行论)——"太虚本动,变化日新"。这些论述源自萧先生20世纪80年代写的论文《王夫之辩证法思想引论》和《王夫之矛盾观的几个主要环节》。在《王夫之辩证法思想引论》中讨论了"细缊""两、一""分合""动静""化、变""内成、外生""始终""贞生死以尽人道"等。[1]在《王夫之矛盾观的几个主要环节》中探讨了"天下之变万,而要归于两端""合两端于一体""非有一,则无两"与矛盾并非"截然分析之物""反者有不反者存"及"势极于不可止,必大反而后能所定""奉常以处变"——朴素辩证法的终结等问题。[2]

关于认识论,萧先生论述了人的类特性、认识的对象、认识的开端、认识的深化、关于知行关系的系统理论、人类认识的目的性等。萧氏于20世纪60年代所写的《王夫之哲学思想初探》一文中就专辟一节讨论"王夫之的认识理论"对"能""所""行""知"以及"实践"均有所讨论[3],但《王夫之评传》这一部分的内容主要来自《王夫之辩证法思想引论》的第三部分"认识论的辩证法"。在这一部分萧先生论述了"关于'知'与'能'""关于'己'与'物'""关于'必'与'事'、'心'与'理'""关于'道'与'德'""关于'知'与'行'""关于'实践'"。[4]其中关于"类特性"的说法源于《王夫之辩证法思想引论》第二部分"理势相成的人类史观"的一段论述:"中国古代朴素形态的唯物辩证法,一般把自然史和人类史看作同一气化过程。从王充到张载,莫不如此。王夫之在承认此前提下,更多注意到人从自然中产生和分化出来以后、'人的类特性'便与动物有'壁立万仞'的区别。"[5]

关于史学思想,萧先生:"我国古代朴素形态的唯物辩证法,一般把自然史和人类史看作同一气化过程。王夫之在承认此前提下,更多地注意到人从自然界中产生和分化出来以后的'类特性',认为人的类特性与'草木禽

---

① 萧萐父:《王夫之辩证法思想引论》,武汉:湖北人民出版社1984年版,第24—37页。

② 萧萐父:《王夫之辩证法思想引论》,武汉:湖北人民出版社1984年版,第78—100页。

③ 萧萐父:《王夫之哲学思想初探》,湖南省哲学社会科学学会联合会、湖北省哲学社会科学学会联合会合编:《王船山学术讨论集》,北京:中华书局1965年版,第39—58页。

④ 萧萐父:《王夫之辩证法思想引论》,武汉:湖北人民出版社1984年版,第57—77页。

⑤ 萧萐父:《王夫之辩证法思想引论》,武汉:湖北人民出版社1984年版,第37页。

兽’有着‘壁立万仞’的界限。由此，区别于自然史观而展示了把人的类存在作为单独考察对象的人类史观。”[1]萧氏又说：“王夫之的史学思想，‘依人建极’。以此为生发点，王夫之深刻阐明了人类从‘植立之兽’到‘文之已备’、从‘既愚且暴’的上古三代到‘文教之薮’的汉唐宋明之发展演变的历史进化过程，并且深入探讨了进化与兴亡治乱，以及历史发展进程中的道与器、理与势、天与人、‘贞一之理’与‘相乘之几’的关系问题，提出并阐发了‘时异而道不同’‘道因时而万殊’‘于势之必然处见理’‘即民以见天’等一系列深刻命题及与此相关的系统理论，在史学方法论上作出了重要的理论建树，并且高度重视‘参万岁而一成纯’的历史教养对于人格塑造和人类历史实践的重要意义，从而把中国史学思想的水平推进到一个超迈前人的新高度。”[2]20世纪60年代萧先生就探讨过王夫之的历史哲学，总括王夫之历史哲学的特点，认为王夫之把他的“道器一贯”“气化日新”的自然史观应用于对社会历史的考察上，发挥了今胜于古的思想观点；深刻地论证了历史发展的方向问题；创立了关于历史发展规律的学说，即“理势合一”“理势相成”的学说，从王夫之对几种“天”的对比分析和对“民之天”在社会生活中作用的估计中，可以看出，王夫之在探索关于历史发展的决定力量这一复杂问题时，多少看到了人民群众在历史上的作用。[3]从这些论述可以看出，萧先生《王夫之评传》中关于王夫之史学思想的最初来源。但是，其直接来源还是《王夫之辩证法思想引论》第二部分“理势相成的人类史观”。在这一部分萧先生论述了“人极”“古、今”“道、器”“理、势”“时几”“相反而固会其通”“变而不失其常”“即民以见天”“援天以观民”等问题。[4]明显可以看出两者之间的相承关系。

以上关于王夫之的本体论、辩证法、认识论、史学思想，萧先生均是集成了自己以前的成果并加以提炼形成了他的王夫之研究成果中最核心的部分。但是，萧先生并不局限于此，还将他的研究从深度和广度两个方面取得

---

① 萧萐父、许苏民：《王夫之评传》，南京：南京大学出版社2002年版，第211页。

② 萧萐父、许苏民：《王夫之评传》，南京：南京大学出版社2002年版，第212页。

③ 萧萐父：《浅论王夫之的历史哲学》，湖南省哲学社会科学学会联合会、湖北省哲学社会科学学会联合会合编：《王船山学术讨论集》，北京：中华书局1965年版，第307—331页。

④ 萧萐父：《王夫之辩证法思想引论》，武汉：湖北人民出版社1984年版，第37—56页。

了更多的成就。首先,我们从深度这一方面来看,例如天人关系可以说是中国哲学的核心范畴,几乎所有的研究中国哲学的学者均会提出自己的看法,但是萧先生从王夫之朴素实践观的深入剖析入手揭示:“这种富于进取精神的‘继善成性’、‘以人造天’的朴素实践观,是明清之际启蒙思潮中反映时代脉搏的最强音。在天人关系问题的哲学探讨中,它与荀况的‘天命可制’的思想和刘禹锡‘天与人交相胜’的思想,在历史上形成了三个坐标点。以朴素实践观为终点的王夫之认识辩证法,把我国朴素唯物主义认识论,推到时代所允许的最高峰!”[①]又例如,萧先生通过大量的新史料的发掘,对王夫之政治思想、法律思想论述有了新的表述。萧先生指出:“为了固其族类而反对绝对君权的‘私天下’,倡导分权而治的‘公天下’,是王夫之政治思想的核心。”[②]萧先生又说:“王夫之还设想了要以法律来制约君主的权力,并制裁君主的不法行为,以建立一个‘天子始而天下咸受裁焉’法治社会。”[③]从新发现的材料出发,萧先生得到了新的结论:“他讲‘治统’和‘道统’是在《读通鉴论》的卷十三和十五,而批判‘正统’论则是在共三十卷的《读通鉴论》卷末;批判宋儒的‘道统’论先是在《读四书大全说》卷九,而在《读通鉴论》中又讲道统论,但揭露‘道统’论乃是专制统治者及其文化仆从‘镇压人心’之具,则是在他的最后一部著作《宋论》的卷六;由此可见,对‘正统论’和‘道统论’持否定的态度,乃是王夫之的晚年定论。”[④]其次,研究领域扩展到王夫之道德伦理思想、政治经济思想、宗教思想、文艺美学思想。在这些领域,萧先生原来的研究,有的偶有涉及,如政治思想,萧先生云:“在这些书中,王夫之都有意识地把评史和论政两者统一起来,借评论史事,来抒发自己的政治主张。”[⑤]萧先生还说:“王夫之对社会历史的研究,由‘理势合一’转到‘即民见天’,再由‘天人’关系转入‘理欲’关系,形成他的历史哲学的几个基本环节,

① 萧萐父、许苏民:《王夫之评传》,南京:南京大学出版社2002年版,第210页。

② 萧萐父、许苏民:《王夫之评传》,南京:南京大学出版社2002年版,第415页。

③ 萧萐父、许苏民:《王夫之评传》,南京:南京大学出版社2002年版,第416页。

④ 萧萐父、许苏民:《王夫之评传》,南京:南京大学出版社2002年版,第445页。

⑤ 萧萐父:《浅论王夫之的历史哲学》,湖南省哲学社会科学学会联合会、湖北省哲学社会科学学会联合会合编:《王船山学术讨论集》,北京:中华书局1965年版,第307页。

而最后，由他的历史哲学所导出的政治结论，乃是一个大公至正的均平原则。”[①]关于文艺美学思想，萧先生写过《船山人格美浅绎》[②]由此可以说，这些领域都是萧先生在王船山研究方面的拓展。

二、汇聚了马克思主义船山研究的成果、吸收新儒家的研究成果

（一）全面继承了侯外庐先生的王船山研究成果

萧萐父在评价侯外庐先生的王船山研究成果《船山学案》时说："第一，《船山学案》运用唯物史观分析明末清初的经济动向和船山思想中反映的时代脉搏，揭示了船山哲学的启蒙意义。"[③]"第二，《船山学案》进一步具体分析船山解放知识的思想路线和学术渊源，揭示了船山哲学在中国学术思想史上的客观地位。"[④]"第三，《船山学案》运用历史方法与逻辑方法相统一的原则研究船山范畴，揭示了船山哲学的逻辑体系。……综观全书，除第一节论'船山解放知识的渊源'外，尚有七节分论：'船山的自然史哲学——絪缊生化论'、'船山自然哲学的诸范畴及其局限'、'船山关于思维与存在的哲学'、'人性论与道器观，人类认识的能动性'、'船山人性论中的近代命题'、'船山的知识论'、'船山的人类社会史论'。其中，前三节探讨了船山的自然史观，中间四节研究了思维与存在、主体与客体、认识与实践的关系，最后一节阐明了船山的人类史观。这样就大体勾画出了船山的以自然史研究为起点、中经对作为认识和实践主体的人的探讨、而以人类史研究为终结的哲学逻辑体系。"[⑤]侯先生这几个方面成就全都为萧先生所继承。关于第一点，《王夫之评传》用了一章的篇幅，论述"明清之际"的历史界定，从经济变化、社会矛盾、政治危机到民族危机、文化变异、时代呼唤思想巨人五个方面论述"明

---

① 萧萐父：《浅论王夫之的历史哲学》，湖南省哲学社会科学学会联合会、湖北省哲学社会科学学会联合会合编：《王船山学术讨论集》，北京：中华书局1965年版，第329页。

② 萧萐父：《船山人格美浅绎》，《船山学刊》1993年第2期。

③ 萧萐父：《侯外庐同志新版〈船山学案〉读后》，萧萐父：《船山哲学引论》，南昌：江西人民出版社1993年版，第158页。

④ 萧萐父：《侯外庐同志新版〈船山学案〉读后》，萧萐父：《船山哲学引论》，南昌：江西人民出版社1993年版，第161页。

⑤ 萧萐父：《侯外庐同志新版〈船山学案〉读后》，萧萐父：《船山哲学引论》，南昌：江西人民出版社1993年版，第164—165页。

清之际”的历史变化或者说是船山哲学的启蒙意义。[①]关于第二点,侯先生有一个概括:“船山之学,涵淹六经,传注无遗,会通心理,批判朱王(对朱熹为否定式的修正,对王阳明为肯定的扬弃),中国传统学术,皆通过了他的思维活动而有所发展,他的方法则是近代的,……”[②]萧先生概括说:“王夫之通过对宋明以来哲学上‘贞邪相竞,而互为畸胜’的形势分析,其所自择的学脉和所自持的学风具有鲜明的时代特色:首先,在学脉渊源上,绝非‘本朱子而黜异端’,而是精研易理,反刍儒经,镕铸老庄,吸纳佛道,出入程朱陆王而在更高的思想层面上复归张载,驰骋古今,自为经纬,别开生面。”[③]其中相承关系一目了然。关于第三点,萧先生亦沿用了侯先生所揭示的船山哲学的逻辑体系。这在前面所阐述的萧先生集成自己的船山研究成果中可以清楚看出。一言以蔽之:萧先生是从方法到基本观点如启蒙说、唯物论、朴素辩证法等全面继承了侯先生,正如萧先生自己所说:“我们自愿继承侯门学脉,自愿接着侯外老的启蒙说往下讲。”[④]

(二)对冯友兰、嵇文甫的王船山研究成果有所吸收

萧先生至少在两个方面吸收了冯友兰的观点。一是有关王船山与道学的关系。侯外庐先生认为王船山不仅不属于道学,而且还反对理学,王船山“反对了道学家的空想。他的直接传统,在我看来,已经不是理学,虽然有张载理学的外貌。……影响了他的学说的人,实在不完全是张载,在方法论上是老庄与法相宗,在理论上是汉代的一位唯物主义者王充。”[⑤]萧先生也承袭了这种观点,他在《王夫之哲学思想初探》中说:“可以清楚看到,王夫之所坚持的气一元论的唯物主义路线,和周敦颐到朱熹的理一元论的客观唯心主义体系,是哲学路线上的根本对立。……至于他对所谓‘朱门后学’和‘姚江之徒’的逐处批驳,更可以看出,包括理学派、心学派在内的整个唯心主义道

---

① 萧萐父、许苏民:《王夫之评传》,南京:南京大学出版社2002年版,第1—36页。

② 侯外庐:《船山学案》,长沙:岳麓书社1982年版,第7页。

③ 萧萐父、许苏民:《王夫之评传》,南京:南京大学出版社2002年版,第87页。

④ 萧萐父、许苏民:《“早期启蒙说”与中国现代化——纪念侯外庐先生百年诞辰(代序)》,许苏民、申屠炉明:《明清思想文化变迁》,南京:南京大学出版社2009年版,第1页。

⑤ 侯外庐:《船山学案》,长沙:岳麓书社1982年版,第8页。

学，都是王夫之的哲学批判所扬弃的对象。”[①]“明清之际，一代启蒙学者，如顾炎武、黄宗羲、方以智、颜元等，都具有反对宋明道学唯心主义的共同思想倾向，又各有其独特的贡献。王夫之和他们并列，而在哲学方面的理论贡献是较为突出的。”[②]但是，萧先生在《王夫之评传》中却说：“王夫之哲学是宋明道学乃至整个中国传统哲学的批判总结。”[③]“以今天的眼光看，他的思想的历史地位，正表现在他对传统思想、特别是对宋明道学的批判总结和新的理论建树上。”[④]这就将王船山思想置于道学思想一系。虽然还有点“犹抱琵琶半遮面”，将“批判”与“总结”并提，但总算确定了二者的关系。冯友兰先生虽然在20世纪60年代将王船山哲学归于反道学一类，但在他的《中国哲学史新编》第五册第五十九章《后期道学的高峰——王夫之的哲学体系》中将王船山列入道学一脉。[⑤]萧先生或许受其影响。二是“有无”范畴的探讨。细查萧先生20世纪60年代所写《王夫之哲学思想初探》和《浅论王夫之的历史哲学》以及80年代所写的《王夫之辩证法思想引论》和《王夫之矛盾观的几个主要环节》均未讨论过“有无”范畴。冯友兰先生从20世纪50年代所写的《中国哲学的发展》就专门探讨了王夫之的“有”与“无”的范畴，[⑥]然后在60年代所写的《王夫之的唯物主义哲学和辩证法思想》又在考察王夫之的自然观时重点探讨了“诚”及“有”和“无”范畴。[⑦]最值得注意的是，冯友兰先生在其《中国哲学史新编》第五册第五十九章《后期道学的高峰——王夫之的哲学体系》中辟有一节《关于“有”“无”的问题》。萧先生在《王夫之评传》探讨船山哲学本体论时专列一题曰“有无虚实之辨”，虽然在虚实的基础上探讨有无，但由“诚”而论“有”，多多少少有冯先生之说的影子在。

萧萐父对嵇文甫的王船山研究成果特别是对于其研究船山历史哲学的

---

① 萧萐父：《王夫之哲学思想初探》，湖南省哲学社会科学学会联合会、湖北省哲学社会科学学会联合会合编：《王船山学术讨论集》，北京：中华书局1965年版，第12页。

② 萧萐父：《王夫之哲学思想初探》，湖南省哲学社会科学学会联合会、湖北省哲学社会科学学会联合会合编：《王船山学术讨论集》，北京：中华书局1965年版，第59页。

③ 萧萐父、许苏民：《王夫之评传》，南京：南京大学出版社2002年版，第87页。

④ 萧萐父、许苏民：《王夫之评传》，南京：南京大学出版社2002年版，第603页。

⑤ 冯友兰：《中国哲学史新编》第五册，北京：人民出版社1988年版，第274—298页。

⑥ 冯友兰：《中国哲学史论文集》，上海：上海人民出版社1958年版，第38—39页。

⑦ 冯友兰：《王夫之的唯物主义哲学和辩证法思想》，湖南省哲学社会科学学会联合会、湖北省哲学社会科学学会联合会合编：《王船山学术讨论集》，北京：中华书局1965年版，第175—177页。

成果有所吸收,但是,这种吸收要复杂一些。复杂之处在于两个方面。一是在王船山历史哲学研究,萧先生大的方面主要是吸收了侯外庐先生的观点。一方面对嵇的观点是有所批驳,如云:“总的说,王夫之的理论,显然区别于所谓‘天理史观’,而是以历史之‘势’作为现实基础的。”[①]另一方面在一些细微的论述之处,他对嵇文甫先生的成果也有所吸收,如“理”“势”关系的论述。二是在于萧先生他早年就吸取了嵇文甫先生的研究成果,这部分成果也反映在《王夫之评传》中。嵇文甫在《王船山史学方法论》[②]一文的开头说:“明末清初一位伟大思想家和爱国主义者王船山,极致力于历史的研究。不仅《读通鉴论》和《宋论》是广泛流行,人所熟知的史论名著,即许多说经论政之作,以及一些杂文随笔,都往往涉及史学问题。他论史有许多独到之处,而且由于他自有一套独特的哲学体系,深入无浅语,每从具体论述中透露出他对于宇宙人生社会历史的根本看法。”[③]萧先生在《浅论王夫之的历史哲学》一文的开头亦说:“王夫之(1619—1692)是我国明末清初时期一位伟大的爱国主义思想家。他的著作很多,其中历史评论著作有早年写的《尚书引义》、《春秋家说》、《春秋世论》、《续春秋左氏传博议》、《诗广传》等书,和晚年写的《读通鉴论》、《宋论》两部巨著。早年写的书虽名为说经,实际大都是论史之作,是他的系统史论的古代史论部分;晚年写的两部巨著,对秦以后漫长的中古史进行了系统的分析和评论,是他的史论的代表作。……在这些书中,王夫之都有意识地把评史和论政两者统一起来,借评论史事,来抒发自己的政治主张。同时,他也借对历史现象的分析,来阐述自己的哲学思想。”[④]萧先生在吸收的基础上亦有大的改变,但这两者之间的关系,还是可以看出来的。这一说法也进入了《王夫之评传》。[⑤]再如关于“天”的论述,嵇

① 萧萐父、许苏民:《王夫之评传》,南京:南京大学出版社2002年版,第245页。

② 嵇文甫的《王船山的史学方法论》,原发表于《新中华》(半月刊)(复刊,1948年6月)第2期,后收入《王船山学术论丛》一书中。

③ 嵇文甫:《王船山史学方法论》,《王船山学术论丛》,北京:生活·读书·新知三联书店1962年版,第3页。

④ 萧萐父:《浅论王夫之的历史哲学》,湖南省哲学社会科学学会联合会、湖北省哲学社会科学学会联合会合编:《王船山学术讨论集》,北京:中华书局1965年版,第307页。

⑤ 萧萐父、许苏民:《王夫之评传》,南京:南京大学出版社2002年版,第211页。

文甫主要论述了三层意思[①]，而萧先生由此发展为七层意思，其中相承之迹甚明："在这互有区别的几种'天'的面前，以往的'神学史观'及其变相的'天理史观'，都大讲'天之天'的权威；历代'天人感应'论的社会历史观，则在'天之天'、'物之天'与'人之天'之间去架设幻想的神秘的桥梁；一切主张'英雄天才（圣贤）'，而迷信自己的'己之天'。"[②]

（三）在自己以前少有涉及的领域广泛吸收王船山学术思想研究成果

在道德伦理思想领域大量吸收了唐凯麟、张怀承先生的研究成果。这两者的关系从两书的目录就可以看出。唐凯麟、张怀承《六经责我开生面——王船山伦理思想研究》一书的目录为：第一章《天崩地解——王船山伦理思想产生的社会历史条件、文化思想背景和基本内容》：一、矛盾交织，风雷激荡；二、物极而反，风习始变；三、从"理"到"心"，道学瓦解；四、内部分化，破块启蒙；五、俟曙而鸣，推故致新。第二章《道器相成——本于历史进化观的道德论》：一、人以载道，道因人生；二、欲中寓理，理以导欲；三、道者自然，德者当然；四、礼乐为本，衣食为末。第三章《义重利用——综合传统道义论和功利论的道德价值观》：一、义利之分，善恶之别；二、大公至正，权义之衡；三、义非不利，相即不离。第四章《理欲合性——按照时代精神修正了的德性主义人性论》：一、传统学说，以德论性；二、理欲合性，德性为本；三、继善成性，相仍不舍；四、恶缘流俗，习与性成；五、日生日成，可成可继。第五章《性教一贯——提倡顺性重行的道德教育论》：一、教之之功，在人自悟；二、智统四德，正志为本；三、循情顺性，蒙以养正；四、躬行起化，以行为功；五、正风美欲，正志导性。第六章《成身成性——凝道生德的道德修养论》：一、道得于心，虚化为实；二、成身成性，存理遏欲；三、从道生德，以德凝道；四、正心立志，以物为师。第七章《身任天下——珍生务义积极进取的人生观》：一、相天造命，与天争胜；二、生可载义，义以立生；三、壁立万仞，志节成纯。第八章《扶长中夏——强调自固族类的民族爱国主义思想》：一、夷夏之防，文野之辨；二、彼无我侵，我无彼虞；三、循公天下，仁植义育。

---

① 嵇文甫：《船山哲学》，《王船山学术论丛》，北京：生活·读书·新知三联书店1962年版，第86页。
② 萧萐父、许苏民：《王夫之评传》，南京：南京大学出版社2002年版，第270页。

第九章《推故致新——王船山伦理思想的历史地位》：一、自我更新，早期启蒙；二、正异两端，殊途同归；三、珍视遗产，继往开来。《王夫之评传》第五章《道德伦理思想》目录是：一、“人以载道，道因人生”——王夫之对道德的起源及其历史进化：（一）天道与人道的联系和区别，（二）人道之根源与人伦之进化；二、理欲合性，日生日成：（一）理欲合性，互为体用，（二）“继善成性”：独树一帜的人性发展理论；三、理欲皆善，以理导欲：（一）理寓欲中，公欲即理，（二）善不善之几，取决于“公私诚伪”之辨，（三）斥禁欲论与薄欲论，主张“以理导欲”；四、义利并重，珍生务义：（一）义利统一观及其双重批判性，（二）义利统一观的普世性与“义”的三层次，（三）“以身任天下”的豪杰精神。从目录上可以看出，《王夫之评传》论王夫之道德伦理思想共有四节，其中有三节与唐、张之著相同，足可以说明后者对前者的吸收。我们应注意的是，唐、张之著本身包含有对萧先生成果的吸收，如启蒙说，如天道与人道的关系，如“理欲合性”，虽是源于侯先生，但萧先生在20世纪60年代又有新的阐述。这可以说，萧先生既是吸收也是在自己原有的理论阐述上的提高。

在宗教思想研究领域吸收了吴立民、徐荪民的研究成果。萧先生在《王夫之评传》第七章《宗教思想》第三节《佛道观》就引用了吴立民、徐荪民《船山佛道思想研究》中的一段话，云：“八识说性，解决了‘性’的问题，又以禅宗说相宗，解决了‘心’的问题。他从魏伯阳、张伯端的道教内丹学说中，以精、气、神‘三宝’说‘命’，解决了‘命’的问题。又以《骚》论丹，解决了‘气’的问题。他从唯识种子熏习说中，提出‘性日生日成’的命题，从内丹修炼实践中得出‘人可以造命’的结论。他把转识成智的迷悟二门与逆炼成丹的顺逆二途统一起来，把‘性日生日成’与‘人可以造命’统一起来，提出了‘天在我’、‘造化在我’、‘变化在我’、‘与天分伯季’的光辉思想。他把佛家的了生死与道教的长生不老融合成为儒家的‘贞生安死’，实际上他是以禅宗做性功，以丹法做命功的。”[①]萧先生评价说：“这一概述是言之有据的。”[②]后面关于王船山的佛道思想基本上是按照吴立民、徐荪民二先生观点加以阐述。

① 吴立民、徐荪民：《船山佛道思想研究》，长沙：湖南出版社1992年版，第10页。

② 萧萐父、许苏民：《王夫之评传》，南京：南京大学出版社2002年版，第529页。

在美学、文艺思想研究领域吸收了其他学者的研究成果。萧先生《王夫之评传》第八章《文艺美学思想》第一节《美论》基本上是吸收了谭承耕《船山论美》一文的内容。谭承耕原文分为五个部分：一、美在自然，二、美在精神，三、美在中和，四、美在德容，五、船山美论的学术渊源。[①]萧著美论部分三个部分：(一)何谓“美”，(二)美感形成的奥秘，(三)美在中和。实际上在“美在中和”一节还专论了“德容之美”。[②]所论基本内容相同。如论“何为美”时，两人都共同引用了王夫之《古诗评选》中“两间之固有者，自然之华，因流动生变而成其绮丽”之语。谭承耕说：“这就是说，天地之间所固有的物质形式，如五颜六色的光华，由于自身的运动变化，就会呈现出特有的美丽。在这时，如为人所感受，被人的大脑忠实集中地加以反映，则必然‘动人无际’，引起人们感情的共鸣，给人美的享受。”[③]萧先生亦说：“‘自然之华’，指花鸟林泉这类自然物，我们当然亦可以‘华美’一类概念形容之，但就其本身来说，是无所谓‘美’的，……‘美’——在这里是诗歌艺术的‘美’，之所以‘华奕照耀，动人无际’，乃因为它是对‘自然之华’以人之‘文情赴之’的结果。”[④]谭文第二部分重在论美感中的“精”与“神”，萧著亦是如此，云：“‘精’、‘神’范畴是中国哲学和美学中的基本范畴。”[⑤]

（四）吸收了新儒学一些船山学研究成果

萧先生虽是马克思主义王船山学术思想研究的代表人物，但他也吸收了不少的新儒家的研究成果。熊十力是中国现代新儒家的开山人物之一，萧先生对他是很佩服的：“熊十力就其学说的宗旨而纲举为‘明有、尊生、主动、率性’四原则(见《读经示要》)。”[⑥]并在论述船山哲学本体论时有所吸收。唐君毅是为熊十力先生的大弟子，研究王船山也甚有心得。萧先生对唐君毅的成果充分肯定，撰有专文《唐君毅之哲学史观及其对船山哲学之阐

① 谭承耕：《船山论美》，《船山学刊》1993年第2期。
② 萧萐父、许苏民：《王夫之评传》，南京：南京大学出版社2002年版，第555—571页。
③ 谭承耕：《船山论美》，《船山学刊》1993年第2期。
④ 萧萐父、许苏民：《王夫之评传》，南京：南京大学出版社2002年版，第556页。
⑤ 萧萐父、许苏民：《王夫之评传》，南京：南京大学出版社2002年版，第559页。
⑥ 萧萐父、许苏民：《王夫之评传》，南京：南京大学出版社2002年版，第648页。

释——读〈中国哲学原论〉》[①]予以评价,在其研究中对唐先生的成果亦有所吸收。例如,萧先生在《王夫之评传》第四章《史学思想》第五节专列一节题为:“船山之学,以史为归”。[②]这种提法是直接取自唐君毅先生的。唐君毅先生在《中国哲学原论·原教篇》中说:“船山之学,得力于引申横渠之思想,以论天人性命,而其归宗则在存中华民族之历史文化之统绪。”[③]他在《中国哲学原论·原性篇》中更明确地说:“船山之学,归在论史”,故萧先生说:“君毅先生悲智双运,神交古人,其对船山哲学体系的理论重心和最后归趋的把握,可谓独具卓识。他确有判定:‘船山之学,归在论史。’”[④]

港台学者的船山研究多承袭熊十力、唐君毅新儒家,是为新儒家一系。萧先生对他们的研究成果也有所吸收。例如,萧先生探讨船山哲学“道”这一范畴时,在20世纪60年代的论文中说有两层涵义:“王夫之用‘道’这一范畴来标志‘一般’。在本体论意义上讲,‘一般’至少有两个涵义:一是指‘物质一般’,即普遍的物质实体;一是指‘规律一般’,即普遍的共同规律或事物的共同本质。”[⑤]《王夫之评传》却说“道”有三重含义:一是“一阴一阳之谓道”意义上的物质本体;二是作为事物的条理、法则、规律的“道”,其中包括事物的“必然之理”与“当然之则”;三是综合“一阴一阳之谓道”与作为事物之条理、法则、规律的“道”这两种含义的“道”。[⑥]关于“道”范畴的探讨,显然是受到许冠三的影响。许冠三说:“夫之在本体论所言之‘道’,至少含有三个‘一般’。就第一层意思言,夫之的‘道’可称为‘先验一般’,此即‘以阴阳为体’而又与阴阳交互为体的‘道’,亦即所谓‘二物未体之名’的‘道’。……第二层意思的‘道’,大体相当于大陆某些学人,如萧萐父,所说的‘规律一般’,亦即夫之笔下的‘天地人物之通理’,‘当然之则’。……此外,还有所谓‘物质

---

① 萧萐父:《唐君毅之哲学史观及其对船山哲学之阐释——读〈中国哲学原论〉》,《哲学研究》1989年第7期。

② 萧萐父、许苏民:《王夫之评传》,南京:南京大学出版社2002年版,第275页。

③ 唐君毅著,霍韬晦编选/导读:《中国哲学原论·原教篇》,北京:中国社会科学出版社2006年版,第410页。

④ 萧萐父:《唐君毅之哲学史观及其对船山哲学之阐释——读〈中国哲学原论〉》,《哲学研究》1989年第7期。

⑤ 萧萐父:《王夫之哲学思想初探》,湖南省哲学社会科学学会联合会、湖北省哲学社会科学学会联合会合编:《王船山学术讨论集》,北京:中华书局1965年版,第27页。

⑥ 萧萐父、许苏民:《王夫之评传》,南京:南京大学出版社2002年版,第112—113页。

一般'的'道'。"[1]由此可看出,许冠三先是受萧先生的影响,然后,萧先生在许冠三的影响下又加深了对"道"范畴的探讨。

萧先生在论船山哲学的时代特点时说:

首先,在学脉上渊源上,绝非"本朱子而黜异端",而是精研易理,反刍儒经,镕铸老庄,吸纳佛道,出入程朱陆王而在更高的思想层面上复归张载,驰骋古今,自为经纬,别开生面。

其次,在运思取向上,大体坚持由体到用,由本向末,由一趋多,由虚返实,与程朱背辙,反接近陆王。但又不是简单地向着陆王的运思倾向趋同,而是在更高的思想层面上吸纳并改造了陆王哲学的合理因素。[2]

曾昭旭说:

盖以船山以前之宋明儒者,无论程朱陆王,其共同方向,是逆求心性之本体,以确立道德之最高依据。则船山则重在于心性本体已立之后,更外发下贯以润物成物,以极成一丰美笃实,日新富有的文明世界。所以他的方向非逆以立本,而更为顺以贯末。此所以船山之学,能契合道德与科学,而予科学以应有之地位。此本末直贯之方向即船山所谓"正"。[3]

萧先生虽然以唯物论为本研究王夫之,但亦认同曾昭旭所谓由体到用,由本贯末。

三、《王夫之评传》在继承和吸收他人成果的基础上有更精深的阐释

正如前面所分析的那样,《王夫之评传》继承和吸收了前辈学者和当代学者的许多船山研究成果,并在此基础上有进一步的拓展。这种拓展或者说在前人之说上生发出更精深的阐释主要是在其唯物论和启蒙说两个方面。对此,有人说过:"《王夫之评传》进而认为,王夫之在哲学本体论上的重要贡献体现在两个方面:其一,当王夫之把'气'规定为'诚'(实有、客观存

① 许冠三:《王船山的宇宙观》,香港中文大学《中国文化研究所学报》10卷1期。
② 萧萐父、许苏民:《王夫之评传》,南京:南京大学出版社2002年版,第87页。
③ 曾昭旭:《序》,曾昭旭:《王船山哲学》,台北:台湾远景出版事业公司1983年版,第5页。

在）的时候，‘气’摆脱了‘实物性’，从而实现了中国传统哲学的唯物主义本体论从以物理形态的实物（空气）为本到以世界的物质统一性与客观存在性为本的飞跃。其二，王夫之不仅从一般反映论的观点来规定‘实有’，而且从人类生活实践的能动性的视角去确证实有。以‘实践’来解读王夫之的唯物主义，我们不得不承认，王夫之的唯物主义思想的确达到了相当高的高度。”[①] “《王夫之评传》对船山伦理、政治思想的解读则刻画了王船山的另一种形象：作为启蒙思想家的王船山。这种解读可以追溯到萧萐父和许苏民合著第一部作品《明清启蒙学术流变》之中。该书认为，从明代嘉靖、万历年间到清代乾隆、嘉庆年间是中国开始走出中世纪、迈向近代化的启蒙时代。这一启蒙时代的思想主题有三个：个性解放的新道德，批判君主专制制度的初步民主思想，以及科学精神。而王夫之，则是明末清初启蒙思想的代表。《王夫之评传》指出，在理欲观上，船山反对把‘天理’与‘人欲’绝对对立起来，既肯定人的欲望、情感的合理性，反对禁欲和薄欲论；又强调人的道德自律的主体性，反对陷溺于物欲之中的纵欲主义；在义利观上，船山主张义利统一观，以民族的生存、人民的福祉这一最广大的社会功利为千古之大义，从而突破了数千年来维护专制权力为至高无上之‘大义’的传统观念。就船山的政治哲学而言，《王夫之评传》认为，王夫之对近三千年以来的君主专制主义政体进行了批判，在此基础上，船山提出了一系列具有初步民主色彩的政治改革思想：‘生民之生死’高于‘一姓之兴亡’；以法律限制君主权力，有不少法治思想；实行分权制衡。”[②]

泛泛而谈萧先生对王夫之唯物论的阐述是没有多少新意的。在此我们要指出的是，萧先生不像当下有些船山学研究者那样回避对船山哲学是不是唯物论的诘难，而是作出了明确的回应。萧先生首先确定王夫之哲学的本体论，是以“气”为本、“理寓于气”“细缊化生”的“实有”论，它是一种朴素唯物辩证法的本体论。然后说：

---

① 刘梁剑：《百年船山学的变迁、困境与出路》，《南通师范学院学报（哲学社会科学版）》2004年第1期。

② 刘梁剑：《百年船山学的变迁、困境与出路》，《南通师范学院学报（哲学社会科学版）》2004年第1期。

> 哲学理性的任务，在于为人类的生活和实践提供合理性的依据。于是，在中国，有孔子之“天命”，程朱之“天理”；在西方，有柏拉图之“理念”，黑格尔的“绝对精神”；这些都是典型的唯心主义，即把秩序、规律神化为先于物质世界而存在的精神本体。然而，为人类的生活和实践提供合理性依据还有另外一种方式，即从物质世界的现实存在中去寻找其合理性依据，这合理性依据虽然反映的是人的认知、情感和实践的意志，是精神性的，但这种精神性的合理性依据是寓于现实世界之中的，在逻辑上更是以现实的物质世界的存在为前提的，即王夫之所说的“理依于气”，“气无非理”，理与气不相离。这样一种本体论论证的方式，只能是唯物主义；而体用相涵、一多相即的慧解，又只能是辩证的。①

前此，持船山哲学是唯物论面对攻击者没有作过正面的回应，更准确地说没有作过有说服力的回应。熊十力、张西堂，尤其是许冠三和曾昭旭对船山本体论的论述更加深入，从理气合一的角度强调王船山的本体论不是唯物论。萧氏吸收了他们的成果的基础上，论证“理依于气”“气无非理”仍然是唯物主义。

萧先生的精深的阐释还体现在将启蒙特性贯穿于船山思想的各个方面的论述之中或者说将启蒙性作为贯穿王船山学说的根本纽带。于王夫之哲学本体论，萧先生指出，气在变，即理在变，秩序在变；没有永恒不变的世界，亦没有永恒不变的社会秩序；因此，理“非一成可执”，理“变化而日新”。——这正是王夫之“破块启蒙、灿然皆有”的哲学本体论在理气关系的展开中必然要得出的结论。②在论述王夫之的认识论时说：“这种富于进取精神的‘继善成性’、‘竭天成能’、‘善动化物’、‘以人造天’的朴素实践观，是明清之际启蒙思潮中反映时代脉搏的最强音。”③在论述王夫之史学思想时说：“船山之学，以史为归；而史之归，在于‘变通’，在于彻底否定‘天不变，道

① 萧萐父、许苏民：《王夫之评传》，南京：南京大学出版社2002年版，第88页。
② 萧萐父、许苏民：《王夫之评传》，南京：南京大学出版社2002年版，第112页。
③ 萧萐父、许苏民：《王夫之评传》，南京：南京大学出版社2002年版，第210页。

亦不变'的中古教条、唤起人们的文化自觉意识的思想启蒙。"[①]在论述王夫之经济思想时说:"在王夫之看来,政府愈无为,市场就愈有为;政府干预少,市场也就愈繁荣。这是老庄道家随顺自然的'无为'思想在新的历史条件下的发展和在社会经济生活中的运用,同时又与17世纪英国古典政治经济学家亚当·斯密关于自由竞争的资本主义市场经济理论在基本立论上具有一致性,是王夫之经济思想中值得珍视、具有现代性的理论资源。"[②]又说:"王夫之的经济思想中近代因素,还表现在他对中国传统的富裕观念和消费观念的突破方面,表现在他提出了有利于促进和扩大社会再生产的新富裕观和消费观。"[③]在论述王夫之道德伦理思想时说:"王夫之的道德伦理思想,是其元气本体论和辩证发展在人类社会生活领域中的进一步展开。……他反对把'天理'与'人欲'绝对对立起来,既肯定人的欲望、情感的合理性,反对禁欲论和薄欲论;又强调人的道德自律的主体性,反对陷溺于物欲之中的纵欲主义;他主张义利统一观,以民族的生存、人民的福祉这一最广大的社会功利为千古之义,从而突破了数千年来以维护专制统治权力为至高无上之'大义'的传统观念,为近代志士仁人冲决网罗、改革社会提供了道德的合理性依据。"[④]最后,萧先生还挖掘王夫之文艺美学思想的近代因素。[⑤]

四、萧萐父先生的船山学研究方面巨大的成就是得益于他对研究方法的注重

关于萧萐父先生船山学方法论,其弟子许苏民撰文进行了专题探讨,指出其方法论要点有三:第一,萧先生治船山之学,首重文本诠释,以此为治船山学之第一要紧事;第二,在文本诠释的基础上,要着重研究船山思想与中国传统思想的关系,特别是与《易》学之关系、与宋明理学之关系、与理学修正派之关系;第三,要善于把时代的问题意识与学术的问题意识结合起来,知人论世,神交古人,以把握时代思潮变迁中的活的灵魂。[⑥]

---

① 萧萐父、许苏民:《王夫之评传》,南京:南京大学出版社2002年版,第284页。
② 萧萐父、许苏民:《王夫之评传》,南京:南京大学出版社2002年版,第469页。
③ 萧萐父、许苏民:《王夫之评传》,南京:南京大学出版社2002年版,第479页。
④ 萧萐父、许苏民:《王夫之评传》,南京:南京大学出版社2002年版,第291页。
⑤ 萧萐父、许苏民:《王夫之评传》,南京:南京大学出版社2002年版,第600—602页。
⑥ 许苏民:《萧萐父先生船山学方法论述要》,《船山学刊》2005年第4期。

许苏民先生对萧萐父先生船山学方法论阐述无疑是最得当的。萧萐父先生给其弟子的书信中也谈过如何做学位论文，其要点有六：一是明确主题，二是研究的出发点或生长点，三是学贵涵化融通，四是史料鉴别是基本功，五是一般引文务必严谨核实实践朴学学风与现代学术规范，六是学位论文其他规范要求亦应留意。这虽然只是就弟子的学位论文提出的意见，实际上也包含着萧先生一生做学问的心得。结合萧、许两人的意见，我以为萧先生的船山学方法论有三点是他一生的心血凝聚的结晶，即研究的生发点、史料鉴别、学贵涵化融通。

所谓研究的出发点或生长点，萧先生自己对弟子说过，不宜从某种概括的西方历史哲学分派或中西历史哲学的不同特点等宏观比较（往往不易周延，而流于独断）出发，而似乎应从研究主题的历史现实成果出发，如二十世纪有关船山历史哲学的研究成果及发展轨迹，也正是通过研究综述找到的进一步探究的生长点。这虽是对某一具体弟子论文的指导，但又何尝不是萧先生夫子自道，是他方法论的得意之处呢！萧先生的船山学研究的出发点或生发点应该是侯外庐先生的社会史与思想史研究相结合的中国启蒙思想的研究。他一辈子由此而出发，并在侯先生的所走过的路上不断探索前行，不断发现新的材料，不断完善结论。这种成果体现在他发表在《中国社会科学》上的长文《中国哲学启蒙的坎坷道路》[1]，更体现在《王夫之评传》之中，也体现在他许多中国近现代思想的研究论文之中。关于这一点，许苏民先生是用“把时代的问题意识与学术的问题意识结合起来”这一表述进行论述[2]，论述非常充分。所谓“史料鉴别”应该就是许苏民先生所概括萧先生船山学方法论的第一、第二点。关于第一点，许先生又细分三点：一是必须区分船山“对旧说之沿袭”与“别开生面之创造”，区分其“授徒之作”与“言志之作”（先生有时也称“授徒之作”为“应酬之作”）；二是要着重梳理和把握其思想的内在逻辑，在矛盾的梳理和陈述中把握其一以贯之的基本思路和占主导地位的思想倾向；三是要善于从船山的思想矛盾中清理出晚年定论。[3]关

① 萧萐父：《中国哲学启蒙的坎坷道路》，《中国社会科学》1983年第1期。
② 许苏民：《萧萐父先生船山学方法论述要》，《船山学刊》2005年第4期。
③ 许苏民：《萧萐父先生船山学方法论述要》，《船山学刊》2005年第4期。

于第二点,许苏民先生也分了三小点:一是要善于从学脉渊源和运思倾向上把船山思想与宋明理学区分开来;二是要重视研究船山思想与宋明理学的批判继承关系,特别是与张载学说和理学修正派的批判继承关系;三是要善于从思想实质上把船山思想与程朱理学区分开来。[①]学贵涵化融通这种方法,萧先生运用自如,是他的船山学成果如此丰硕的重要助力。萧先生是一个信持马克思主义并运用马克思主义观点和方法研究船山学的学者,甚至有人说他是受"侯外庐学派"影响的人。[②]从前面的论述来看,萧先生并不囿于自己所持,他吸收了许多其他学派的方法和成果并加以融通,如新儒学的方法和成果的借用,创造出新的成果。

萧萐父先生船山学方法论不仅影响了他的学生、朋友,也影响了其他学者,对船山学研究应该起着不可替代的作用。

综上所述,《王夫之评传》被誉为"用马克思主义解读王船山的集大成者",其特点如下:第一,萧萐父先生集成了自己在船山哲学的本体论、辩证法、认识论和历史哲学诸领域的成果,并且从深度和广度两个方面取得了更多的成就;第二,汇聚了马克思主义船山学研究成果如全面继承了侯外庐先生的船山学研究成果,对冯友兰、嵇文甫船山学研究成果有所吸收,在以前自己少有涉及的领域广泛吸收了船山学研究成果等,还吸收了新儒家船山学研究成果;第三,在继承和吸收他人成果的基础上在船山哲学唯物论特性与启蒙思想的阐发等方面都有更精深的阐释;第四,萧萐父先生的船山学研究方面巨大的成就是得益于他对研究方法即注重研究的生发点,重视史料鉴别,学贵涵化融通。

第三节 张立文的王船山哲学思想研究

张立文,1935年生,浙江温州人,中国人民大学教授。张立文先生是20世纪80年代以来一位重要的船山学研究者,发表了《从张载到王夫之的"聚散"学说》[③]《王船山的本体哲学》[④]《王船山的性命论》[⑤]《船山论道器、理气与

① 许苏民:《萧萐父先生船山学方法论述要》,《船山学刊》2005年第4期。
② 吴光:《侯外庐学派的治学特色》,《北京日报》2013年5月13日。
③ 张立文:《从张载到王夫之的"聚散"学说》,《船山学报》1987年第1期。
④ 张立文:《王船山的本体哲学》,《中国人民大学学报》1996年第5期。
⑤ 张立文:《王船山的性命论》,《船山学刊》1997年第2期。

物器(上)》[①]《船山论道器、理气与物器(下)》[②]《王夫之经学的新诠释》[③]《吸取船山智慧　弘扬船山精神》[④]等论文,其中《王船山的本体哲学》称船山哲学继承张载哲学有其内因外缘,船山以“六经责我开生面”的创新精神,希冀开出一个形上学存有论世界,即“太和”世界,并对“太和”与“太虚”的意蕴作了分梳,对“道”“太极”的形上学本体的根底是什么,如何存有做了多层面的追究。[⑤]《王船山性命论》称船山关于“气”与“太极”“诚”关系的论述往往涉及“道”与“器”“理”与“气”等关系问题,他强调诚实有;认为形统上下,道器交体,即道器交与为体,道器相涵相因,道器流变会通。[⑥]在21世纪初张立文又撰写船山学专著《正学与开新——王船山哲学思想》,之前发表的船山学方面的论文的主要内容都见于此书,如《王夫之经学的新诠释》见于第一章,《船山论道器、理气与物器(上)》《船山论道器、理气与物器(下)》见于第五章,《王船山的性命论》见于第四章。方国根评价道:“该书运用中国哲学逻辑结构方法,从王船山哲学思想的主要范畴和命题着眼,不仅深入探讨了船山哲学基本范畴、命题的涵义及其内在联系,而且对船山哲学的逻辑结构进行了理性诠释,从而揭示和阐明船山哲学思想的意义所在及其人文价值,并对船山哲学思想体系及其历史地位进行定位和评述,是一部富有探索与创新的船山学研究专著。”[⑦]方国根的意见,我也赞同,但我以为仍有一些妙谛未尽,故加以申之。

一、运用自己独创的研究方法研究王船山哲学思想

(一)从中国哲学的逻辑结构来研究中国哲学

中国哲学一直是怎样研究的呢?冯友兰说:“以此之故,吾人以下即竟用中国哲学及中国哲学家之名词。所谓中国哲学者,即中国之某种学问或

---

① 张立文:《船山论道器、理气与物器(上)》,《船山学刊》2001年第1期。

② 张立文:《船山论道器、理气与物器(下)》,《船山学刊》2001年第2期。

③ 张立文:《王夫之经学的新诠释》,《船山学刊》2004年第4期。

④ 张立文:《吸取船山智慧　弘扬船山精神》,《船山学刊》2005年第4期。

⑤ 张立文:《王船山主体哲学》,《中国人民大学学报》1996年第5期。

⑥ 张立文:《王船山的性命论》,《船山学刊》1997年第2期。

⑦ 方国根:《学术研究的自觉与创新——读〈正学与开新——王船山哲学思想〉》,《东方论坛》2002年第4期。

某种学问之某部分之可以西洋所谓哲学名之者也。所谓中国哲学家者,即中国某种学者,可以西洋所谓哲学家名之者也。”[①]张立文先生说:“这种既具有‘西装’的外表,又具有西洋哲学的灵魂的中国哲学和中国哲学史,究竟算不算、是不是中国哲学?又究竟算不算、是不是中国哲学史?的确大成问题。”[②]正因为这种状况,张立文先生于1981年出版的《朱熹思想研究》中提出中国哲学逻辑结构论[③],他说中国哲学逻辑结构不是从现成的原则、原理出发,也不承袭西方的分门别类,更不把中国哲学削足适履地去符合现成的原则、原理,而是从中国哲学的实际出发,试图梳理和总结出中国哲学固有的原则、原理、规律、方法。[④]在该书中他说得更明白,云:“所谓中国哲学逻辑结构,是指研究中国哲学范畴的逻辑发展及诸范畴间的内在联系,是中国哲学范畴在一定社会经济、政治、思维结构背景下所构架的相对稳定的体系或结合方式。”[⑤]

那么,王船山哲学的逻辑结构到底如何呢?张立文先生在分析王船山哲学的逻辑结构之前,先用了一章探讨了船山哲学的学术渊源。此章为第一章《经学的新诠释》,论述两个问题:安身立命的关怀、价值理想的开新。从忧患以体知《易》道、体认诚性的《尚书》学和情感生命的《诗》学三个方面论述第一个问题。从《礼》学贯通天人的诠释、《春秋》贵夏尊王的理想和《四书》的圣人理想人格三个方面论述第二个问题。张立文先生概括说:“船山绍承中国传统文化人文精神,吸取传统《六经》、诸子的范畴、概念,并依据时代精神的需要和自己对经典文本的理解和解释,建构了他的哲学逻辑结构。”[⑥]张立文先生将王船山哲学逻辑结构画了一幅图[⑦],并进行了十五个方面的说明。正如张立文先生自己所说的那样,他对王船山哲学逻辑结构的

---

① 冯友兰:《中国哲学史》(上),冯友兰:《三松堂全集》第二卷,郑州:河南人民出版社2001年版,第249页。

② 张立文:《“自己讲”“讲自己”——中国哲学的重建与传统现代的度越》,北京:北京师范大学出版社2007年版,第6页。

③ 张立文:《前言》,《朱熹思想研究》,北京:中国社会科学出版社1994年版。

④ 张立文:《前言》,《中国哲学逻辑结构论》,北京:中国社会科学出版社1989年版。

⑤ 张立文:《正学与开新——王船山哲学思想》,北京:人民出版社2001年版,第90页。

⑥ 张立文:《正学与开新——王船山哲学思想》,北京:人民出版社2001年版,第90页。

⑦ 张立文:《正学与开新——王船山哲学思想》,北京:人民出版社2001年版,第95页。

分析主要是围绕几个范畴来展开的。第一,是“气”范畴。张立文说:

> “气”范畴是船山对于宇宙万有追根究底的终极说明。气,从存有的状态上看是阴阳二气冲突融合的呈现,这种冲突融合的形式便是絪缊。因此,船山称这种气为“和气”,或称“阴阳和合之气”,即阴阳二气絪缊融突而和合的气。这气是船山哲学逻辑结构的最高范畴,并由此而“一以贯之”,构建其完整的哲学体系。①

第二,是“诚”和“太极”范畴。张立文说:

> “诚”和“太极”范畴在船山哲学逻辑结构中,虽非最高范畴,但却是“气”范畴依以确定其最高范畴地位的关系范畴。……“太极”是“气”的“浑沦齐一”的存在状态。这种状态表示“气”具有一种未分的、本然的、未发的、未聚的特性。“诚”说明“气”范畴虽然是无形的、不可见的,但却是真实存在的,即无形而实有。②

第三,“性”范畴。张立文说:

> 相对于“命”的“性”,即“天命之谓性”,展开为心与性的演化,船山承吴廷翰对“心统性情”的批评,主张性体心用,否定朱熹的心有体用说;以心为知觉运动否定心本说。……由心性各自展开为“道心”与“人心”。“道心”指道德价值准则之心,“人心”指人的知觉心、认知心。③

第四,“天道”与“人道”范畴。在分析“诚”范畴时张立文就说,“天道”与“人道”从“道”而言,都是无形不可见,它的真实的存在性由“诚”来规定。④在此处张氏又说:

> “天道”与“人道”又差分为两方面:“天道”分二为“天理”,指自然界的运行原理、原则;“天德”指纯健不息的德性、品性。“人道”

---

① 张立文:《正学与开新——王船山哲学思想》,北京:人民出版社2001年版,第94页。
② 张立文:《正学与开新——王船山哲学思想》,北京:人民出版社2001年版,第94页。
③ 张立文:《正学与开新——王船山哲学思想》,北京:人民出版社2001年版,第97页。
④ 张立文:《正学与开新——王船山哲学思想》,北京:人民出版社2001年版,第96页。

分二为“事理”,是指日用事物当然之理;“性理”,是指人性的理性表现。[①]

第五,“道”“器”范畴。张立文说:

“气”既与太极和阴阳的关系相联系,又与道和器的关系相联系。“气”自身有多重涵义,船山把“太虚和气”作为“形而上”;把聚散过程中的“气”作为“形而下”。所谓“形而上”是指所以然;“形而下”是所当然。船山把“形而上”作为“形而下”的根据,即所当然存在状态的依据。所以然者是不可以用语言显示的,是无形的形而上之“道”;能用语言表达的是有形的形而下之“器”。

从一阴一阳之谓道的理念来说,“道”在一个层面可展开为“理”与“气”。“太虚和气”的发用运动、凝聚运动的条理节文、道理法则便称为“理”。在船山看来,“理”既指自然界法则,即“条理”;亦社会生活的伦理原则,即“至理”。前者是天地万物“已然”的,后者是天以命人而人受的。[②]

张立文进而说,由道器的“气”与“理”“物”与“器”的关系的融突和合,而展开为“理”与“事”“理”与“势”“理”与“欲”等范畴。[③]

（二）从和合学的角度研究王船山哲学

和合学是张立文先生提出一种关于文化和哲学的新理论。最早于1990年在纪念冯友兰先生诞辰95周年国际学术讨论会上,张立文教授对宋明理学做了新的探讨,撰写并提交了《理学的演变与理学的超越》一文,其中有一节为《和合学的建构》,明确地提出和合学的思想,然后在多次会议上都有所阐述,1996年出版《和合学概论——21世纪文化战略的构想》一书[④],2004年由人民出版社出版《和合哲学论》。张立文教授指出:“和合学是中国传统哲学在全球化语境下转生的积极尝试。‘和合’二字正是通过对中国哲学‘天

① 张立文:《正学与开新——王船山哲学思想》,北京:人民出版社2001年版,第96页。
② 张立文:《正学与开新——王船山哲学思想》,北京:人民出版社2001年版,第99—100页。
③ 张立文:《正学与开新——王船山哲学思想》,北京:人民出版社2001年版,第100页。
④ 张立文:《和合学概论——21世纪文化战略的构想》,北京:首都师范大学1996年版。

道’与‘人道’近百个范畴的系统梳理而体贴出来的价值理念。和合学从一开始就深深地浸润在民族精神及其生命智慧的‘源头活水’里。”①

张立文先生将“和合学”广泛应用于王船山哲学的研究之中。当然从其著作的章节题目来看，直接出现不多。如第七章题为“和合动几的生生”，第三章第二节题为“气化细缊的和合体”，第八章题为“义利和合”，数量是不多的。和合学在著作中运用，或者说王船山哲学是和合学重要的体现，可以在两个方面来考察。其一，王船山哲学中最重的范畴“气”，张立文先生从和合学角度进行了反复的阐述。张立文说：“船山认为，‘太极’‘太虚’‘道’‘理’作为形上学本体之所是，均为和合实体，可称它为‘和合之体’。”②又说：“换言之，这个‘和合之体’是阴阳二气细缊于太虚，而为一气之体。”③经过深入分析，张立文说：“和合即‘太和’，是细缊所达到的境界，它是船山哲学的终极存有，也是其形上学存有的一种状态。它既存在于‘未有形器之先’的太和未分的本然状态之中；亦存在于‘既有形器之后’的阴阳已分、万殊形象已具的事物之中，它是既不被形器所限定、规定，又不离形器的存有。”④张立文认为船山称这种气为“和气”，或称“阴阳和合之气”，即阴阳二气细缊融突而和合的气；这气是船山哲学逻辑结构的最高范畴，并由此而“一以贯之”，构建其完整的哲学体系。⑤其二，张立文的著作第七章题为“和合动几的生生”，张立文又称“和合的主旨是生生”，因此，此一章亦是张立文以和合学研究王船山哲学的关键，所以他说：“王船山哲学逻辑结构的旨趣，是从和气而展开为‘生生’的演化。生生是天地万物的最根本的德性；细缊是生生的基本形式，由细缊而有变化、动静、一两、神化等形态，而成为由气化生物的中介。”⑥其三，在几乎所有的王船山哲学范畴的阐述中都使用了和合学的原理。在第四章《道理与心性命》开头说：“这并不是说道器、理气、物器不涉及天人问题，其实探讨这些问题的宗旨，亦是为了天人贯通或和合。而诚与诚

① 张立文：《“自己讲”“讲自己”——中国哲学的重建与传统现代的度越》，北京：北京师范大学出版社2007年版，第48页。

② 张立文：《正学与开新——王船山哲学思想》，北京：人民出版社2001年版，第104页。

③ 张立文：《正学与开新——王船山哲学思想》，北京：人民出版社2001年版，第104页。

④ 张立文：《正学与开新——王船山哲学思想》，北京：人民出版社2001年版，第113页。

⑤ 张立文：《正学与开新——王船山哲学思想》，北京：人民出版社2001年版，第95页。

⑥ 张立文：《正学与开新——王船山哲学思想》，北京：人民出版社2001年版，第280页。

之的天道与人道,便直接探索天人关系。”[①]在这一章还说:“船山的性行情中、性情相需、性情功效的性情合一论或性情‘融突’论,其主旨是达到天人合一的境界。”[②]在第五章《道器理气与物器》中阐述道:“船山批判地总结前人哲学,以‘体用一源,显微无间’的思想为指导,在理、心、气形上学本体论哲学中,认同形上学本体论,并对理、气、心关系作了辩证的论述,建构理与气、心与物冲突、融合而导致和合的理念,把道器、理气关系的论证提高到一个新水平。”[③]在第六章《形神物遇与体知》论述“能所”时说:“能与所,有主体体认功能与被体认的客体对象之别,有差分,便有冲突,便有融合。”[④]在第七章《和合动几的生生》中说:“由于船山把气和合体(或称为太和体)看做本身就固有地蕴涵着阴阳二气(或称两端),阴阳摩荡的相互作用是运动的终极原因,所以船山哲学就避免了到气之外去寻找运动的终极原因的预设或安置。”[⑤]在阐述船山理势范畴时说:“船山的理与势范畴既相互对待、冲突,又互相统一、融合。”[⑥]

二、吸收新儒学成果呈现出新儒学倾向而有所超越

张著中显现了比较明显的新儒学倾向,张立文先生在《序言》中说:“按照笔者重新设计和建构的和合学的融突而和合的构想,设计了生存世界(地界)、意义世界(人界)和可能世界(天界),分层次地做出一些回应。”[⑦]这种理论与典范的唯物论哲学有了明显的区别。下面具体考察他受一些新儒家代表人物的影响。

(一)吸收了熊十力先生的一些观点

这可以从三方面考察。一是接受熊十力先生认为张载与王船山为一系的观点。虽然张立文先生在著作里追根溯源至清朝前期,但其承接熊先生

① 张立文:《正学与开新——王船山哲学思想》,北京:人民出版社2001年版,第138页。
② 张立文:《正学与开新——王船山哲学思想》,北京:人民出版社2001年版,第189页。
③ 张立文:《正学与开新——王船山哲学思想》,北京:人民出版社2001年版,第218页。
④ 张立文:《正学与开新——王船山哲学思想》,北京:人民出版社2001年版,第231页。
⑤ 张立文:《正学与开新——王船山哲学思想》,北京:人民出版社2001年版,第325页。
⑥ 张立文:《正学与开新——王船山哲学思想》,北京:人民出版社2001年版,第376页。
⑦ 张立文:《自序》,《正学与开新——王船山哲学思想》,北京:人民出版社2001年版。

之迹仍很明显。他说："熊氏此说，不仅有以张王一派可与程朱、陆王鼎足而三之意蕴，而且亦有有过之而无不及之隐义。"[①]二是赞成熊十力不将张载、王船山说成是唯物论的观点，说："以中国哲学比附西方哲学的唯心、唯物之分，实乃驴唇不对马嘴。故笔者撰《中国哲学逻辑结构论——中国文化哲学发微》，试图化解中国哲学研究方法论的困境。"[②]三是在创新的方面予张氏以影响。熊氏研究中国哲学重在创立自己的体系——新唯识论，并用自己的理论概括、评价王船山哲学。张立文受其影响以"和合"重组中国哲学并以此评价王船山哲学。

（二）受唐君毅的影响

受熊十力先生的影响，张立文先生是明白说出来的；受唐君毅的影响，虽然没有明说，但仍有痕迹可寻。一是研究的主要内容及其表述方式方面，张著受唐君毅先生的影响。唐君毅先生的《中国哲学原论·原教篇》论王船山哲学是由王船山之天道论、性命天道关系论、人性论、人道论而至人文化成论。唐君毅说："然船山之言天也，即以气言。由气之化育流行即见气之道。……故有天道，而后人乃分宇宙之气，以受理于天。有天道而后有命、有性。人受理，而智能知此理，力能行此理，以启宇宙之化，则为人道。"[③]张立文说："由形而上之道与形而下之器，而有气与理及物与器的关系；由形而上之道，而有道与德及道与理的关系；由气理而有理与事、理与势及理与欲的关系。由宇宙论、形上学本体论而推及伦理道德论，伦理道德问题因此而得到形上学本体论的支撑。"[④]张立文先生的著作采用的术语略有不同，但其基本顺序和内容相同，亦是由天道、人道、人性而至人文化成。二是确认的王船山哲学的主要内涵相同。如唐著云："以其哲学思想而论，取客观现实的宇宙论之进路，初非心性论之进路，故特取横渠之言气，而去横渠太虚之

① 张立文：《正学与开新——王船山哲学思想》，北京：人民出版社2001年版，第422页。

② 张立文：《正学与开新——王船山哲学思想》，北京：人民出版社2001年版，第422—423页。

③ 唐君毅著，霍韬晦编选/导读：《中国哲学原论·原教篇》，北京：中国社会科学出版社2006年版，第353页。

④ 张立文：《正学与开新——王船山哲学思想》，北京：人民出版社2001年版，第335页。

义。”[①]张著论“气”称“气是客体实存的东西”“气是宇宙万物的根源”“气是构成天地万物的质料”“气是主体所具有的心理状态和自我修养”“气是一定社会和人的气运、风气”。[②]又如唐君毅说:“船山之学,得力于引申横渠之思想,以论天人性命,而其归宗则在存中华民族之历史文化之统绪。”[③]“一重气而崇敬宇宙之宗教意识,在船山哲学中有安立处矣。一重气而礼之分量重,船山独善言礼仪威仪矣。一重气而表现于情之诗乐,在文化中之地位为船山所确定,而知程子为文害道之说,不免于隘矣。一重气而政治经济之重要性益显矣。一重气而论历史不止于褒贬,而可论一事之社会价值、文化价值及世运之升降,而有真正之历史哲学矣。一重气而吾国之历史文化,吾民族创之,则吾民族当自保其民族、复自保其历史文化,二义不可分。”[④]张立文说:“船山形上学本体哲学,统体会通于和合(‘太和’)。这是他对于中国文化人文精神的精髓的体贴,亦是对于中国传统文化精华的彰显和绍承,也是对于中国文化精神的把握。”[⑤]三是方法上的影响。有人说:“唐君毅提出‘一方固当本诸文献之考订,及名辞之训诂,一方亦当克就义理之本身,以疏通其滞碍,而实见其归趣。’这在他的船山学研究中得到了充分的体现。”[⑥]张立文亦说:

> 要确定范畴的基本涵义,换言之要理解、体知某哲学家、哲学思潮的范畴涵义,必须对哲学家元典(文本)进行句法和语义层面的分析,以确定其应然的含义;进而从网状和时代层面,即从符号系统中与此范畴相关的范畴之网,乃至当时的时代思潮来确定其意蕴,由此,我们就能确定某个范畴在相对独立文本中的完整意义。[⑦]

---

① 唐君毅著,霍韬晦编选/导读:《中国哲学原论·原教篇》,北京:中国社会科学出版社2006年版,第334页。

② 张立文:《正学与开新——王船山哲学思想》,北京:人民出版社2001年版,第115—125页。

③ 唐君毅著,霍韬晦编选/导读:《中国哲学原论·原教篇》,北京:中国社会科学出版社2006年版,第410页。

④ 唐君毅著,霍韬晦编选/导读:《中国哲学原论·原教篇》,北京:中国社会科学出版社2006年版,第414页。

⑤ 张立文:《正学与开新——王船山哲学思想》,北京:人民出版社2001年版,第114页。

⑥ 方红姣:《唐君毅先生的船山学研究——读〈中国哲学原论·原教篇〉》,《中国社会科学院研究生院学报》2006年第3期。

⑦ 张立文:《正学与开新——王船山哲学思想》,北京:人民出版社2001年版,第92页。

（三）受到台湾学者曾昭旭《王船山哲学》一书的影响

张立文之著在部分内容方面直接承袭曾昭旭《王船山哲学》而来，在其他一些方面也受了影响。如曾昭旭在阐述了船山义理与宋明儒在根本方向上之异同时说："船山以前之宋明儒，无论程朱陆王，其共同方向，厥为逆求心性之本体，以确立道德之最高依据；而船山则重在于心性本体已立之后，更外发下贯以润物成物，以极一丰美笃实，日新富有之文明世界，故其方向乃非逆以立本，而更为顺以贯末。此所以船山之学，能契合道德与科学，而予科学以应有之地位。而此本末直贯之方向即船山所谓'正'。"[①]张立文也说，船山对形上学"和合之体"的追寻，使"由末探本"与"由本贯末"的契入进路得以圆融，即使"一而二、二而一"，或"二而一、一而二"的思维方法获得会通。[②]

三、继承马克思主义王船山学术思想研究成果而有所新创

张立文先生强调他要根据中国哲学自己的特点来讲中国哲学，他在著作中是没有再用本体论、宇宙论、辩证法、认识论、人生道德等名词概念，也不由此而分章立节。但他的著作中依稀还可以看到这样的一种逻辑框架的影子。第三章第二、三节《气化絪缊的和合体》《虚空皆气论》及第五章《道器理气与物器》相当于宇宙论或本体论，第四章《道理与心性命》相当于唐君毅的人性论，第六章《形神物遇与体知》相当于认识论，第七章《和合动几的生生》相当于辩证法，第八章《义利理势与理欲》相当于道德论。第九章《埋心不死留春色》是对王船山地位的评价，这已不是新中国成立后研究王船山论文著作中常用的做法。更值得注意的是张立文先生吸收了大量的马克思主义王船山学术思想研究成果而有所新创。

张立文虽不主张王船山哲学是唯物论，但张著花很大的篇幅论证王船山"气""诚""太极""絪缊"等范畴的实有性。这说明一方面张先生浸染和承接的是唯物论的话语，这或许是无意识的；另一方面马克思主义船山学太多这方面的研究成果，他自觉地继承。如"诚"范畴，在民国时期王船山哲学研究虽有提及，但绝没有新中国成立后马克思主义船山哲学研究中这样的一

---

① 曾昭旭：《序》，《王船山哲学》，台北：台湾远景出版事业公司1983年版，第5页。
② 张立文：《正学与开新——王船山哲学思想》，北京：人民出版社2001年版，第114页。

种充分的阐述。这样的例子非常多,在此不一一举例。张立文先生强调了王船山哲学的辩证特点。张立文说:“和合五义,都蕴含着融突理论,即关于融合冲突关系的理论,简称‘融突论’。差异—存相—冲突—自然—烦恼=突;和生—式能—融合—选择—和乐=融。融突的提升,即是和合。”[①]“和合的‘融突论’,在某个意义上说亦是变化论。‘突’就是冲突、对待、变易,‘融’是变化之化到了一定的限度,便进入变,是新生命、新事物的转生,便‘融’。”[②]从张立文自己的说明来看,和合的“融突”范畴应该是辩证法三大规律:对立统一、质量互变、否定之否定,尤其是“对立统一”的不同阐释。用和合学也好,用“融突”理论也好,都与传统的用辩证法来研究王船山哲学是相当的。马克思主义船山学对王船山哲学辩证法方面的研究成果也是非常丰富的,张著在这一方面也是有不少的继承。张立文说:“船山一—两—一和合—分—分的序列,亦是合二为一—一分为二—合二以一的序列。他揭示天地世界万物运动变化的原因所在;概括了天地世界万物运动变化的存在形态;提升了人们对于天地世界万物运动变化法则、性质、形态的体认和把握。”[③]如出版于20世纪80年代的方克《王船山辩证法思想研究》中第三章就辟有专节探讨王船山“阴阳对立统一的矛盾观”,著者说:“这概括为合—分—合的公式。王氏这个公式,表明他已经猜测到事物发展过程中的某种普遍的规律性,这是可取的。”[④]萧萐父先生也于20世纪80年代初说:“王夫之在这里重点论证的是‘合二以一’的矛盾规律依存于‘分一为二’的矛盾事实,但他讲的‘分一为二’包含了‘合二以一’,‘相待而二,二异致而一’,他对‘一、二’,‘合、分’等范畴的哲学规定,不能说不是作为一般规律来讲的。”又说,王夫之“概括出一—两—一”“合—分—合”的公式,也比张载更加深刻地暴露了朴素辩证法不可避免的二重性。[⑤]

强调新创,尤其是通过船山哲学研究而开出新路,是张立文先生的追

① 张立文:《“自己讲”“讲自己”——中国哲学的重建与传统现代的度越》,北京:北京师范大学出版社2007年版,第61页。

② 张立文:《“自己讲”“讲自己”——中国哲学的重建与传统现代的度越》,北京:北京师范大学出版社2007年版,第62页。

③ 张立文:《正学与开新——王船山哲学思想》,北京:人民出版社2001年版,第334页。

④ 方克:《王船山辩证法思想研究》,长沙:湖南人民出版社1984年版,第82页。

⑤ 萧萐父:《王夫之辩证法思想引论》,武汉:湖北人民出版社1984年版,第86、87页。

求。张立文先生说:“由于船山从批判契入元典文本,逆反而至于思想的源头,顺流而梳理出脉络,而体贴出新视野新方法。”[①]他又说:“我们不能照着西方哲学讲中国哲学,使中国哲学成为西方哲学的注脚;船山哲学也不能照着西方哲学、纳入西方哲学而叙述之。若如此,就不是船山哲学,船山哲学精神也就丧失了。”[②]由船山哲学,张立文先生更联系中国哲学独立与发展,他说:“对于中国哲学和中国哲学史的体贴和规定,既使中国哲学和哲学史有了自己存在的合法性,又使中国哲学和哲学史的研究有了自己遵循的矩范性。这种‘自立矩范’,也是中国哲学的一次觉醒。”[③]

综上所述,张立文先生的王船山学术思想研究成果是进入21世纪以后非常重要的王船山学术思想研究成果,张立文先生运用自己独创的研究方法研究王船山哲学思想:从中国哲学的逻辑结构来研究中国哲学,从和合学的角度研究王船山哲学;张立文船山哲学研究受熊十力、唐君毅、曾昭旭的影响吸收新儒学成果呈现出新儒学倾向有所超越,张立文先生强调他要根据中国哲学自己的特点来讲,摆脱了民国以来的哲学体系表述如本体论、认识论、人生道德等;虽不主张王船山哲学是唯物论,但花了很大的篇幅论证王船山“气”“诚”“太极”“细缊”等范畴的实有性,一方面说明张先生浸染和承接的是唯物论的话语,另一方面表明他在继承马克思主义船山学研究成果的基础上有所新创。

第四节 陈来的王船山哲学思想研究

一、陈来《诠释与重建——王船山的哲学精神》一书的主要内容与学界的评价

陈来,1952年生,祖籍浙江温州,清华大学教授,清华大学国学研究院院

① 张立文:《拓展与深化船山学研究(笔谈)——船山学研究的新视野新方法》,中国哲学(人大复印)2005年第7期。

② 张立文:《拓展与深化船山学研究(笔谈)——船山学研究的新视野新方法》,中国哲学(人大复印)2005年第7期。

③ 张立文:《拓展与深化船山学研究(笔谈)——船山学研究的新视野新方法》,中国哲学(人大复印)2005年第7期。

长。陈来发表了一系列论文和出版了一部专著研究船山哲学。首先,陈来认为,王船山不仅是儒学思想家,也应当被视为宋代以来道学运动中人,只是他的思想形态属于道学中张载的一派,并与朱子有着复杂的继承关系;同时,船山以代表了不同于明代理学而代表了清代儒学新的学术思想的观点;在总体上,船山思想的方向和反思活动,是以"文化反省"与"正统重建"为主要特征。[①]然后通过对船山的经学注疏的诠释进一步论述。通过对《读四书大全说》的大学部分的分析考察道学视野下的船山心性学,陈来认为船山读《大学》说,其中以正心说和诚意说为其核心,呈现出其独特的心性-工夫论;船山有关《大学》的讲法,可以说是"接着"程朱讲的,但不是"照着"程朱讲的,他不是传统意义上的程朱学派,但受到程朱学派的较大影响;船山虽然并不承诺自己为程朱学派的一员,但顺承程朱《大学》解说的脉络,延续程朱大学诠释的问题性,吸取程朱许多的诠释学资源,同时又对朱子本人及朱门后学的论点提出广泛的批评,而提出自己的诠释主张;船山的《大学》解释是明清之际儒学的一部分,其心性-工夫论虽未及开展到清代儒学以接受理论和实践的辩证,但在儒学思想史上确有其意义。[②]通过分析"读孟子说",陈来探讨王船山的气善论与宋明儒学气论的完成,指出在经历了元明理学在"理"的理解上的去实体化转向之后,理不再是首出的第一实体,而变为气的条理,因此人性的善和理本身的善,基于儒家思想的内在要求,需要在"气"为首出的体系下来重新定义,气善论在这个意义上正是为人性和理的善提供一个新的终极的保证;这使得北宋前期以来发展的气本论,作为儒家思想的体系,终于在船山哲学中获得了其完整的意义。[③]陈来还探讨了船山《论语》诠释中的气质人性论,指出船山反对使用"性在气质中"的讲法,而始终主张的是"气质中之性"的提法;"性在气质中"和"气质中之性"的区别,在一定意义上正如"哲学在中国"和"中国哲学"的区别一样;这一点最鲜明地体现了船山与朱子理论观念上的最基本的分别,这也是明代中后期思想的共

① 陈来:《儒学正统的重建——王船山思想的特质与定位》,《中国文化研究》2004年第4期。

② 陈来:《道学视野下的船山心性学——以〈读四书大全说〉的大学部分为中心》,《中国哲学史》2002年第3期。

③ 陈来:《王船山的气善论与宋明儒学气论的完成——以"读孟子说"为中心》,《中国社会科学》2003年第5期。

识，体现了在经历明中期以来的“理”的理解方面的“去实体化”的转向以后，哲学家走向这种气质之性的人性一元论的必然趋势。[①]陈来还探讨了船山《正蒙注》的存神尽性论。[②]

以上述论文所讨论的内容为基础，陈来撰著了《诠释与重建——王船山的哲学精神》一书专门研究王船山哲学思想。[③]陈来介绍自己的著作时，对自己著作的特点进行介绍，他说：

> 本书着眼于诠释，故因诠释对象的不同而在结构上分成六个部分：读《大学》、读《中庸》、读《论语》、读《孟子》、《思问录》、《正蒙注》。这与一般著作以问题为焦点在全书分章有所不同。然而，这样一来，各个部分的讨论中难免会有重合与交叉之处，使得同一个问题（如理气观）的讨论有时分布在不同地方，而没有集中呈现。从这一点来说，全书以问题分章就有它的好处。但事物难以两全其美，我们只能就其主要的方面来加取舍了。其实，考虑到《读书说》和《思问录》、《正蒙注》著作时间有前期和后期的不同，分别处理亦有其好处。尤其是目前的船山研究通行全书以问题分章的结构方式，本书的结构则对那些对于船山《读书说》、《思问录》、《正蒙注》有单独兴趣的读者比较便利。就《四书》而言，本书的工作集中在船山对于《四书》及《四书》的朱子学解释所做的义理诠释，突出诠释的焦点，因此与广义的《四书》学研究不同。最后本书写作方式，是比较详细地对文本进行解说，然后加以分析，这是由于船山的文字往往艰涩，不易理解，而有些研究著作往往含糊其辞，不能进入细致的分析，从而阻滞了船山研究的深入。希望这些文字的疏解不仅对初学者有所帮助，也对改变目前浅尝辄止的学风有所助益。[④]

---

① 陈来：《王船山〈论语〉诠释中的气质人性论》，《中国哲学史》2003年第3期。

② 陈来：《王船山〈正蒙注〉的存神尽性论（上）》，《北京行政学院学报》2004年第1期。陈来：《王船山〈正蒙注〉的存神尽性论（下）》，《北京行政学院学报》2004年第2期。

③ 陈来：《诠释与重建——王船山的哲学精神》，北京：北京大学出版社2004年版。

④ 陈来：《诠释与重建——王船山的哲学精神》，北京：北京大学出版社2004年版，第17—18页。

陈来先生还对自己的研究特点进行阐述:“由于我自己多年从事研究宋元明的理学思想史的研究,所以这种突出道学和道学史(或儒学史)的视角的船山研究,可能便于和适合发挥我自己的研究特长。因此,本书的特点:第一,以船山关于《四书》的义理诠释为中心,作为研究船山与朱子学派关系的基本进路。第二,以船山《张子正蒙注》为归结,突出道学的问题意识,与通常的哲学史问题意识不同。第三,致力船山思想资料及其义理的深入解读,注重内在的研究和客观的呈现。第四,立基于宋元明清儒家思想运动的历史考察,以观察船山思想的地位。”[①]他还归纳自己的研究方法说:“由于我的研究取径是从道学的问题意识和道学史的视野重读王船山,我的基本方法是强调把王船山还原到其儒学思想的本来体系来加以理解,故我的研究自然与以往只注意某些哲学问题的‘哲学史’的方法有所差别。”[②]

由上所知,陈来先生对自己专著的特点和船山的特点是有了相当的自觉。论者也注意从这些方面进行评价。如吕锡琛从三个方面进行评价:第一,独特的研究方法和扎实的学风。“故本书作者自觉采取‘详人之所略,略人之所详’的取向,由作者多年所从事的宋元明理学思想史研究入手,其基本方法是强调将王船山还原到其儒学思想的本来体系来加以理解,从道学的问题意识和道学史的视角重读王船山,致力探寻船山对《四书》的哲学诠释及其对宋明道学《四书》解释传统的批判继承,突出其中的道德论、心性论、工夫论、解经学,阐明其思想与宋明道学运动的关联。”第二,厘清了船山与宋明理学的关系。“他没有沿袭前人之说,或简单地将船山贴上理学或反理学的标签,而是在研读已有的研究成果的基础上,从船山的家学渊源特点是从船山著作中所反映出来的学术倾向寻求答案。通过一本一本地研读船山对《大学》《中庸》《论语》《孟子》的诠释以及《思问录》《礼记章句》《张子正蒙注》等著作,以其《四书》诠释的哲学观照其晚期与道学密切关系的著作《思问录》和《张子正蒙注》,以确凿的第一手资料来分析船山对《四书》的解释及其对宋明道学《四书》解释传统的批判继承,力图整体地理解船山与宋明道学的关系。”“因此,作者将船山视为宋以来道学运动中具有承前启后之

① 陈来:《诠释与重建——王船山的哲学精神》,北京:北京大学出版社2004年版,第17页。

② 陈来:《诠释与重建——王船山的哲学精神》,北京:北京大学出版社2004年版,第17页。

地位的人物。'承前'是指其思想形态属于道学中的横渠一派,并与朱子有着广泛复杂的继承关系;'启后'则是指代表了'后明代理学'和以'文化的反省''正统的重建'为特征的'清初道学'。"[①]第三,揭示了船山晚年思想的核心。吕锡琛说:"四十余年来,王船山一直被公认为中国哲学史上将朴素唯物主义发展到最高峰的代表人物,朴素唯物论、辩证法、认识论、历史观是其哲学理论体系中的核心和亮点;而陈来先生在道学的问题意识下,通过研读船山晚年的代表作《正蒙注》,独具慧眼地提出如下观点:船山思想的要旨是要立基于儒家的生死观和善恶观来解决人的'安身立命'问题,'追寻和确定善恶的根源,是船山哲学探讨的根本性问题意识,生死—善恶的问题是船山晚年思想的核心和要义''船山宇宙论的特色和思想特质最终在善恶对于生死的意义上表达出来,善恶对宇宙的意义亦成为船山思想的终点'。"[②]

二、陈来《诠释与重建——王船山的哲学精神》一书的特点

陈来先生的船山哲学专著,我认为还有几点值得揭示。

(一)继承嵇文甫先生等马克思主义船山研究而又有所不同

陈来先生是冯友兰先生的弟子,从著作中明显看出有几个地方是受其师的影响:1.所谓"接着讲"的提法;2.将王船山归于道学;3.严谨的逻辑分析能力。但陈来先生自己却说他的船山研究更接近嵇文甫。他说:

> 应当说,嵇文甫的"宗师横渠,修正程朱,反对陆王"十二字判断及其"扶持道学的正统"说是十分平实的。最多,我们在"宗师横渠"后而再加上"渊源濂溪",如果在宋明儒学之外再考虑到佛教和道教的因素,则可以说船山的学术立场即"批斥佛老,反对陆王,参伍程朱,宗师周张"。[③]船山的思想如果用三段式来表达,用他自己

① 吕锡琛:《从中国先哲的问题意识来解读中国先哲:读陈来教授〈诠释与重建:王船山的哲学精神〉》,《哲学动态》2005年第6期。

② 吕锡琛:《从中国先哲的问题意识来解读中国先哲:读陈来教授〈诠释与重建:王船山的哲学精神〉》,《哲学动态》2005年第6期。

③ 陈著原注:刘春建综合了前人的论述,以船山的基本风格为"否定陆王,批判佛老,改造程朱;淹贯经史,扬弃百家,推陈出新"(见刘春建编著:《王夫之学行系年》,郑州:中州古籍出版社1989年版,第3页)。前三句指其思想的特质而言,后三句指其学术风格而言。

> 的说法,则应当说,他以周张为“正”,以程朱陆王为“正邪相胜”,而以他自己为“反归于正”。①

陈来先生还明确地说:“在总体上,我对船山的研究和认识,在大的结论上比较接近于嵇文甫。”②由上所引,我们知道,陈来先生自己是承认他继承了嵇文甫等马克思主义王船山研究的一些成果。但是,陈来先生是不是毫无保留地全部沿用了马克思主义船山学尤其是嵇文甫的基本观点,如王船山是唯物论者,陈来先生没有明确回答,但也没有否认:“不同的研究侧面,也因此,我指出船山与宋明道学思想运动的关联,与已有的关于船山在哲学理论思维上达到了宋明时代具有综合性的高峰的看法可并行不悖,而相互补充。”③吕锡琛先生评价认为陈来先生是针对王船山一直被公认为中国哲学史上将朴素唯物主义发展到最高峰的代表人物,朴素唯物论、辩证法、认识论、历史观是其哲学理论体系中的核心和亮点这一主流看法另说阐释而得出不同的结论。④从陈来先生的本意来讲,未必如此,因为这些问题太大,他只是就船山道学文献中所涉及的一些问题如气善说、气性说等,由此揭示其哲学思想,不想进行空洞的宏观评述。

(二)陈著在吸收新儒学成果的基础之上有所发展

由前面所论可知陈来自称与嵇文甫接近,实际上更接近新儒学。陈来先生著作的研究内容与主流的马克思主义王船山哲学的内容是有很大的区别的,它不是分为本体论或宇宙论、认识论、辩证法等几个部分进行研究,而主要就理学基本问题进行研究。这与新儒学所研究的内容是相同的。当然这种情况的出现,有两个方面的原因,一方面王船山是道学中人,他本身探讨的就是理学问题,因而船山思想的研究自然也是理学问题;另一方面,诠释的是王船山的道学文献,这也决定着以理学问题为主。但是,陈来先生的一些基本观念与新儒学是比较接近的。他说:“‘全而归之’的论述,显示出

① 陈来:《诠释与重建——王船山的哲学精神》,北京:北京大学出版社2004年版,第8页。

② 陈来:《诠释与重建——王船山的哲学精神》,北京:北京大学出版社2004年版,第17页。

③ 陈来:《诠释与重建——王船山的哲学精神》,北京:北京大学出版社2004年版,第17页。

④ 吕锡琛:《从中国先哲的问题意识来解读中国先哲——读陈来教授〈诠释与重建:王船山的哲学精神〉》,《哲学动态》2005年第6期。

船山思想中的一种根深蒂固的意识，即人对于宇宙的责任意识，而所有的意义都是建构在这一责任意识上的：即人对于宇宙的原生生态的保持和净化，是一件具有根本意义的事情；人要以善生善死来承担起他对宇宙的这种责任。船山把这样一种意识作为整个思想的基础和目标，来发展古典儒家的'事天'之说，这不能不说是值得注意的。"[①]这一说法与熊十力所说的船山"明有、尊生、主动、率性"的宗旨有相近的地方。与唐君毅的观点更接近。唐君毅说："其论人生之道，则主由思诚，而至于一真无妄，不息不已惊天动地善。宇宙至诚不息，圣人亦至诚无息。宇宙之气化流行，不穷于其生物生人之盛德；圣人之赞天地之化育，亦不穷于其裁成万物之盛德。"[②]陈来先生在新儒学研究的基础上更有所发展。唐君毅先生认为王船山是取客观现实的宇宙论之进路而由天道论、天道性命关系论、人性论、人道论、人文化成论[③]，曾昭旭更概括为以本贯末。陈来先生在揭示王船山与宋明道学运动的关系后，指出王船山"全而归之"论述的重要性在于重建儒学正统。[④]显然陈著的探讨更加深入。

除了在研究内容、研究观点方面陈著与新儒学有相近之处之外，两者的研究方法亦有接近地方，但陈来先生的研究方法更精密、更有成效。在前面已引述陈来先生自己研究方法的介绍，他说自己的研究就是将王船山还原到儒学体系加以探讨。[⑤]这种方法恰与唐君毅先生提出的"即哲学史以论哲学"方法相同，在研究中唐著亦将王船山作为道学人物来加以研究的。在这一点上我们很难说陈著就只是受了唐著的影响。将王船山当作理学中人加以研究在民国和民国以前是一种主流做法，新中国成立后，冯友兰、嵇文甫亦如此，但真正将王船山作理学中人做全面深入的研究的是唐君毅先生，他的影响应该更大一些。唐著的影响还可以从另一点可以看出，那就是陈著诠释方法的运用。唐君毅先生的"即哲学史以论哲学"就必须重视文献的疏

---

① 陈来：《诠释与重建——王船山的哲学精神》，北京：北京大学出版社2004年版，第40页。

② 唐君毅著，霍韬晦编选/导读：《中国哲学原论·原教篇》，北京：中国社会科学出版社2006年版，第406—407页。

③ 唐君毅著，霍韬晦编选/导读：《中国哲学原论·原教篇》，北京：中国社会科学出版社2006年版，第334—335页。

④ 陈来：《诠释与重建——王船山的哲学精神》，北京：北京大学出版社2004年版，第40页。

⑤ 陈来：《诠释与重建——王船山的哲学精神》，北京：北京大学出版社2004年版，第17页。

解，重视对王船山哲学话语的诠释。当然，重视引用文献，重视对文献的诠释是中国最传统的研究方法，尤其在学术史研究中有所谓学案体。这种学案体在王船山研究中也屡被运用，如王永祥的《船山学谱》、张西堂的《王船山学谱》，尤其是王永祥的《船山学谱》与古代的学案非常相近。钱穆先生在其名著《中国近三百年学术史》中也大量引用船山著作原文，其体裁也接近古代的学案体。应该说，陈来先生通过对船山具体著作的全面诠释来把握王船山的承前——宋代道学、启后——清代道学的关系，是一种吸收前人的研究方法之长又有发展的方法。陈著诠释并不是传统意义的注释，即"我注六经"式的，也不是阐发微言大义的"六经注我"，而以问题为中心全面诠释船山的思想。如在陈著的第五章，陈来先生说，有不少学者认为船山的理欲观与宋明理学"存天理、灭人欲"的思想相反对，是具有启蒙意义的、唯物主义的理欲一元论；其实，这个问题并不那么简单。[①]在这一章中分为四节"情者己也""己者性也""存理遏欲""《孟子说》的天理人欲之辨"进行诠释，陈来得出结论说："事实上，如同宋明理学的学者一样，船山对'欲'的概念也往往在不同意义上使用。因此，如果欲是指私欲，船山与其他宋明儒者一样，赞同去欲消欲之说，以确立修身的基本途径。如果是欲是公欲，船山以之为恕道的基础，作为推己及人的根据，以实现仁政和社会大同。如果欲是泛指一般的欲求，则船山重视人的正当欲望，主张理欲合一，主张以理贯穿于功利事项；船山并且赋予此种理欲的联结关系以宇宙论的意义，使其理欲论与理气论的宇宙论具有一致性；这既坚持了儒家个人修身的道德理想，又纠正了宋明理学中反功利主义的倾向，这种思想实际上是主张道德主义和功利主义的统一，这也是儒家在内圣之外同时重视外王思想的必然趋归。……就船山而言，这种理欲合一说及其对理欲割裂的禁欲主义的批评，其主要出发点是反对于佛老的人生哲学，以及警惕佛老思想在儒家内发生影响。船山的理欲说和人性论还表明，主张气质之性论的思想家并不就导致对感性情欲的张扬和无条件肯定，两者间并没有必然的联系。"[②]再如关于王船山之

① 陈来：《诠释与重建——王船山的哲学精神》，北京：北京大学出版社2004年版，第137页。

② 陈来：《诠释与重建——王船山的哲学精神》，北京：北京大学出版社2004年版，第159—160页。

“理”诠释。我们知道，香港中文大学教师许冠三在20世纪70年代曾写过一篇论文《原王船山之理》[①]，对王船山之“理”范畴进行全面的考察，但相对于陈著的探讨来讲，显得泛而不深。陈来先生说：“船山的理气观认为，‘理’是‘气之妙者’，也就是说理是造成气的莫测变化的主导和根据。……船山对理气的说法不少同于朱子，但船山不像朱子那样往往用实体化的理解或说法处理有关‘理’的问题，在这一点上，船山与元明时代理学关于‘理’的理解的‘去实体化’发展是一致的。而船山理气观与朱子学的不同处，更多地在于船山运用其理气不离的观点对许多具体问题的讨论，在这些讨论中可明显看到，凡朱子学表现出重理轻气的地方船山必强调气，凡朱子学言气离理的地方船山则注重理，凡朱子学的说法中容易把理气变成各自独立的二物之处，船山必定强调理气合一。”[②]为了说明这一问题，陈来先生其著作的最后附有论文《元明理学的“去实体化”转向及其理论后果》。[③]这种就道学史的问题或范畴的变化进行梳理和诠释显然比唐君毅先生的“即哲学史研究哲学”的研究来得更具体、准确。

（三）尝试建立更规范的研究范式

陈来先生的研究的方法或者说其关键点是诠释与重建。这种诠释与重建有三重含义。一是指王船山自己的研究方式。唐君毅先生说：“其著作卷帙浩繁，又多是注疏体裁，思想精义，随文散见，其文之才气盛大，恒曼衍其辞，汗漫广说，颇难归约。”[④]王船山的著作是以注疏体裁为主，因此他就是通过“注”的方式说“六经”。陈来先生说：“船山的哲学思想正是通过这些诠释被全面表达出来的。船山晚年对张载《正蒙》的诠释则显示出，他的所有思想努力是致力于儒学正统的重建，从思想文化上端正中华文化的生命方向。”[⑤]这就是说由诠释而重建是王船山思想的表达方式。二是陈来先生自

① 许冠三：《原王船山之“理”》，《香港中文大学学报》5卷1期。

② 陈来：《诠释与重建——王船山的哲学精神》，北京：北京大学出版社2004年版，第25页。

③ 陈来：《元明理学的“去实体化”转向及其理论后果》，陈来：《诠释与重建——王船山的哲学精神》，北京：北京大学出版社2004年版，第394—419页。

④ 唐君毅著，霍韬晦编选/导读：《中国哲学原论·原教篇》，中国社会科学出版社2006年版，第334页。

⑤ 陈来：《诠释与重建——王船山的哲学精神》，北京：北京大学出版社2004年版，第17页。

己的船山研究的方式。诠释与重建这样一种研究方式,并不是一种全新的研究方式,儒家的“我注六经”的范式已有了几千年的历史。陈来说:“最后,本书的写作方式,是比较详细地对文本进行解说,然后加以分析,这是由于船山的文字往往艰涩,不易理解,而有些研究著作往往含糊其辞,不能进入细致的分析,从而阻滞了船山研究的深入。”①这种方式的使用还受到台湾学者林安梧的启发。林安梧在著《王船山人性史哲学之研究》时认为:“就背景方面而言我们该对明末清初的历史有所了解,就其基底方面我们该对整个儒学的传承与发展有所了解,就其基底方面我们该当著意的是关连著船山的生命历程来了解;而对基底方面,我们该当扣紧船山所处的‘宋明理学’这个氛围去理解,因为船山是在这个基底下展开其诠释与批判的工作,进而重建了一套崭新的儒学。”②还说:“事实上,船山学的诠释起点是人,因为惟有人是天地之心,人才具有理解及诠释的能力,由理解、诠释而批判、而创造,人开创了一个宽广的历史天地。”③所以,陈来先生在该书主要采用诠释的方式是受到林著的启发。受到启发是一回事,在启发后有所提高是另一回事。陈来先生显然是不取林著的“六经注我”的方式,更注重对道学问题意识影响下的船山著作的深入诠释。当然,我们也不能否认,陈来先生仍然有通过对船山著作的准确的诠释建立起王船山哲学体系。前面已论述陈来先生的诠释是以问题为中心,并不是全面的注释疏解,但是他仍有宏观方面的考虑。陈来说:“全面而言,船山思想的主导的意识,仍是如何克除佛老的影响,建立正确的儒家人生价值观,这正是北宋道学的主题,在此意义上,船山不仅是宋明道学运动的继承者、参与者,也经他之手的发展,使得自张载以来下到船山这样一个宋明道学内部的发展形态,清晰起来。这个形态,从宋明思想的实际来看,是道学主题之下的一个非主流的发展;但从思想的特质而言,就清代而言,却未必不是一重要的流向,从而可视为‘后理学时代’开端的代表。而无论如何,船山是一个一心重建儒学正统以排佛老而正人心

① 陈来:《诠释与重建——王船山的哲学精神》,北京:北京大学出版社2004年版,第18页。
② 林安梧:《王船山人性史哲学之研究》,台北:东大图书公司1987年版,第6页。
③ 林安梧:《引言》,林安梧:《王船山人性史哲学之研究》,台北:东大图书公司1987年版。

的儒学思想家，这个面目是清晰的。”[①]又说：“从宋明道学的历史发展和问题意识出发，把船山置于整个宋明思想史的发展中来考察，重点阐发船山的气善说、气性说、罪情说、持志说、全归说等，以揭示其本体论、心性论、工夫论、人生论、宇宙论的主要思想，及其在宋明清哲学思想史上的意义。”[②]由此可看出，陈来先生亦是想通过诠释而重建王船山哲学思想体系。三是重建学术研究规范。相对于目前的喜欢玩“空手道”的学风来说却是有其矫正意义，这一点陈来自己也不讳言：“最后，本书的写作方式，……希望这些文字的疏通不仅对初学者有所帮助，也对改变目前浅尝辄止的学风有所助益。”[③]

第五节　方克立的王船山哲学思想研究

方克立，1938年生，湖南湘潭人，中国社会科学院研究生院学部委员[④]，出版有《中国哲学史上的知行观》[⑤]《现代新儒学与中国现代化》[⑥]《方克立文集》[⑦]等著作。

方克立先生十分重视船山哲学思想研究，虽然至今未有一部研究船山哲学的专著，但自20世纪80年代以来，发表了一系列论文，还在一些著作中辟专节进行讨论。方克立主编的《从孔夫子到孙中山——中国哲学小史》是普及性读物。书中《引言》称本书试图通过对我国历史上三十多位著名哲学家的生平活动和思想学说的简要评述，勾勒出从孔夫子到孙中山的一部中国哲学史的丰富内容和基本发展线索；但又不同于一般的哲学史教程，它没有形式上的章节体系，突出要点而非面面俱到，力求把事实叙述得清楚明

① 陈来：《诠释与重建——王船山的哲学精神》，北京：北京大学出版社2004年版，第40页。

② 陈来：《诠释与重建——王船山的哲学精神》，北京：北京大学出版社2004年版，第40—41页。

③ 陈来：《诠释与重建——王船山的哲学精神》，北京：北京大学出版社2004年版，第18页。

④《深化对“综合创新”文化观的研究——访方克立教授》云：“方克立，1938年生，湖南湘潭人。1962年毕业于中国人民大学哲学系。先后在中国人民大学、南开大学、中国社会科学院研究生院任教，长期从事中国哲学史的教学与研究工作。”（《深化对“综合创新”文化观的研究——访方克立教授》，《哲学动态》2002年第4期）

⑤ 方克立：《中国哲学史上的知行观》，北京：人民出版社1982年版。

⑥ 方克立：《现代新儒学与中国现代化》，天津：天津人民出版社1997年版。

⑦ 方克立：《方克立文集》，上海：上海辞书出版社2005年版。

白,把道理讲解得浅显易懂,避免繁重的资料引据和千篇一律的叙述形式,因为它的读者对象主要是青年。《引言》还说最突出的成就是由张载奠基、王廷相等人加以补充发展、最后由王夫之总其成,建立了元气本体论的朴素唯物主义哲学体系,它从自然观、认识论、人性论和道德修养学说等方面都对魏晋以来的唯心主义本体论进行了尖锐的批判,特别是着重清算了程朱、陆王的主、客观唯心主义的典型形态,把我国古代朴素唯物主义哲学推向最高阶段。在《王夫之》正文中说:“王夫之继承和弘扬了我国二千多年来的唯物主义传统,对各种唯心主义和神学理论进行了深入的、有力的批判,成为明清之际最重要的唯物主义思想家和时代思潮的哲学代表。他对中国古代哲学的一系列基本范畴,如理气、道器、有无、体用、动静、常变、能所、知行、名实等等,都用唯物主义观点作了总结性的回答,他的哲学可以说达到了我国古代朴素唯物主义的最高峰。”[①]方克立先生又撰《中国哲学史上的知行观》,其中第六章第二节专论王夫之的知行观,方克立指出,王船山是在系统地清算程朱、陆王“皆先知后行,划然离行以为知也”“惮行之艰,利知之易”,于是“乃判然置行于他日”的唯心主义知行观的基础上,建立起他的“行先知后”“行可兼知”“知行相资以为用”“知行并进而有功”的比较完备的唯物主义知行统一学说的,并对其内容作了全面深入的理论分析和阐释,认为它已达到中国古典哲学中的朴素唯物主义知行理论的最高峰。[②]由此可知,方克立先生用马克思主义的理论和方法研究船山哲学知行观、道器论等,认为船山哲学达到了唯物主义高峰。也就是在这个时候,方克立先生曾拟有系统地研究船山哲学范畴体系的计划[③],后因重点转向现代新儒学研究而未能实现。2003年,他在回答《博导书榜》一书编者提问时,把《船山全(遗)书》列为对自己的学问和思想人格影响最大的五种著作之一。在他看来,研究中国哲学,能读懂、吃透、消化王船山这样一个重要人物,就可谓功力不凡了。在古稀

① 方克立主编:《从孔夫子到孙中山——中国哲学小史》,北京:中国青年出版社1984年版,第236页。

② 方克立:《中国哲学史上的知行观》,北京:人民出版社1982年版,第236—275页。

③ 见岳华整理《关于研究中国传统哲学范畴问题的讨论》报道中方克立的发言,载《中国社会科学》1982年第1期。

之年，他还表达了这样一个意愿："在完成已承担的一项研究计划后，如有时间和精力，很希望能回到王船山，与《船山全书》相伴终老。"[①]这说明船山著作和思想在他心目中一直占有特殊重要的地位。其船山哲学研究有以下几个方面的贡献：

一、第一次提出船山学学科概念与研究内容

在王船山学术思想研究史上，刘人熙于20世纪初叶提出船山学这一概念并创办船山学社和《船山学报》，但是他对于这一学科并没有真正从现代学术的角度来建构，更多是从忧心国事的角度来考虑，因而船山学作为一个学科来建设还是有待后人。方克立先生1982年11月10日在衡阳王船山学术思想讨论会上做了《关于建立和发展船山学问题》的发言[②]，提出建立独立学科意义上的"船山学"。前此，1982年4月12日，方克立先生在天津举办的纪念王船山逝世290周年学术报告会上作了以《船山学的回顾与展望》为题的报告。[③]方克立先生对船山学学科内涵作了界定，王兴国先生引用方克立先生的话说："船山学是一门以我国十七世纪著名的唯物主义思想家王夫之生平活动和学术思想为研究对象的新学问。"[④]并对船山学重要地位及其发展趋势进行了阐述，王兴国先生引用方克立先生的话说："在世界哲学史中，封建时代的哲学以中国发展得最为完善、最为成熟、最具有典型意义，而船山哲学又代表了中国封建时代哲学的最高成就，由它高度发展了的朴素唯物主义和朴素辩证法相结合的哲学形态，不仅在中国，而且在世界哲学史上都具有典型意义，在整个人类认识史上是不可缺少的重要一环，是一系列圆圈中应该用粗线画的圆圈。船山学不仅是中国人民的历史遗产，而且是全人类共同的财富。王船山应该是一个世界性的人物。现在各国学者要召开

---

① 三思工作室编：《博导书榜——影响中国社会科学院博导的五种书》，北京：中国社会科学出版社2004年版，第62—66页。

② 方克立：《关于建立和发展船山学问题》（摘要），《王船山学术思想讨论会简报》1982年第4期。魏宗禹在《萐父先生论学二三事有感》一文中也说："1982年11月中旬，在衡阳市举行船山学术思想讨论会。与会的学者在发言中多有精彩的见解，如方克立教授提出'船山学'的概念。"（郭齐勇、吴根友编：《萧萐父教授八十寿辰纪念文集》，武汉：湖北教育出版社2004年版，第105页）

③ 韩强：《天津举行王船山学术报告会》，《哲学动态》1982年第7期。

④ 王兴国：《船山学研究四十年之回顾》，《船山学刊》2002年第4期。

‘国际黑格尔学大会’、‘国际朱子学大会’,可以预计在不久的将来,世界各国的船山学者也会坐到一起来,召开国际船山学术会议,共同发掘船山学说中所蕴含的丰富的思想宝藏。”[①]基于方克立先生的研究,后来者提出了关于船山学学科的更翔实的阐述。有称船山学是一门综合性的学问,涉及哲学、史学、文学、政治、经济、教育、宗教各个领域,从中国传统思想发展的轨迹和王船山学术思想的路数看,也可以说船山归宗儒家正学,熔炼和超越了释、道诸家。[②]有关研究内容有:船山生平活动、著作的刊刻出版历史的研究;船山各个方面的思想研究;船山的家庭、父兄、子侄、师友、交游的研究;船山思想渊源、影响及在世界思想史、中国思想史和湖湘文化史上历史地位的研究;船山学研究著作的研究;等等。[③]虽然后来学者所论更精,但方克立先生的首创之功不可没。

二、以湘学发展史的视野研究船山学,肯定王船山在湘学发展中的关键地位

20世纪末期,方克立先生时任中国社会科学院研究生院院长,提倡建立湘学研究,此倡议得到湘潭大学响应,湘潭大学率先成立湘学研究所,方克立先生于2001年至2012年担任所长。湘学研究所在方先生的率领下开展了濂溪学研究、湖湘学派研究、船山学研究、近代湘学研究、湖南佛教研究等,取得了丰硕成果。关于什么是湘学,方克立先生说:“千年湘学大体上是指从两宋至清末这一段时间,在湖南地区产生和发展的一种将儒家的心性哲学与经世之学相结合,主张体用合一、内圣与外王并重的学术传统。它是一种地域性的学术传统,有自己的鲜明的学术特色,是一个伟大的精神传统,是非常值得珍视的一笔宝贵的精神财富。”[④]在研究湘学之时,方克立先生将船山学放置到湘学发展史中进行考察,专门撰写了《王船山——从古代

① 王兴国:《船山学研究四十年之回顾》,《船山学刊》2002年第4期。

② 吴立民、徐荪铭:《船山佛道思想研究》,长沙:湖南出版社1992年版,第8页。

③ 王兴国:《船山学研究的新进展——2002年王船山国际学术研讨会综述》,《船山学刊》2003年第1期。

④ 方克立:《千年湘学的历史意义和现代价值》,《湘学》第四辑,长沙:湖南人民出版社2007年版,第4—5页。

湘学过渡到近代湘学的关键人物》[1]，方克立认为在湘学发展史上有两个十分重要的时期，一个是湖湘学派与“闽学”“江西之学”“婺学”并列为四大理学学派之一的南宋时期，一个是曾经涌现出以魏源、曾国藩、谭嗣同、黄兴等人为代表的几个著名的湖湘人才群体的近代时期；在这两个“高潮”之间，有一个上承南宋湖湘学派、下启近代湘学的关键人物，他就是明末清初的王船山。[2]方克立说，王船山之所以为关键人物，是有着三个方面的原因：首先，是因为王船山对湘学精神和学风的继承；其次，从学术思想的传承来看王船山在湘学发展中承上启下的地位。[3]方先生从知行观和理欲论两方面进行了充分的论证。方先生说：“船山知行理论的辩证性突出地表现在其‘知行相资以为用’、‘知行并进而有功’的学说中，在一定意义上也可以将这一学说看作是张栻等人的‘致知力行互相发’、‘行之力则知愈进，知之深则行愈达’的思想的继续和深化。”[4]联系方克立先生的专著《中国哲学史上的知行观》，方先生在这方面的探讨是有其深厚的基础的。关于理欲观，方先生说：“王船山的‘理欲合一’论较之胡宏的‘理欲同体’论在学理深度上又有很大的发展，而且对宋明理学有更强的针对性和批判性，但是不能否认它同湖湘学派的思想确有直接的渊承关系。”[5]最后，从民族主义思想的深厚传统来看王船山在湘学发展中的特殊地位。方先生说论船山民族思想的继承时说：“船山民族思想的形成固然主要是时势使然，但也有深厚的思想根源，他自称‘抱刘越石之孤愤’，即以刘琨等中华民族历史上坚持民族大义的志士为榜样，其中也包括对南宋湖湘学派思想的学习、研究和继承。”[6]论其民族思

① 方克立：《王船山——从古代湘学过渡到近代湘学的关键人物》，《湘潭大学社会科学学报》2003年第1期。

② 方克立：《王船山——从古代湘学过渡到近代湘学的关键人物》，《湘潭大学社会科学学报》2003年第1期。

③ 方克立：《王船山——从古代湘学过渡到近代湘学的关键人物》，《湘潭大学社会科学学报》2003年第1期。

④ 方克立：《王船山——从古代湘学过渡到近代湘学的关键人物》，《湘潭大学社会科学学报》2003年第1期。

⑤ 方克立：《王船山——从古代湘学过渡到近代湘学的关键人物》，《湘潭大学社会科学学报》2003年第1期。

⑥ 方克立：《王船山——从古代湘学过渡到近代湘学的关键人物》，《湘潭大学社会科学学报》2003年第1期。

想的影响时说:“湘学中深厚的民族主义思想传统,可以说由王船山发展到了极致,并对近代湘学产生了极其巨大的影响。”①

三、用“马魂、中体、西用”范式研究船山学,揭示船山哲学为新文化创新模式提供了启发与某种理论框架的雏形

方克立先生在21世纪提出了“马学为魂,中学为体,西学为用,三流合一,综合创新”中国文化创新模式,他说:

> 四年前,我在学习张先生的文化思想时曾将其概括为“马学为魂,中学为体,西学为用,三流合一,综合创新”五句话,试图以“魂、体、用”三元模式代替“体、用”二元模式,并在一定程度上将体用范畴的两种含义综合起来,来说明中、西、马三种文化资源各自的价值与作用,以及它们之间的相互关系。我认为,所谓“马学为魂”就是以马克思主义的科学世界观和方法论为指导,坚持中国新文化建设的社会主义方向。所谓“中学为体”就是以有着数千年历史积淀的自强不息、变化日新、厚德载物、有容乃大的中国文化为运作主体、生命主体、创造主体和接受主体,坚持民族文化主体性的原则。所谓“西学为用”就是以西方文化和其他民族文化中一切对主体文化有学习、借鉴价值的东西为“他山之石”,为我所用,坚持对外开放的方针。②

方先生提出的“马学为魂,中学为体,西学为用,三流合一,综合创新”文化研究模式与船山学研究有什么关系呢?或许有人会说这两者是没有关系的。但我认为两者有着密切的关系。这种关系一方面是体现在方先生在进行“马魂、中体、西用”文化创新模式论证时引用了王夫之的观点。“体”与“用”是二元式,“魂、体、用”是三元模式,方先生从船山哲学那里找到了理论依据。另一方面,方先生之所以能在船山哲学那里找到依据,又是因为方先

① 方克立:《王船山——从古代湘学过渡到近代湘学的关键人物》,《湘潭大学社会科学学报》2003年第1期。

② 方克立:《“马魂、中体、西用”:中国文化发展的现实道路》,《北京大学学报(哲学社会科学版)》2010年第4期。

生对船山哲学的“体用”“道器”等范畴的研究。事实上也是如此。

20世纪80年代方克立先生写了一篇《论中国哲学的体用范畴》，在文中他认为体用是足以表现中华民族理论思维方式特点的范畴之一，它是中国哲学自身发展的产物；体用范畴的基本含义有二：一是实体和作用、功能、属性的关系，一是本体本质和现象的关系。在中国古代和近代哲学中围绕着体用范畴展开了唯物主义和唯心主义、辩证法和形而上学的错综复杂的斗争给我们留下了丰富的理论思维经验和教训。在论文的论述中，方先生多次提到王夫之的观点。在论体用范畴的含义及其演变时方先生引用王夫之之语论证王夫之论体用常就具体事物而言。在论体用的本质与属性的关系时又引用了王夫之《张子正蒙注》和《读四书大全说》中的话进行分析。还论证了崔憬、王夫之、谭嗣同等人明确表述的“器体道用”的思想讲的规律不能离开物质实体而独存的道理。此文中虽然是论述中国哲学史的体用范畴，但充分显示了船山哲学在这一范畴探讨上的贡献。更值得注意的是文中最后说：“对于在中华民族认识史上有过如此巨大影响的体用范畴，我们应该用马克思主义的观点和方法，加强对它的研究，区分历史遗产中的精华和糟粕，批判地继承其中包含真理性的部分，把它熔铸到唯物辩证法的科学体系中去。”[①]似乎预示着方克立先生将来要更好地使用体用范畴。方克立先生自己也认为文化体用观二十年一直萦绕于脑际并有文字轨迹可寻，他说：

> 1984年发表的《论中国哲学中的体用范畴》一文全面考察了体用范畴的由来、涵义以及体用观上的哲学斗争，指出体用范畴的主要涵义有二：一是本体（实体）与其作用、功能、属性的关系，二是本体（本质）与现象的关系。文章对这两种涵义的区别和联系作了详细的辨析，以同一个哲学家（如王船山）有时讲“器体道用”、有时又讲“道体器用”为例说明区分清楚两种涵义是正确把握中国古代体用思维模式的关键。（1982年写的《王船山道器论浅析》一文也用翔实的资料阐析了这个问题）[②]

① 方克立：《论中国哲学中的体用范畴》，《中国社会科学》1984年第5期。

② 方克立：《关于文化体用问题》，《社会科学战线》2006年第4期。

在《王船山道器论浅析》一文中方克立认为王船山的道器论有不同的层次,道器范畴也有不同的含义。所谓“道者器之道,器者不可谓之道之器”“无其器则无其道”的道器范畴是指规律与事物的关系,王船山得出了“器体道用,道在器中”的结论。所谓道即“太极”,万物“资始资生之本体也”,“器敝而道未尝息”的道器范畴是指本体与现象的关系,由此又得出了“道体器用”“道本器末”的结论。两个结论看似矛盾,弄清楚道器范畴的不同含义其实是不矛盾的。另外,在极深研几的思想家王船山那里,道器还是一对全面反映一般与个别的辩证关系的范畴,具有重要的认识论和方法论意义。王船山的道器论是在反对唯心主义本体论的斗争中正确解决一般与个别、本体与现象关系问题的典范,这在很大程度上是因为他能够把唯物主义与辩证法结合起来。[①]

由上可知,方克立坦言从船山“形而上者谓之道,形而下者谓之器,统之乎一形”(《周易外传》卷五)的论述中受到了直接的启发,认为作为生命主体、创造主体和接受主体的中国文化就是统一“马魂”(“道”)和“西用”(“器”)的那个“形”(“中体”)[②]。在另一篇文章中,为了论证综合创新是学术文化发展的规律,方克立先生引证了王船山的名言,认为其所谓“异以贞同”“杂以成文”“推故而别致其新”就是综合创新[③]。以上二例说明船山著作和思想在他那里并不是完全过时了的历史陈迹,而是能够转出活的精神生命的宝贵思想资源。他认为船山学研究最重要的任务就是要把握船山精神以及对它的正确继承和弘扬。

第六节 陈赟的王船山哲学思想研究

进入21世纪后陈赟是对船山哲学用力比较勤、成果比较多的青年学者之一。关于船山哲学研究,陈赟发表了十多篇论文,并出版了一专著《回归

① 方克立:《王船山道器论浅析》,湖南省社会科学院编:《王船山学术思想讨论集》,长沙:湖南人民出版社1985年版,第72—103页。又见《方克立文集》,上海:上海辞书出版社2005年版,第113—145页。

② 方克立:《关于文化的体用问题》,《社会科学战线》2006年第4期。

③ 方克立:《中国文化的综合创新之路》,北京:中国社会科学出版社2012年版,第181页。

真实的存在——王船山哲学的阐释》。[①]十多篇论文内容大多见诸于著作，故在此主要探讨陈氏的著作。对于该著作，亦有多人进行评价，我除了同意他们的评价外，还提出自己的一些看法。关于陈氏船山哲学研究的特点，我认为有以下两个方面值得注意：

一、陈氏著作以问题为中心以及哲学史研究与理论创新相结合之研究、言说模式为其重要特点

中国国内关于船山哲学研究基本上是按照本体论、辩证法、认识论、历史观和人性论等分门别类地进行研究，但陈氏不同，他完全以问题为中心展开深入的研究。

一是陈赟著作中充满了问题意识，在论述中总是不断提出问题，解决问题。如陈赟在《导言》中说：

> 存在的追问为什么在王夫之那里被表述为对于真实存在的追问？从"道"到"理"与"心"再到"诚"，这种哲学中心词的变化背后隐含着的文化信息是什么呢？从这个角度提问，就能把我们导向以下的问题：以"诚"为中心词的哲学，是如何终结宋明的哲学意识（理学与心学）的？作为一种后宋明时代的哲学意识，王夫之哲学所实现的"哲学的突破"究竟是什么？[②]

陈赟接着提一个问题说："而对于真实存在的关注，则要求上升到以下的高度：我们所谈论的存在在什么意义上才是真实的，而不是虚假的？"[③]接着又是一个问题："从理论上看，回归真实的存在，包含着两个理论层面的问题：什么是真实的存在，以及如何回归真实的存在。"[④] 然后陈赟对如何回答做出了说明："回归真实的存在这一主题不仅要回答什么是真实的存在，还要回答如何回归真实的存在，'如何回归'不仅包含如何把握、领会的问题，而且，还包含着如何在实践中展现的问题。"[⑤]

① 陈赟：《回归真实的存在——王船山哲学的阐释》，上海：复旦大学出版社2002年版。
② 陈赟：《回归真实的存在——王船山哲学的阐释》，上海：复旦大学出版社2002年版，第1—2页。
③ 陈赟：《回归真实的存在——王船山哲学的阐释》，上海：复旦大学出版社2002年版，第2页。
④ 陈赟：《回归真实的存在——王船山哲学的阐释》，上海：复旦大学出版社2002年版，第7页。
⑤ 陈赟：《回归真实的存在——王船山哲学的阐释》，上海：复旦大学出版社2002年版，第12页。

二是陈赟著作围绕中心问题，解决次要问题，逐层深入，形成逻辑严密的论证体系。将“回归真实的存在”确定为王夫之哲学的根本问题，也是陈氏著作研究的中心问题，围绕此根本问题，陈赟又分为三个次中心问题并加以回答：一是从有无到隐显——哲学视域的转换：引出问题并揭示船山对传统哲学进行的范式转换；二是什么是真实的存在：从天道、人道以及两者的关系三个方面，回答什么是真实的存在；三是回归真实的存在：从个体知行活动与历史过程两个层面，探讨真实的存在如何可能。①

至于哲学史研究与理论创新的研究特点，是陈赟的导师杨国荣先生概括的，他说：“作者以史料的爬梳、疏证为基础，但又不停留于就事论事的罗列，而是注重揭示其普遍的理论内涵，力图体现实证考察和哲学分析的统一，从而使全书既显现历史的视域，亦不乏理论的意蕴。”②这段话实际上是指陈赟在进行哲学史研究的同时，又进行了哲学的创造。哲学史研究的工作，或者说史料的爬梳、疏证工作，陈赟是做了不少。如引用大量的王船山著作原文证明“谓之”与“之谓”的区别。但是，显然史料的疏证工作不是其长，何况陈著所论述的王船山哲学范畴早经前人不断阐释，陈赟在这一方面所做的并不多。他所做的比较多的是在西方后形而上学理论指导下所做的理论阐述。正像著作开篇所说的“从那里起，我们在后形而上学之思面前就已经别无选择”。③那样，陈赟及其陈赟著作完全以后形而上学的“存在”和“真实的存在”为论说中心，船山哲学恰好成了陈氏理论阐述的载体，因而在论说中大量引用了当代西方哲学家的著作。

二、陈赟著作广泛吸取民国以来船山哲学研究成果是该著第二个方面的特点

陈赟的王船山哲学研究是有其独特性的一面，如前面对其研究模式的考察就基本上证明了这一点，然而，他的研究却是广泛吸收了前人的成果，如在著作中引用资料或袭用某个观点时所提到就有冯契、唐君毅、贺麟等。

① 陈赟:《本书摘要》,《回归真实的存在——王船山哲学的阐释》,上海:复旦大学出版社2002年版。

② 杨国荣:《传统形上智慧的思与辨——序〈回归真实的存在——王船山哲学的阐释〉》,《孔子研究》2002年第4期。

③ 陈赟:《回归真实的存在——王船山哲学的阐释》,上海:复旦大学出版社2002年版,第1页。

这些学者分属为马克思主义王船山研究者和新儒学船山研究者。继承马克思主义船山研究成果主要体现在对冯友兰和冯契研究成果的吸收。在陈赟著作中并未明确提到冯友兰的名字,但从两个方面可以看出有冯友兰的影响在。一是在新中国成立后学者中冯友兰比较早的指出王船山是道学中人,二是陈赟著作的结构多多少少可以看到冯氏的影响。例如冯友兰的《中国哲学史新编》第五册第五十九章《后期道学的高峰——王夫之的哲学体系》论述王夫之的哲学思想。从标题就可以看出,冯友兰先生与当时很多人的观点有些不同,他将王夫之列在道学之列,而且是后期道学的高峰。共有十二节,其目录如下:第一节《论客观世界的真实性》,第二节《关于"有""无"的问题》,第三节《关于"动""静"的问题》,第四节《关于"形上""形下"问题》,第五节《关于"理"及其各项对立面》,第六节《王夫之的认识论及其对心学的批判》,第七节《关于知行问题》,第八节《关于"性""命"问题》,第九节《王夫之的历史观》,第十节《王夫之的辩证法思想》,第十一节《王夫之哲学思想的局限性》,第十二节《王夫之的著作的幸与不幸》。[①]由目录可知,陈赟著作的基本范畴与大体结构与其有相似之处。

如果陈赟受冯友兰的影响只能说是有迹可循的话,那么,陈赟接受冯契的影响是确凿无疑的。陈赟在第二章论述"形而上与形而下:以隐显为中心的理解"时说:"从逻辑上看,冯契如下的概括可以看作船山哲学的题中固有之义:这里的存在(道),从总的方面说,是天道、人道、认识的过程之道;分开来说,是各个领域、各个过程各有其道,工业、农业、政治、道德、科学、技术等等部门都各有其道。"[②]陈氏在第六章论述"化'天之天'为'人之天':天道与人道的沟通"时说:"如果从实践上讲人之天与主体的沟通,它是与主体之'能'相对的'所',是展现人的本质力量的场所,它与人的有目的活动相联系,人类目的指导着它的发展方向,而与它相对的天之天则谈不上什么发展方向。"[③]在此页注释③下陈赟又说:"冯契先生指出:自然界的运动(所谓自在之物)无所谓意向,而人类的活动作为有目的的活动,目的正是意之所向。

① 冯友兰:《中国哲学史新编》第五册,北京:人民出版社1988年版,第274—298页。

② 陈赟:《回归真实的存在——王船山哲学的阐释》,上海:复旦大学出版社2002年版,第98页。

③ 陈赟:《回归真实的存在——王船山哲学的阐释》,上海:复旦大学出版社2002年版,第196页。

通过人类有意识有目的的活动,使自在之物化为我之物,为我之物可以说是在自在之物加上人的作用,体现人的目的。”[①]以上清楚表明陈赟对冯契的一些观点的引用。但是,冯契对陈氏著作的影响还不止此。冯契说:“中国古代哲学就像欧洲古代和中世纪一样,还没有分化为各部门,许多科学也还没有从哲学的母体分离出去,因此就比较朴素。但也有个优点,那就是在中国古代哲学中认识论和辩证法、逻辑学是互相联系着的,认识论和伦理学、美学也是互相联系着的,没有近代西方那种实证论的狭隘观点。而且应该说,由于中国古代哲学(从先秦到鸦片战争以前)同欧洲古代和中世纪相比,曾经历了更长期的持续发展,因而倒是较多和较长期地考察了上述后两个问题:逻辑思维能否把握宇宙发展法则的问题,发端于先秦的‘名实’之辩;理想人格如何培养的问题,发端于先秦的‘天人’之辩;‘天人’、‘名实’之辩贯串于整个中国哲学史。所以正是在对这两个问题的考察上,显示出中国传统哲学的特点。”[②]由此,陈赟著作中如何认识真实的存在和回归真实的存在如何成为可能的论说多多少少会受到冯契的一些影响。

陈赟的王船山哲学研究还受到了新儒家的影响。影响比较大的有两人。一个是贺麟先生,另一个是唐君毅先生。陈赟在其王船山研究专著的《导言》中提出批判意识对中国哲学演变的重要性时说:

> 贺麟先生以其哲学家的洞见发现了从理学到心学的转换所内蕴的文化信息,这就是批判意识的觉醒。“由物者理也,天者理也,性者理也的意思,进而发展到‘心者理也’的思想,是先秦以及宋明儒的大趋势”,而“无论中国或西洋哲学史的发展,由达到心者理也的思想,进而发挥为时空者心中之理也的思想,哲学的研究因而建筑在一个新的知识论基础上,对于宇宙万物的理解,因而另辟一新的由内以知外的途径。”[③]

陈赟在注释中指明其出自贺麟《时空与超时空》一文,见贺麟《哲学与哲学史论文集》第151、153页。还说:“所谓‘由内以知外’,其实就是对康德批

① 陈赟:《回归真实的存在——王船山哲学的阐释》,上海:复旦大学出版社2002年版,第196页。
② 冯契:《中国古代哲学的逻辑发展》(上),北京:东方出版中心2009年版,第27页。
③ 陈赟:《回归真实的存在——王船山哲学的阐释》,上海:复旦大学出版社2002年版,第4页。

判哲学基本原则的概括：不是探究对象，而是探究对象在主体那里的显现方式。由此，心学内蕴着一种批判意识。”[1]陈氏在第一章在论述王船山避免了直谈存在独断的思辨倾向时引用了贺麟先生《知行合一新论》里的一段话。[2]陈赟在其著作第十章论述王船山的“假手”和“天牖”之说时基本上采用了贺麟先生的论说。他说：

从逻辑上看，王船山的历史哲学观念无疑接近于黑格尔“理性的机巧”的学说。早在1946年，贺麟在其作《王船山的历史哲学》中就已经指出：“黑格尔的这一种看法，在王船山的历史哲学里，我们只消将黑格尔的理性或上帝换成王船山的天或理，便不惟得到印证默契，而且得到解释和发挥”，他对此无疑作出了出色的“解释和发挥。”[3]

陈赟受唐君毅先生的影响也比较大。在其著作第十章陈赟对于王船山历史与文化论说中的对于理学的突破的发现几乎全取唐君毅先生的观点。陈赟说：

在《王船山这人文化成论》中，唐君毅先生正确指出了道德意识与历史文化之间存在着的区别。……根据这四个方面，唐君毅正确指出：文化历史主题在存在论中的发现，是王船山对于儒学的重要贡献：“朱子之言理，阳明之言心，于道德为足者，于论文化历史，则皆未必足。”[4]

陈赟又说：

与此相反，在王船山那里，以主体自身的成长而展开的化自在之物为我之物的实践，作为一种更为宽广的理论视域进入到存在论的探索中，这种视域深深地蕴涵着如下的信念：人之为人的规定

---

① 陈赟：《回归真实的存在——王船山哲学的阐释》，上海：复旦大学出版社2002年版，第4页。
② 陈赟：《回归真实的存在——王船山哲学的阐释》，上海：复旦大学出版社2002年版，第64页。
③ 陈赟：《回归真实的存在——王船山哲学的阐释》，上海：复旦大学出版社2002年版，第458页。
④ 陈赟：《回归真实的存在——王船山哲学的阐释》，上海：复旦大学出版社2002年版，第433—435页。

> 不是通过抽象的思辨的方式,以及对于人自身的经验观察所能获得,只有在历史与文化的创造中,人的本质才能得以呈露。……唐君毅的研究表明,在王船山那里,政治、经济、文学、艺术、宗教等等作为主体多样性的在世方式,而纳入到了存在论的谋划中,它们指向主体自由、全面发展。[①]

陈赟对当代一些学者如张世英、杨国荣等一些观点的引用,在此就不一一考察了。

陈赟的王船山哲学研究无疑是既有特点,又确实推进了船山哲学研究。关于其贡献,杨国荣说:"围绕王夫之关于真实存在的探索,《回归真实的存在——王船山哲学的阐释》一书在形上的层面对王夫之的哲学作了颇为独到的分析。作者从传统形上学的衍化以及王夫之对传统形上学的批判等方面,考察了王夫之在形上学问题上所实现的视域转换;由此,进一步从天道、人道、(包括个体存在与历史过程),以及二者的统一等维度上,较为具体地探讨了王夫之对中国哲学所作的理论推进。作者对以往研究中所忽视的问题,如隐显、谓之与之谓之辩、理一分殊与万法归一所代表的不同趋向、王夫之哲学时间性问题,等等,作了较有新意且有一定深度的论述。全书资料翔实、不囿陈说,在史料引证、理论阐释等方面都不乏可圈可点之处。在形而上学备受冷落的背景下,从形上层面对传统哲学所作的这种思与辩,无疑具有独特的意义;它的出版,相信对于王夫之哲学及传统形上学的研究,都具有积极作用。……从上述前提反观《回归真实的存在——王船山哲学的阐释》一书,则不难看到其在研究方法上的可注意之处。作者以史料的爬梳、疏证为基础,但又不停留于就事论事的罗列,而是注重揭示其普遍的理论内涵,力图体现实证考察和哲学分析的统一,从而使全书既显现历史的视域,亦不乏理论的意蕴。"[②]刘梁剑也充分肯定了陈赟著作的优点,他说:"相对而言,由于采取了全新的解读视角,《回归》显得更富有创造性;在它那里,船山

---

① 陈赟:《回归真实的存在——王船山哲学的阐释》,上海:复旦大学出版社2002年版,第435—436页。

② 杨国荣:《传统形上智慧的思与辨——序〈回归真实的存在——王船山哲学的阐释〉》,《孔子研究》2002年第4期。

被视为宋明形而上学的解构者、后形而上学的建构者，以及中国本土现代意识的开拓者。随着视角的转变，一系列的哲学问题得到了全新的诠释。比如，‘气’被解读为‘一个标志着人的能力界限的概念’，道器的关系不再是规律与具体事物之间的关系，而是‘形上’与‘形下’这两种不同的存在方式。体用关系既不是根据与表现之间的关系，也不是实体与功用之间的关系，而是本体与主体之间的关系。”①

陈赟著作可商议之处亦是不少。陈赟之导师杨国荣说：“当然，所见与所蔽往往联系在一起。作者在试图融哲学立场于研究过程的同时，有时不免表现出某种解释过度的趋向；某些提法、判定，亦尚有可议之处。另外，概念的清晰性、表述的流畅性，以及如何将哲学的思辨与严密的逻辑分析结合起来等方面，也有待进一步下工夫。”②陈赟的师弟刘梁剑对其不足分析得更细，他说：“作者在《导言》尚未正式开始的时候，便辟头引用了哈巴马斯在《后形而上学思想》中的一句话：‘从那时起，我们在后形而上学之思面前就已经别无选择。’这似乎隐秘地透露出了作者解读王夫之的灵感之源。然而，中国哲学从宋明时期的形而上学到王夫之的后形而上学体系的转变，这跟西方哲学从形而上学到后形而上学的转变是否存在着某种差异？这个问题虽然为作者所忽略，但对于澄清讨论却似乎是必不可少的。在哈巴马斯看来，作为以普遍性、永恒性与必然性为理论旨归的形而上学的对立面，后形而上学思想构成了20世纪哲学的主题之一，从形而上学向后形而上学的转变乃是现代与传统断裂的一个标志。这一转变之所以会发生，至少跟两个现象有关：经验科学获得独立于哲学的自主性，以及从意识哲学向语言哲学的范式转换。在《回归》一书的语境中，‘形而上学’基本上保留了同一性思想的内涵，宋明形而上学向王夫之后形而上学的转变，标志着一种新的世界观的开启。至于这一转变的原因，作者并没有进行探讨。不过，我们似乎可以有把握地说，它不可能跟所谓的经验科学与语言学转向有关。王夫之

① 刘梁剑：《作为后形而上学建构者的王船山——读〈回归真实的存在：王船山哲学的阐释〉》，《船山学刊》2004年第2期。

② 杨国荣：《传统形上智慧的思与辨——序〈回归真实的存在——王船山哲学的阐释〉》，《孔子研究》2002年第4期。

固然赞赏由当时传教士传入中国的'质测之学',肯定其注重实证的近代因素,但并没有将其作为自己哲学的思想基础(参见陈卫平:《第一页与胚胎—— 明清之际的中西文化比较》,上海人民出版社1992版,第142-62页)。另一方面,王夫之虽然写过《说文广义》那样的语言学专著,而且还通过对一些关键的哲学词汇的辨析与语源学考察来进行哲学探讨(如'之谓'与'谓之'的分疏,对'道'、'理'、'时'等范畴的考察),但是,王夫之并没有赋予语言以先验的地位,也没有将哲学讨论的中心转到逻辑——语言的层面,因此也就不可能有西方意义上的'语言学转向'。"①

① 刘梁剑:《作为后形而上学建构者的王船山——读〈回归真实的存在:王船山哲学的阐释〉》,《船山学刊》2004年第2期。

图书在版编目（CIP）数据

王船山研究 ：1977—2012 / 朱迪光著．-- 湘潭 ：湘潭大学出版社，2024．10．-- ISBN 978-7-5687-1385-6

Ⅰ．B249.25

中国国家版本馆 CIP 数据核字第 2024CX0135 号

王船山研究（1977—2012）

WANG CHUANSHAN YANJIU(1977–2012)

朱迪光 著

责任编辑：李志红
封面设计：李 平
出版发行：湘潭大学出版社
社　　址：湖南省湘潭大学工程训练大楼
电　　话：0731-58298960 0731-58298966（传真）
邮　　编：411105
网　　址：http://press.xtu.edu.cn/
印　　刷：长沙鸿和印务有限公司
经　　销：湖南省新华书店
开　　本：710 mm×1000 mm 1/16
印　　张：12.75
字　　数：245 千字
版　　次：2024 年 10 月第 1 版
印　　次：2024 年 10 月第 1 次印刷
书　　号：ISBN 978-7-5687-1385-6
定　　价：66.00 元